当代世界学术名著·经济学系列

不稳定的经济
国家增长的故事

HOW DOES MY COUNTRY GROW? ECONOMIC ADVICE THROUGH STORY-TELLING

布莱恩·品图
（Brian Pinto）

著

周端明　胡承晨　于琼

译

中国人民大学出版社
·北京·

当代世界学术名著·经济学系列

主　编

何　帆　杨瑞龙　周业安

编委会

陈利平　陈彦斌　陈　钊　董志强　何　帆　贺京同　贾毓玲

柯荣柱　寇宗来　李辉文　李军林　刘守英　陆　铭　王永钦

王忠玉　谢富胜　杨其静　叶　航　张晓晶　郑江淮　周业安

"当代世界学术名著"
出版说明

中华民族历来有海纳百川的宽阔胸怀，她在创造灿烂文明的同时，不断吸纳整个人类文明的精华，滋养、壮大和发展自己。当前，全球化使得人类文明之间的相互交流和影响进一步加强，互动效应更为明显。以世界眼光和开放的视野，引介世界各国的优秀哲学社会科学的前沿成果，服务于我国的社会主义现代化建设，服务于我国的科教兴国战略，是新中国出版的优良传统，也是中国当代出版工作者的重要使命。

我社历来注重对国外哲学社会科学成果的译介工作，所出版的"经济科学译丛""工商管理经典译丛"等系列译丛受到社会广泛欢迎。这些译丛多侧重于西方经典性教材，本套丛书则旨在迻译国外当代学术名著。所谓"当代"，我们一般指近几十年发表的著作；所谓"名著"，是指这些著作在该领域产生巨大影响并被各类文献反复引用，成为研究者的必读著作。这套丛书拟按学科划分为若干个子系列，经过不断的筛选和积累，将成为当代的"汉译世界学术名著丛书"，成为读书人的精神殿堂。

由于所选著作距今时日较短，未经历史的充分洗练，加之判断标准的见仁见智，以及我们选择眼光的局限，这项工作肯定难以尽如人意。我们期待着海内外学界积极参与，并对我们的工作提出宝贵的意见和建议。我们深信，经过学界同仁和出版者的共同努力，这套丛书必将日臻完善。

中国人民大学出版社
2002 年 6 月

策划人语

经济学到了 20 世纪才真正进入一个群星璀璨的时代。在 20 世纪，经济学第一次有了一个相对完整的体系。这个体系包含了微观经济学和宏观经济学这两个主要的领域。经济学家们在这两个主要的领域不断地深耕密植，使得经济学的分析方法日益精细完美。经济学家们还在微观和宏观这两个主干之上发展出了许多经济学的分支，比如国际经济学、公共财政学、劳动经济学等。体系的确立奠定了经济学的范式，细致的分工带来了专业化的收益。这正是经济学能够以加速度迅猛发展的原因。

走进经济学的神殿，人们不禁生出高山仰止的感慨。年轻的学子顿时会感到英雄气短，在这个美轮美奂的殿堂里做一名工匠，付出自己一生的辛勤努力，哪怕只是为了完成窗棂上的雕花都是值得的。

然而，21 世纪悄然降临。经济学工匠向窗外望去，发现在更高的山冈上，已经矗立起一座更加富丽堂皇的神殿的脚手架。我们的选择在于：是继续在 20 世纪的经济学殿堂里雕梁画栋，还是到 21 世纪经济学的工地上添砖加瓦？

斯蒂格利茨教授，这位 21 世纪首位诺贝尔经济学奖得主曾经发表过一篇文章，题为《经济学的又一个世纪》。在这篇文章中他谈到，20世纪的经济学患了"精神分裂症"，即微观经济学和宏观经济学的脱节，这种脱节既表现为研究方法上的难以沟通，又反映出二者在意识形态上的分歧和对立。21世纪将是经济学分久必合的时代。一方面，宏观经济学正在寻找微观基础；另一方面，宏观经济学也正在试图从微观个体的行为推演出总量上的含义。这背后的意识形态的风气转变也值得我们注意。斯蒂格利茨教授曾经讲到，以下两种主张都无法正确估计市场经济的长期活力：一种是凯恩斯式的认为资本主义正在没落的悲观思想；另一种是里根经济学的社会达尔文主义，表达了对资本主义的盲目乐观。我们已经接近一种处于两者之间的哲学，它将为我们的时代指引方向。

21世纪的经济学将从纸上谈兵转变为研究真实世界中的现象。炉火纯青的分析方法和对现实世界的敏锐感觉将成为经济学研究的核心所在。

"当代世界学术名著·经济学系列"所翻译的主要是20世纪和21世纪之交的经济学著作。这些著作在学术演进过程中起到的更多是传承的作用。它们是20世纪经济学的集大成者，也是21世纪经济学的开路先锋。这些著作的作者大多有一个共同的特征。他们不仅是当代最优秀的经济学家，而且是最好的导师。他们善于传授知识，善于开拓新的前沿，更善于指引遥远的旷野中的方向。如果不惮"以偏概全"的指责，我们可以大致举出21世纪经济学的若干演进方向：博弈论将几乎全面地改写经济学；宏观经济学将日益动态化；政治经济分析尝试用经济学的逻辑对复杂的政策决策过程有一个清晰的把握；经济学的各个分支将"枝枝相覆盖，叶叶相交通"；平等、道德等伦理学的讨论也将重新在经济学领域焕发活力。

介绍这些著作并不仅仅是为了追踪国外经济学的前沿。追赶者易于蜕变成追随者，盲目的追随易于失去自己的方向。经济学是济世之学，它必将回归现实。对重大现实问题的研究更有可能做出突破性的创新，坚持终极关怀的学者更有可能成长为一代宗师。中国正在全方位地融入世界经济，中国的国内经济发展也到了关键的阶段。我们推出这套丛书，并不是出于赶超的豪言或是追星的时髦，我们的立足点是，在世纪之交，经济学的发展也正处于一个关键的阶段，这个阶段的思想最为活跃、最为开放。这恰恰契合了中国的当前境况。我们借鉴的不仅仅是别人已经成型的理论，我们想要从中体会的正是这种思想的活跃和开放。

这套丛书的出版是一项长期的工作，中国社会科学院、中国人民大学、北京大学、南京大学、南开大学、复旦大学、中山大学以及留学海外的许多专家、学者参与了这套译丛的推荐、翻译工作，这套译丛的选题是开放式的，我们真诚地欢迎经济学界的专家、学者在关注这套丛书的同时，能给予它更多的支持，把优秀的经济学学术著作推荐给我们。

致　谢

在近 30 年里，我有幸可以和几位非常卓越的经济学家一起工作并向他们学习。他们分别是约书亚·艾泽曼（Joshua Aizenman）、克里斯托弗·查雷（Christophe Chamley）、霍米·卡拉斯（Homi Kharas）、萨尔·里佐多（Saúl Lizondo）和斯威德·范·维伯根（Sweder van Wijnbergen）。我与马雷克·贝尔卡（Marek Belka）和斯特凡·克拉耶夫斯基（Stefan Krajewski）似乎产生了一种特殊的情感纽带，因为我们曾一起经历了波兰转型期间的令人沮丧的早期工作，这也让我们建立起了历久弥坚的友谊。我的灵魂伴侣贾米尔·巴兹（Jamil Baz）、英德米特·吉尔（Indermit Gill）、莱斯特·席格尔（Lester Seigel）和萨伯拉曼尼亚（S. Subramanian）时刻不吝给予我鼓励。我还要感谢菲利普·阿洪（Philippe Aghion）、阿米恩·乔克茜（Armeane Choksi）、鲍勃·弗拉德（Bob Flood）、齐亚·席雷西（Zia Qureshi）、维托·坦兹（Vito Tanzi）、艾伦·沃尔特斯（Alan Walters）（不幸的是已经去世了）和约翰·威廉姆森（John Williamson），他们一直都严肃地对待我的作品，并给予我前行的勇气。最后，我必须要单独再感谢一下奥利维尔·布兰查德（Olivier Blanchard）和乔治·佩里（George Perry），当然他们肯定知道我的所指。

在世界银行任职的这30年里，我各方面都有所成长。它为我提供了宝贵的学习机会，让我可以将所学展现在这本书中。在恩戈齐·奥孔约-伊维拉（Ngozi Okonjo-Iweala）任职世界银行常务董事期间，我有幸在2008—2010年担任她的顾问，她激发了我的创作灵感。正是在为她工作期间，我开始撰写此书。

我也要感谢下面提到的这些经济学家，他们不厌其烦地阅读此书的不同章节并且给予了宝贵的意见。他们分别是：约书亚·艾泽曼、克里斯托弗·查雷、山塔·德瓦拉扬（Shanta Devarajan）、吉恩·格罗斯曼（Gene Grossman）、拉维·坎波尔（Ravi Kanbur）、爱德华多·雷（Eduardo Ley，安息吧，朋友!）、拉凯什·莫汉（Rakesh Mohan）、莫那·普拉萨德（Mona Prasad）、弗朗西斯·罗威（Francis Rowe）、艾普瓦·桑吉（Apurva Sanghi）、刘易斯·塞尔文（Luis Servén）、艾利克斯·塔巴洛克（Alex Tabarrok）和法拉兹·奥斯马尼（Faraz Usmani）。对于集创造性和无限热情于一身的亚当·斯沃洛（Adam Swallow），以及牛津大学出版社的艾梅·莱特（Aimee Wright），我要感谢你们让这份手稿问世。此外，我还要感谢伊利莎白·斯通（Elizabeth Stone）的出色审稿，以及为了这本书的出版做出杰出贡献的塞普瑞亚·坎南（Saipriya Kannan）和迪帕·约翰（Deepa John）。

我要特别感谢我的妻子南茜（Nancy）及我的孩子艾利克斯（Alex）和艾尔玛（Alma），他们使一切辛苦都是值得的。他们充分理解并接纳了我的工作。克莱尔（Claire）是我的缪斯。我的母亲巴西德（Praxedes）现在已经90岁高龄了，她是我人生中第一个也是最好的老师。对于他们，再多的感激也不足为过。

序　言

从本质上来说，经济学的真理是情境依赖的而非普世的。定义这本书的两个事件是：始于 20 世纪 90 年代的中东欧向市场经济的转型；1997—2001 年间新兴市场的危机及其余波。本书将聚焦于这两个事件引发的与经济增长和主权债务相关联的改革及政策争论。从 1990 年到 2008 年世界金融危机爆发的前夕，我任职于世界银行，在不同国家的工作经历给了我了解本书所关注的主题的机会。对于可以抵制所谓"政治正确"并愿意追随证据的人来说，世界银行的确是一个可以让你的才智自由发挥的机构。而我只是想借助这本书分享我所学到的以及提炼的增长政策的教训。

1990 年，我离开了华盛顿来到波兰，成为世界银行的一名经济学家。当时，内生增长理论刚刚崭露头角，这要归功于罗伯特·卢卡斯（Robert Lucas）和保罗·罗默（Paul Romer）的开创性贡献。从华沙归来后，我研究了该理论很长时间。直到后来我才明白，传奇般的莱谢克·巴尔采罗维奇（Leszek Balcerowicz）执行的硬预算约束、进口竞争力和具有竞争力的实际汇率是与这一增长理论一致的。1998 年前期，我在莫斯科。虽然俄罗斯这个国家普遍完成了私有化，并且通货膨胀也在向个位数水平不可避免地行进，但是，即使有国际一

001

揽子救援政策，俄罗斯还是在当年的 8 月遭受了一次大范围的宏观经济的崩溃。对于我而言，1998 年的俄罗斯危机重写了有关稳定政策的理论。我们永远无法忘记从一场危机中所吸取到的教训。

我也在其他几个新兴市场国家和发展中国家工作过，发现国别经济学（country economics）实际上是经济学的一个独立的分支。当一个卓越的学术经济学家置身于一个混乱甚至濒临崩塌的真实的国家经济状况里时，他很可能不知所措。在普通的学术经济学家和国别经济学家之间存在一条日渐明显的鸿沟，而我们的职业就诞生于此。这种差别存在的主要原因在于，国家经济状况的分析主要依靠长时间的综合性的研究方法，而普通的学术型经济学更偏向于碎片型的专业研究。

尽管每个国家的状况都是独特的，需要一种完全开放的研究方式，但某些基础性研究也是不能缺少的。无论你是从事贫穷研究，还是性别研究，抑或农村发展研究，它都对你了解一个国家经济增长的故事和战略大有裨益。一个国家运行（或"治理"）的好坏，很大程度上依赖于其公共财政的管理方式。这就是为什么印度财政部部长提着装有预算文案的公文包站在国会门口的优雅画面总是霸占着《金融时报》（*Financial Times*）的封面，而农村电气化、石油、教育或医疗等部门的部长们就从来无此殊荣。重点是，无论你在一个发展中国家研究什么，它都有助于你认识到，一个人说政府的欠债已朝着无法承受的轨迹发展意味着什么；它也使你懂得了实际汇率具有竞争性意味着什么；你也更能理解，为什么一个国别经济学家应该关注新古典增长理论和（她应该了解的）内生增长理论。

我试图将这些和其他的基本理论纳入本书中，并分三个部分阐述：第一部分主要是从政策视角阐述增长理论；第二部分主要讲述关于波兰、肯尼亚、印度和俄罗斯的故事；第三部分主要阐述 1997—2001 年新兴市场危机结束后 10 年的主要政策争论，以及这些争论是如何解决的，最后列出系列经验教训。尽管我并不期待你完全同意本书观点，但是我希望你能够享受本书！

目　录

目　录

第三部分　政策辩论与教训

附　录

第一章
多样的国别经济学

通常来说，一个经济学家的分析如果是基于故事，那么这个经济学家会被认为不够专业。

——阿克洛夫和席勒（Akerlof and Shiller，2009，p. 55）[1]

作为一位有近30年实践经验的经济学家，假如我受邀为一屋子正为国家经济增长忧虑的领导们演讲，这件事从某种程度上来看本身就是一种胜利，因为并不是每个领导都追求经济增长或是国家的美好未来。举两个例子，如果说马科斯（Ferdinand Marcos）在1965—1986年共21年的执政生涯中的目标是最大化菲律宾的发展潜能，或者说阿巴查（Sani Abacha）1993—1998年统治尼日利亚的5年也是如此，就未免太牵强了。而穆加贝（Mugabe）在津巴布韦过去10年的执政给国家带来的毁灭性打击则是另一个更为极端的例子。假如经济增长已初现端倪，那么政策制定者和政治精英们必定渴望这种增长。当然也有例外，比如在石油价格暴涨期间，如果没有好的治理和财政政策，不断加速的增长则很有可能只是昙花一现，最终国家会负债累累并陷入萧条。由于1973—1974年和1979—1980年石油输出国组织（OPEC）的大幅涨价，20世纪80年代和90年代的尼日利亚就是如此。

如果我来做这场演讲，那么在一开始我可能就会告诉这些领导们快速的经济增长是难以捉摸的。[2]如果他们不相信，我就提醒他们想一想发展中国家为了达到富裕国家的收入水平所经历的重重困难，虽然这些是他们早已知道却不愿想起的事实。我还要说，推动长期人均增长率的是技术和全要素生产率，而不是要素积累，这也是索洛（Robert Solow）开创性工作所揭示的关于增长的事实。此时，这些领导们可能会指着他们拙劣的基础设施和废旧的资本设备说："世界银行做的每一个投资环境评估报告都显示我们需要大量的公共和私营部门的投资。"得知了这个真相，我意识到一个问题，那就是建立在全要素生产率高速增长上的发展奇迹是极其稀少的。大多数国家试图通过传统的发展方式取得进步，这些方式基本上就是增加国民储蓄和投资或是增加出口量。接着我向他们指出，发达国家与发展中国家的根本区别是治理和制度。[3]当然，他们非常清楚地知道这一点。他们也很反感听到，假如他们的治理水平能和瑞典或是新西兰媲美的话，人均收入增长率将会提高好几倍这样的话。事实上，在过去的15年间，除了少数几个失败国家，大部分发展中国家的经济治理都有很大的改善。

以上提到的三点已经让我绞尽脑汁了，因为这些已经充分体现了我们关于经济增长所了解的大部分知识，这三点分别是：实现收入趋同的困难、全要素生产率增长的中心地位，以及治理和制度的至高无上。我曾尝试利用主权债务带来跨国衰退的系列文献警告他们：一旦债务与GDP的比率超过了某个阈值$x\%$，就会对经济增长产生极坏的影响。但这种尝试也是敷衍了事的，因为我很清楚这样的衰退是很难解释清楚的，究竟是更高的负债导致了低增长率，还是相反？尽管重债穷国倡议（HIPC）和多边债务减免倡议（MDRI）[4]已经减免了很多低收入国家的主权债务，但这些国家并没有消停，反而更加躁动。对于那些债台高筑的国家，它们最为迫切的问题是：接下来该怎么办？

之后我拿出了我的王牌。我决定和他们分享一堆故事，可能并不是成功的案例，但这些故事讲述了每个国家在改善它们的增长状况时所面临的挑战以及它们是如何应对的。这通常是一个很好的办法，因为每个人都想知道其他人做得究竟是对还是错。有一个非常明显的特征：主权债务问题总是伴随着国家的增长，尤其是在避免债务危机的时候，即便是发达的欧元区国家也不得不面对这个严酷的事实。

这就是本书所要讲述的问题。它包含了一些发展中国家经济增长和主权债务的故事，这些内容将分为两个事件讲述：第一个事件是中东欧国家向市场经济的转型；第二个事件是 1997—2001 年爆发的新兴市场危机及其余波。时期从 1990 年一直延伸到全球金融危机伊始和 2008—2009 年的大衰退（我应该也把其称作"全球金融危机"）。

作为一个世界银行的经济学家，在工作中我学会了，如何把这些故事和宏观经济政策的争论带入真实生活里。尽管债务和发展之间的机制是非常明显的——一个国家对债务的承受能力或者债务的可持续性会随经济增长而改善——但是，每个国家的政策联系和动态是很微妙并且差别很大的。这一点无论对于发达国家还是发展中国家都是真实存在的。这本书的完成刚好印证了吞没欧元区的主权债务危机。这次危机已经侵扰了欧洲的银行系统，并且阻碍了欧洲从全球金融危机中恢复的进程。

回望 10 多年前的 1997—2001 年全球金融危机，新兴市场国家或进入国际资本市场的发展中国家正深陷宏观经济危机的困境之中。除了来自发达经济体的资本回流之外，新兴市场还经历了一系列突出的公共债务危机。这些危机在 1997 年开始于泰国和东亚，进而无情地踏入俄罗斯（1998 年）、巴西（1999 年）、阿根廷和土耳其（2000—2001 年）。尽管这些危机的根源多种多样——无论是由于无法支撑的公共财政，还是对私营部门的紧急救助给公共财政带来的影响——但受影响的国家往往有两个共同的特征：资本账户开放；或明或暗地把本国货币钉住美元的汇率制度。

1997—2001 年的新兴市场危机则是压垮骆驼的最后一根稻草。由于受够了对付持续不断的波动和脆弱性，这些国家开始改变它们的政府行为和改革经济政策。它们减少了公共债务，强化了财政和金融制度，建立了外汇储备，并转向了浮动汇率。如我们所见，从自己的错误中，以及面对资深投资者的不信任，新兴市场学会了制定宏观经济政策和驾驭动荡的国际资本市场。虽然错误的性质各不相同，但东亚经济体被认为管理得更好，且更易于从危机中迅速反弹。而作为一个整体，面临全球经济危机的打击时，新兴市场表现更为从容。

事实上，发展中国家在全球危机中显示出了极强的恢复能力，到 2010 年，全球经济增长的一半以上来自这些国家。这些国家进一步认为，它们可以脱离发达经济体而成为全球经济增长的新引擎。即使是有着长期不稳定的公共债务动态、汇率以及银行危机的发展中国家，如巴西和土耳其，在发达国家和证券市场都在全球危机中挣扎时，它们的信用等级却还能全方位升级，这种现象并非偶然。新兴市场实际上开始敢于思考适度负债（或如何使公共财政与更快的增长一致），而不是仅仅考虑负债的可持续性（或如何避免破坏性的危机）。

唉，发展中国家的胜利被证实是短暂的。到 2013 年中期，许多著名的发展中国家的经济增长预测遭到大幅下调。最直接的原因是，与预期一致，美联储前所未有地缩减了量化宽松（QE）计划。2008年 12 月，美联储通过大规模资产购买计划开始施行量化宽松，为的是一旦短期政策利率达到可怕的零下限时，量化宽松能够支撑各种金融证券的价格，并试图限制抵押贷款利率和长期债券收益率。量化宽松为全球金融系统注入了大量的流动性，其中很大一部分因为收益而流入了新兴市场，导致这些国家的政策利率大幅降低，有时实际利率甚至为负值。可能是被量化宽松导致的预期低利率所诱导，也有可能是因为百毒不侵的自我感觉，新兴市场的政策制定者们最终放缓了改革的步伐。

第一章

多样的国别经济学

我不会谈论涉及新兴市场的后全球金融危机，因为它正在发展，应该有一本专著来讨论。尽管大量的博士论文毫无疑问地将讨论在2008年至美联储推出定量宽松这一时期内，发展中国家究竟经历了什么，但是这不能否定全球金融危机之前新兴市场进行的实质性改革和转型。两个原因表明，记录经济增长和主权债务的教训是重要的：首先，历史往往会重蹈覆辙，将原本的胜利演变成最终的失败，这也提醒了我们谨记教训的重要性。当发达经济体中有影响力的政策制定者们鼓吹"大缓和时期"，并认为破坏性危机不再可能时，他们就陷入了自二战以来最严重的主权债务和银行业危机之中。[5]抑或随着美联储退出定量宽松，新兴市场的政策制定者同样如此。

其次，要和低收入国家或只是有限进入国际资本市场的发展中国家分享一下新兴市场的经验，因为这些国家很快会构成下一批新兴市场。到2005年，令人印象深刻的是大量的低收入国家正以比以往更快的速度取得实质性的进展和经济增长，特别是撒哈拉以南非洲国家。也是在这一年，HIPC-MDRI减免了许多国家的政府资产负债表中的大量债务。随后，很多低收入国家开始将国际资本市场视为额外政府融资的一种来源，直到全球金融危机使其计划搁置。这些国家习惯于在官方债权人提供庇护的环境中经营，而新兴市场常常被指控缺乏远见或是易于产生羊群效应。当低收入国家加入新兴市场行列后，就可以从新兴市场的错误中学习了。在这里我要特别指出，正是由于1997—2001年新兴市场的危机，很多推行宏观经济政策建议的基础性内容，以及关于外部金融一体化的思考，都需要重新审核。

为了表达清楚这些观点，本书将参照印度、肯尼亚、波兰和俄罗斯的经验。我特意选择这些国家，因为我在世界银行工作期间曾花了大量的时间研究它们，正如我下一节将阐述的那样，作为一个国别经济学家，我的思考与学术经济学家是很不一样的。可以说这些国家的增长和主权债务的经验构成了这本书的主要观点。印度和俄罗斯的情况与1997—2001年的新兴市场危机刚好交叠。这些危机推动了关于增长、长期财政可持续性和主权债务管理等一系列的政策性辩论。除了上述四个国家之外，我也引用了巴西和土耳其在消除自身通货膨胀和信贷历史方面的丰富经验，以阐明这些政策性辩论。

为了制定一个考察所列国家的经济经验的分析框架，我设计了关于公共债务可持续性、国民收入核算以及关于增长和宏观经济危机文献评述的能够自我更新的课程。这本书可以说是我这么多年工作经验的一个汇编，大多是后见之明的智慧。我多么希望，当我作为世界银行的国别经济学家开始航行之前，已经掌握了这些知识。

国别经济分析

当我在 20 世纪 80 年代中期加入世界银行时，三个依次展开的事件占据着发展中国家经济的头条：拉丁美洲的债务危机，那时它处于所谓的"失去的十年"的中期；"荷兰病"的蹂躏，这在 20 世纪 80 年代初油价崩溃后变得明显，而在低收入石油出口国如尼日利亚尤其明显；外汇黑市，这在拉丁美洲和非洲已经变得普遍。世界银行和国际货币基金组织的经济学家主要关注高通货膨胀率、宏观经济不稳定和主权债务危机。注意力已经超出了简单的"使价格正确"（从本质上说，通过自由贸易进口世界价格），转向了结构改革。因为人们认识到，在通往更有效的资源分配和更高产出水平的道路上，除了价格扭曲外，还有其他的障碍。然后，在 1989 年，伴随着柏林墙的倒塌，中东欧开始了从中央计划向市场经济的重大转型，波兰在其中扮演了急先锋角色。

到 20 世纪 90 年代中期，旨在通过减记货币中心银行的主权债务来解决 20 世纪 80 年代债务危机的布雷迪协议（the Brady deals）得以执行，但这并没有使墨西哥幸免于另一场开始于 1994 年晚期的危机。土耳其在同一时间也遭遇了类似的危机，但在专业人士眼中，拉丁美洲的危机比其他地方的新兴市场危机更应受到关注。例如巴西，在几次失败的行动之后，眼看就要制服恶性通货膨胀了。紧接着，东亚危机从 1997 年开始在泰国迅速蔓延。俄罗斯在 1998 年遭遇了一场大规模危机，其次是 1999 年的巴西，接着是 2000—2001 年的阿根廷和土耳其。

我一头扎进了这个混乱的局面当中。为了解这些国家解决"荷兰病"的政策选择，我于 1985 年初飞往尼日利亚首都拉各斯。一年后，我被要求为非洲汇率制度准备一种分类系统。为了完成这项任务，我去了加纳和塞拉利昂等国家。我很快就意识到，一个令人满意的可以理解黑市外汇交易的宏观经济学是不存在的。对于刚取得经济学博士学位的人来说，在真实的国家中研究实际经济问题完全是一个陌生的命题。1985 年初，我甚至很难确定实际汇率。[6] 但是，当你知道你的学习成果将会影响国家的政策建议，进而影响到数百万人的生活时（更不用提还存在少许令人印象深刻的尴尬），你会学得非常快。此外，当世界银行的资源可供你支配时，这本身就是一个巨大的帮助：比如一些对发展中国家如何运作十分感兴趣的同事；去一个遥远的国度参加当地机构安排的与政策制定者会面的奢侈旅行；以及用一些私人公司和银行的资金来冒险。当我在 1990 年被派往波兰出任世界银行经济学家时，我的学习之旅上了一个大大的台阶。鉴于它前所未有的转型特性，没有现成的框架可用。在那 10 年后，我成为驻俄罗斯的世界银行经济学家，这期间恰好赶上了 1998 年的危机。

由于被置身于复杂的国别经济环境之中，我得出了五个独一无二的发现。第一，学术经济学是有用的[7]，但是将它应用于特定国家则需要你长时间在此亲力亲为。纸上谈兵虽说也是必要的，但还是容易出现严重的错误。第二，国别经济分析本质上是经济学的单独分支，同时也是学术经济学的重要补充。你用一个国家的信息来充实自己，进而通过与人交谈、彻夜无眠地思考，慢慢地筛选出你的一个个假说，并希望每个假说刚好和现实不谋而合，而在这个过程中，运气往往会发挥作用。专栏1.1展示的尼日利亚的案例来源于我的早期经历。这个例子表明，倾听非经济学家的意见永远是非常高明和重要的。第三，从性质看，国别经济分析属于综合分析。你不能说："对不起，我是一个宏观经济学家"或"我是贸易理论家"，或"劳动力市场的专家"等等。第四，路径依赖在各国是如此根深蒂固。一些糟糕的政策习惯和制度很难被推翻，并且能够运行很长时间（比经济学家运行的传统回归长得多）。第五，好的国别经济学家常常会对世俗的权威提出质疑，并最终走向证据所指向的地方。不妨这样说，一个好的国别经济学家从来不属于这样的引用："哦，某某著名的经济学家已经指出了这个观点，所以我们不用再考虑这件事了。"

我将用四个例子说明国别经济分析的不同之处，它需要综合考虑很多要素。前两个例子分别来源于印度和俄罗斯，而后两个例子则与本书所传达的有关真实国家经验的辩论有关。

专栏1.1　　　　　　　　趣闻轶事的重要性

1986年9月，尼日利亚的黑市汇率略高于每美元5奈拉，比正式汇率1.5奈拉/美元高出230%。配给尼日利亚的石油美元的进口许可证是以官方利率发放的。每个人都认为这是一种亟待消除的扭曲，因为它导致了寻租和资源错配。

浮动汇率是逐步获得支持的一种选择，但也将产生两个问题：第一，浮动产生的汇率是多少？第二，它是否会导致通货膨胀？首先，在世界银行和国际货币基金组织中，或多或少一致的立场是，浮动产生的汇率将比黑市价格更接近官方汇率，因为在尼日利亚占出口收入的90%以上的石油是通过进口许可证且按官方汇率出售的。因此，通货膨胀的后果将是有限的。尽管我们已经得出了这个直观且颇具吸引力的论据，但我们依然有理由相信浮动有可能产生更接近黑市的汇率。早期的银行研究表明，可贸易品的本地价格反映的是黑市汇率，而非官方汇率：一个价值1美元的进口商品更有可能售卖5奈拉而非1.5奈拉。颇具讽刺意味的是，尽管浮动时官方汇率可能贬值230%，但浮动汇率也不会导致通货膨胀，因为它与价格无关！

*正式分析支持后面的非直观的结果。** 我是少数采取此立场的人之一，但我不是盲目的，我之所以如此坚定是因为我测试过一位受益于进口许可证的贸易商。我问他："假设中央银行使奈拉浮动，是否会导致严重的通货膨胀？"由于受巨大的溢价保护，他十分泰然自若地回答道："你不懂，通货膨胀已经发生在黑市上，它们接下来将只会削减我的利润率！"*

他无疑是正确的。浮动产生的市场汇率在黑市汇率的1%以内，并且没有导致通货膨胀。站在他的利益角度警告浮动所带来的通货膨胀后果能够提升这位贸易商的可信度，以至他能够保有他的利润率！

* 参见品图（1990，1991）。

◇◇◇

印度的"财政挥霍"

这个例子一方面说明了经济体可以采取一些蜿蜒路径，另一方面也印证了改革开始后直到出现所期望的经济效益之前可能会经历一段漫长的等待时间。在20世纪90年代后期，印度政府对其债务支付的实际利率开始逐步赶超GDP的实际增长率。由于基础财政余额是负的，根据定义，这意味着债务占国内生产总值的比率将上升[8]，这加剧了人们的担忧，印度将在21世纪初期面临一场大范围的宏观经济危机。为何如此呢？因为印度的财政和债务指标比正经历重大危机的俄罗斯和阿根廷等国家还要糟糕。如果采取纯粹的宏观经济办法，并从其他国家的经验推断，人们可以得出结论：印度正处于严重危机的边缘——与很多知名的印度经济观察者在2003年所做的预测一致。具有讽刺意味的是，印度的经济增长率在那一年翻了一倍：直到危机前这一发展绩效一直是可持续的。进一步的研究表明，印度不同于俄罗斯和阿根廷，这点我们将在第六章详述。现实往往更加复杂，也更充满希望。政府的债务动态日趋恶化的原因，并不是因为知名的印度经济观察家所抱怨的"肆意挥霍的财政"，而是因为实施改革把印度经济从相对封闭转向开放的财政成本。印度 1991 年开启了改革，而改革的好处在 12 年后才以持续的更快增长的形式出现。

1995—1998 年俄罗斯易货交易的不同寻常的增长

俄罗斯在 1995—1998 年的经历表明，经济如何运作的结论存在陷阱，因为你会发现这些结论用起来很方便，并且人们会继续以此设计国际救援计划。

想象如下的场景：重要的美国制造商通过易货交易而不是以美元计价来销售它们的产品，并且用它们生产的产品而不是现金支付工人酬劳，例如轮胎、泡泡糖、番茄酱、内衣等。它们甚至会用这种方式来支付税收和能源账单。这是发生在俄罗斯的真实场景，当时政府正试图通过在 1995 年中期启动的稳定计划将通货膨胀率降低到个位数水平。克利福德·加迪和巴里·伊克斯（Clifford Gaddy and Barry Ickes, 1998）提出了一个看似巧妙的可以涵盖一切的解释，即基于文化的解释，他们又称之为虚拟经济（virtual economy）。他们开发了一个数值算例来证明，如果一些不景气的制造公司进行易货交易，它们往往可以赢得更高的价格，且能以折扣价格支付它们的税收和能源账单。他们认为每个人都会追随这样的假设，因为任何一方都能获利。政府也会默认这样的交易方式，因为如若不然，它们就必须为制造部门的大规模破产所引发的社会混乱善后。

从加迪和伊克斯的例子很容易看出，由于不是每个人都能从易货交易中受益，这意味着该系统可能不会长久。[9]但这是个易于被追随的故事，因为它印证了将俄罗斯经济改革的困难归因于政治意愿的缺乏这种观点（政府对那些以俄罗斯天然气工业股份公司为代表的高调欠税机构视而不见），且揭露出想要彻底改变从苏联时代沿袭下来的心态的困难。（这让我回忆起苏联时期的笑话："他们假装支付我们酬劳，而我们则假装在工作。"）

甚至保罗·克鲁格曼（Paul Krugman）也将 1998 年的俄罗斯经济危机视为"波将金经济"（Potemkin Economy）。这里我要解释一下"波将金经济"这个名词，"波将金"本是俄国的一个村庄，当年叶卡捷琳娜二世（Catherine the Great of Russia）的首席部长用虚假的看似繁荣的沿街店铺掩饰了一贫如洗的小村庄，并陪同叶卡捷琳娜二世一同视察村庄，简直是个滑稽的场景。从那以后，"波将金村"一词惯指那些"表面上繁荣，实际上只是假象"的事物。[10] 此外，即使是对俄罗斯的短暂访问，抑或与公司董事和银行经理交流，也能确证所有这些都是错误的。1995—1997 年易货交易和非现金交易的增长不是源自文化上根深蒂固的虚荣心，而是由于稳定计划带来的可怕的高实际利率将企业逼入绝境，而政府本身正在带头节约现金。

正如第七章将指出的那样，易货交易的崛起归因于薄弱的政治意愿和逃税行为，进而最终导致俄罗斯制定出一个有缺陷的国际救援方案，而该方案在 1998 年 7 月宣布后不到一个月就崩溃了。具有讽刺意味的是，这个方案的崩溃却出乎意料地为俄罗斯的经济复苏奠定了基础，并且提供了一个经得住推敲的见解，帮助我们了解了宏观经济环境如何影响增长的微观基础。此后，俄罗斯再也没有回到易货交易时代。

债务和增长——发展中国家有何不同？

下面这个例子说明了，为什么国别经济学家应该警惕从跨国研究或历史事件的审查中汲取的经验法则。这些法则可以用来定义之前的经验，但也仅此而已。

卡门·莱因哈特（Carmen Reinhart）和肯尼思·罗格夫（Kenneth Rogoff）最近以包括 20 个发达经济体在内的 44 个国家的两个世纪的数据为基础，对政府债务与增长之间的联系进行了大量研究。[11]他们发现，当债务占 GDP 的比率低于 90％时，债务对增长的影响是微乎其微的，但一旦高于此阈值，中位数增长率（median growth rate）每下降 1 个百分点，平均增长率则会下降得更多，这一结论同时适用于新兴市场和发达经济体。基于这一发现，莱因哈特和罗格夫指出，那些认为发达国家政府债务水平是良性的人是错误的：在许多案例中，债务超过了 GDP 的 100％。他们还发现，在第二次世界大战后期，在发达经济体的债务占 GDP 的比率的年度观察中，只有 8％的国家的债务占 GDP 的比率高于 90％，这要归因于增长对债务带来的负面影响："如果债务占国内生产总值的比例超过 90％是良性的，那么几代政治家必定把这笔众所周知的钱遗忘在大街上了。"

尽管大多数人会同意，政治家不会放过轻松赚钱的机会，但是他们是否会担心增长导致国家债务占 GDP 的比率超过 90％？抑或约束因素是市场要求过高的利率？大多数发展中国家可能会遭遇危机，因为经济增长和税收增长放缓，而利率迅速上升，很快就会达到 90％这个阈值。俄罗斯 1998 年和阿根廷 2001 年发生危机时，政府债务占 GDP 的比率大约为 50％，这个比率甚至低于《马斯特里赫特条约》所规定的 60％。[12]因此，不论其债务水平如何，各国都应警惕市场利率所反映出的违约风险的信号。与莱因哈特和罗格夫确定的 90％的阈值相比，这样的反馈可能更有助于指导政策。有趣的是，新兴市场政府行为有了明显的改善，这体现在他们全面并持久地对 1997—2001 年的危机做出反应。这将在第八章和第九章中详述。这种改变可能不会永恒，但我打赌，这就是可以预见的未来。[13]

汇率制度的"双极视图"

这个例子来自我职业生涯的一个片段。到 2001 年 6 月，我们已经目睹了 1997 年 8 月的东亚危机、1998 年的俄罗斯危机和 1999 年 1 月的巴西危机，阿根廷和土耳其当时也仍然深陷经济危机之中。同月，《金融与发展》(*Finance & Development*) 上刊登了一篇论文，讨论各国如何由所谓中间汇率制度转向两个极端之一：一极是如阿根廷宪法规定的与美元挂钩的"硬挂钩"(hard pegs)，另一极是完全浮动 (pure floats)。文章作者斯坦利·费希尔 (Stanley Fischer) 总结道："对于融入国际资本市场的国家和那些没有融入国际资本市场的国家来说，从联系汇率制度转向浮动汇率和硬挂钩已是大势所趋，这并不是坏事，它无疑将持续下去。"[14]

这篇文章对汇率安排如何变化的描述还算比较精准。欧元正在取代几个欧洲国家的货币，从浮动汇率转变为欧元区国家之间的硬挂钩。[15]但是，新兴市场的一些领头羊国家陷入了混乱。费希尔的"这并不是坏事，它无疑将持续下去"这样的规范结论不仅是不合时宜的（虽然这篇文章已经被刊登，但是阿根廷的硬挂钩已经奄奄一息），而且它已经远离了新兴市场正努力解决的更广泛的经济挑战。汇率制度选择并不是最终目的。它更应该做的是以外汇储备作为缓冲冲击的手段，并推动私营部门减少其资产负债表上的货币错配。有弹性的汇率将更具吸引力。具有讽刺意味的是，像俄罗斯和土耳其这样的国家，将与美元挂钩作为降低通货膨胀率的经典策略，但是它们的稳定恰恰是在放弃与美元挂钩之后才得以实现！它们是怎么做到的呢？答案是它们把让政府债务可持续作为优先选项。正如第八章和第九章所讨论的，在新兴市场从它们自己的危机中学习到的更大型的政策组合中，汇率制度安排仅仅是其中之一，甚至都不是最重要的。

国家的故事

尽管这本书中涉及的国家的故事不尽相同，但是，考虑到发展中国家都曾经历过宏观经济不稳定和债务危机，因此从这些故事中还是能总结出很多共同点，这一点也不足为奇。故事的核心是，为增长而构建的强健的微观经济基础与稳健的政府跨期预算约束之间的相互依存性，也被认为是可持续的债务动态。作为一个分析性结构，被我称为"宏-微观联动"的这种相互依存是显而易见并且重要的；作为一种政策或制度结构，孕育这种宏-微观联动意味着一种复杂的政治挑战。

让我详细说一下。可持续的政府债务动态将孕育合理的实际利率和实际汇率，构成了更快增长的基础。举个例子，如果你看看2007年出版的《肯尼亚2030愿景》（Kenya's Vision 2030），其目标是实现未来25年年均10％的增长，它特别强调了如下内容：以低财政赤字、低通货膨胀率、低利率和稳定汇率为特征的宏观经济稳定；全要素生产率（TFP）年均增长2.5％（这将构成增长奇迹）；国民储蓄率翻倍至30％（如果TFP增长率想要达到1.75％，可能需要更高的国民储蓄率，这仍将是一个令人震惊的表现）。

如何将实现10％的增长率的要求（假设是可行的）纳入一个合乎逻辑的整体呢？本书所述的经验表明，被解释为财政部和中央银行共同实现的控制财政赤字和通货膨胀的宏观经济稳定性不足以巩固增长的微观基础，而这个微观基础被认为是实现全要素生产率更快增长所需要的。特别地，有竞争力的实际汇率、进口竞争和硬预算约束对于促进企业创新和提高技术水平也是必需的，而技术升级推动了全要素生产率增长。[16]这是快速增长这场战役取得胜利的关键点，因为增加进口竞争和强化预算会很快进入政治经济和既得利益的崎岖地带。输掉这场战役将阻碍更快的增长，并且政府为了维持可持续的债务动态将不得不提高税收，最终的结局则扼杀了财政部和中央银行最佳的宏观经济稳定计划。

值得强调的是，如果财政部和中央银行无法实现其目标，私人公司和银行将不愿意进行长期投资或是投资于更好的技术，而组合投资者则将要求国债的高风险溢价。更深层的体制和社会失败的症状之一就是没有办法把这些基本的事情做正确。因此，如果发展中国家政府想要在减轻贫困和过上更好的生活等人类至关重要的领域取得进展，他们就必须找到一种管理本节中阐述的宏-微观联动的方法。

【注释】

[1] 乔治·阿克洛夫（Akerlof, George A.）的《动物精神》（*Animal Spirits*, 2009），普林斯顿大学出版社，后又再版。

[2] 参见伊斯特利（Easterly, 2001）。

[3] 达龙·阿西莫格鲁和詹姆斯·罗宾逊（Daron Acemoglu and James Robinson, 2012）关于国家为什么会失败的大作似乎将成为这一领域的黄金标准，它强调了政治制度的重要性。

[4] 我们通常称为 HIPC-MDRI。有关概述请见 IDA 和 IMF（2011）。

[5] 典型的例子是美联储主席本·伯南克（Ben Bernanke）2004 年 2 月关于大和缓（the Great Moderation）的演讲。

[6] 当我开始对尼日利亚开展研究时，著名的经济学家塞巴斯蒂安·爱德华兹（Sebastian Edwards）在 1985 年访问了世界银行。在发现了我对开放宏观经济学和发展经济学知之甚少时，他直言不讳地问道："为什么世界银行会雇用你？"然而，他提到的多恩布什的教科书（Dornbusch, 1980）的第 2 章帮助了我，该书包含了开放经济国民收入核算的系统处理方式之一。

[7] 这与全球危机后的学术经济学家的观点相反，参见德龙（De Long, 2011）。在此，他认为经济学处于危机之中。或许是经济学家处在危机中，而不是经济学。

[8] 第三章和附录 2 将清晰地阐述这一点。基础财政盈余或基础盈余被定义为政府总收入减去非利息支出。按照定义，是一种可以用于偿还政府债务的盈余。

[9] 对此的驳斥，参见 Pinto, Drebentsov 和 Morozov（2000 a, b）。

[10] 克鲁格曼（Krugman, 2009, p.132）．

[11] 莱因哈特和罗格夫（Reinhart and Rogoff, 2010 a, b）．

[12] 根据 1992 年签署的《马斯特里赫特（欧盟）条约》，希望加入欧

元区的欧盟国家除了达到其他条件外，还必须确保政府总债务不超过 60％，财政赤字占 GDP 的比率不超过 3％。

[13] 阿根廷是个例外。

[14] 费希尔（Fischer, 2001）.

[15] 欧元于 1999 年 1 月 1 日在 11 个欧元区国家取代欧洲货币单位作为核算单位，并于 2002 年 1 月 1 日进入流通。

[16] "硬预算约束"指的是财务纪律不存在出于政治动机对公司的救助、有强大的银行治理框架。更详细的内容请参见第三章和专栏 3.3。

第一部分

就增长主题我们能够告诉政策制定者什么？

渴求快速增长的发展中国家的政策制定者未必熟悉增长理论、但是他们乐于接受这样的思想：更快的增长将需要更高的投资率；大额的经常项目赤字（即从国外借款以增加投资）的长期存在就必然推高风险；并且，为了实现合理的政府债务利率和充满吸引力的私人部门的资本成本，公共财政必须可持续。

通过增加积累、维持宏观经济稳定、降低资本成本等追求上述目标将会提高稳态产出水平，但是，仅仅靠这些是否能够实现更高的长期增长率呢？后者要求发展中国家实施提高全要素生产率的增长政策，因为在发展中国家存在提升全要素生产率的巨大空间。此外，全要素生产率增长越快，给定长期增长目标所需的投资率就越低。这反过来意味着所需国民储蓄率较低——尽管国民储蓄率对发展中国家是有帮助的，但难以在短期内提高。

什么样的政策能够刺激全要素生产率的增长呢？基于我在不同的发展中国家的经验，存在趋于相似的简洁清单：公司和银行的硬预算约束；国内的特别是来自进口品的竞争和具有竞争力的实际汇率。我将其命名为三重奏，若成功地实施了这个梦幻般的清单，则会帮助我们区分良好的增长经验和令人沮丧的增长经验，但是这一任务又充满了政治经济的挑战。总体环境是由良好治理定义的，它不仅可以在一个健全的政府跨期预算约束中找到最直接的表达，并且可以赋予政府应对来自国内外的波动的能力。第二章和第三章将会表明，生动的国家经验启发的这个政策组合是与新古典增长理论和内生增长理论一致的，并且是与不断探寻的有效的增长政策一致的。

第二章
从政策视角看增长理论

1909—1949 年，美国的每小时工作总产出翻了一番；这一增长中有八分之七可归因于"最广义的技术进步"，仅仅剩余的八分之一可归因于传统的人均资本存量的增加……技术仍然是增长的主要发动机，人力资本投资位居次席。

——罗伯特·索洛，诺贝尔获奖演说词，1987 年 12 月 8 日

©诺贝尔基金会 1987

从罗伯特·索洛（1957）和爱德华·丹尼森（Edward Denison，1962）开拓性的新古典增长核算理论可以得出一个耐人寻味的发现：大部分的长期人均增长可以由代表技术进步的全要素生产率来解释。自那以来，增长的重点一直是全要素生产率。由于资本的边际报酬递减，长期的持续的人均增长最终必然来自生产率的提高，抑或每单位投入的产出增加，而不是源自要素的积累。专栏 2.1中包含了新古典增长理论的核心思想，也给出了全要素生产率的定义。

来自专栏 2.1 的直接政策处方是，开放资本账户将加速人均收入水平的趋同，因为为了获得更高的回报，资本会从资本劳动比率较高的富国流向穷国。这是新古典增长模式开始崩溃的地方。正如

保罗·罗默在 1994 年《经济展望杂志》（*Journal of Economic Perspectives*）的文章中指出的那样，趋同没有得到经验支持。此外，如附录 1 所示，在富国相对于穷国的储蓄率和投资率水平上，模型也得出了不可置信的推论。

◇◇

专栏 2.1   **新古典增长的关键结论**

国内生产总值 Y 是资本 K 和劳动 L 的函数，如方程（ⅰ），其中 $0<\alpha<1$：

$$Y=A(t)K^{a}L^{1-a} \tag{ⅰ}$$

在方程（ⅰ）中，A 代表技术进步，并设定为时间的函数，这一点体现了新古典索洛-斯旺增长模型（the neoclassical Solow-Swann growth model）中技术的外生性。从代数上看，$A=\dfrac{Y}{K^{a}L^{1-a}}$ 可以简单地表述为以资本和劳动的几何平均定义的单位投入的产出水平。因此，A 是生产率或效率的广义测量，被称为全要素生产率。在完全竞争的情况下，α 等于国民收入中资本所占份额。

从（ⅰ）可以得出，产出增长率取决于劳动、资本投入以及全要素生产率的增长率。虽然劳动投入被假定按照外生的人口增长率增长，但是资本投入的增长是内生的，并由经资本折旧调整的储蓄决定。劳动和资本投入都遵循边际报酬递减规律［（ⅰ）中假设的 $0<\alpha<1$ 抓住了这一特征］。然而，这个假设绝对关键，正如罗伯特·索洛（1994）所指出的，规模报酬仅仅是有助于简化代数运算：方程（ⅰ）的两边都可以除以 L，可以表示成单位工人形式。

前述结构导出了三个主要结论（代数形式的表达见附录1）：

● 随着穷国（单位工人的初始产出水平较低的国家）增长得比富国快，单位工人产出（"人均收入"）水平将自动趋同。除了资本的边际报酬递减外，对于"趋同假说"至关重要的是假设相似的储蓄率和技术水平——精确地说，相似的人口增长率和折旧率也是同等重要的。

● 虽然储蓄率的上升将导致迈向新稳态的过渡时期的更高增长率，并且带来更高水平的稳态人均收入，但是它不会带来稳态时人均收入的更高增长率。这种违反直觉的结果是资本的边际报酬递减所致。

● 如果没有持续的、外生给定的全要素生产率的增长，稳态时人均收入的增长率将为零（总产出将按照人口增长率定义的自然率增长）。

国家间收入水平趋同假说得不到实证支持，而富国人均收入水平长期持续增长，最终导致了由保罗·罗默在1986年开创的内生增长理论的兴起。

◇◇◇◇◇◇◇◇◇◇◇◇◇◇◇◇◇◇◇◇◇◇◇◇◇◇◇◇◇◇◇◇◇◇◇◇◇◇

对于发展，这意味着什么呢？首先，大多数国别经济学家不禁起疑，与发达经济体相比，发展中国家技术更落后（即 A 更小，参见专栏2.1中的生产函数），人均资本水平更低（每个工人的资本存量更少），当然也更贫穷，但是拥有更高的资本回报率（更高的资本边际产出）。但是，后者并不能被确证，因为富国更高的全要素生产率能够抵消更高水平的人均资本对资本边际产出的影响［见附录1中的方程（A6）］！因此，正如罗伯特·卢卡斯（1990）在他1990年的论文中所观察到的，为了刺激增长和趋同，在有相似技术假设的新古典模型背景下看似简单的"开放资本账户"的处方，可能会导致资本逆流！他引进了人力资本（基于有效劳动度量的富国和穷国间的资本劳动比率的差异更小，因为富国有更丰富的人力资本）以及与之相关的外部性，并得出富国的资本的边际回报可能比穷国更高，特别是用政治风险调整后的回报。[1]

然而，即使像新古典增长模式所推断的那样，贫国的资本边际回报更高，但是，如果富国在技术上更为先进（也就是说，它的全要素生产率水平更高），那么开放资本账户可能也不会使它们在收入趋同的道路上走得很远，如图A1.1所示。这一点是由古雷切斯和珍妮（Gourinchas and Jeanne，2006）提出的。他们模拟比较了通过即刻开放发展中国家的资本账户可能带来的消费增长与使其保持永久不变两种情况：生产函数是新古典主义的，具有外生给定的技术，但是富国的全要素生产率水平更高。收益是适度的，以不变速率 1％持续增长。资本流动使富国和贫国的资本边际回报相等，但是不必等于实际经济的全要素生产率水平。如果一个发展中国家设法消除与美国生产率差距的 25％，那么意味着福利将会增加 50 倍（Gourinchas and Jeanne，2006，p. 716）！同样，克鲁格曼（1994，p. 75）在 1994 年关于东亚奇迹的文章中指出，尽管中国当时是一个贫穷的国家，但是"它的人口如此巨大，如果中国能达到西方生产率水平的哪怕一小部分，它都将成为一个重要的经济强国"。

开放资本账户是否有助于全要素生产率水平的趋同存在争议。从新古典模式中我们所知道的是，它可能加速了资本的边际回报均等化进程，并且在此进程中增加了穷国的人均资本存量。直观地看，由于外国直接投资能够带来更好的技术，从而有助于全要素生产率的提高。但是，即使穷国的资本边际回报更高，来自富国的外国投资者可能也不投资于发展中国家。治理不善、政策不良、制度疲弱以及宏观经济不稳定等环境导致的风险都可能使资本的回报率降低。另一个原因是基础设施不足，而基础设施需要购买，这会对公共财政产生深远影响：电力不稳定、港口效率低下、腐败严重以及道路上充满了坑洼等都可能导致企业望而却步。最后，开放资本账户的新兴市场往往遭受宏观经济危机，而不是享受更快的增长，这一事实使资本账户自由化成为发展中国家最具争议的政策处方之一。[2]

新古典与内生增长

因为在复制人均增长率的国际差异上的无能为力，以及缺乏收入水平趋同的令人信服的证据，最初的索洛模型受到攻击。[3]此外，索洛模型假设外生技术进步或全要素生产率增长是解释像美国一样的富国的长期稳态人均增长的唯一途径。在保罗·罗默（1986）和罗伯特·卢卡斯（1988）利用内生增长猛烈抨击索洛模型之后，格里高利·曼昆、戴维·罗默和戴维·韦尔（Gregory Mankiw, David Romer and David Weil, 1992）1992 年的论文对索洛模型做了最众所周知的防卫努力。

他们的防卫可以分为四个步骤。第一，即使在最初的索洛模型中，由于各国的储蓄和人口增长率是不同的，穷国和富国也没有理由达到相同的人均收入水平。第二，利用 1960—1985 年的跨国数据进行回归，曼昆、罗默和韦尔计算出，储蓄和人口增长率对稳态的人均收入的影响远远大于人们以观察到的资本在国民收入中占 1/3 的份额为基础运用最初的索洛模型所做出的推算。他们回归得出的份额接近 0.60。在他们的回归中，左边的变量是 1985 年的实际人均国内生产总值，用平均投资率代表储蓄率，用 1960—1985 年的工作年龄人口的增长率代表人口增长率。假设各国有相同的初始技术水平及增长率，折旧率也相同。第三，为了解决观察到的资本在国民收入中的份额与回归所暗示的份额之间的差异，曼昆、罗默和韦尔将人力资本引入生产函数，但没有包含任何外部性。他们把人力资本变量引入方程再次回归并发现，回归结果与资本的产出弹性为 1/3 是一致的（等于观察到的资本在国民收入中的份额，并假设完全竞争），劳动的产出弹性为 1/3，人力资本的产出弹性为1/3。[4]他们称这一模型为"扩展的索洛模型"。第四，在"扩展的索洛模型"中，收敛到稳态的速度约为原始的索洛模型的一半。各国收敛于其特定的教育水平、储蓄率和人口增长率所定义的稳定状态这一事实（曼昆、罗默和韦尔称这种现象为"条件趋同"）解释了国家间差距。具有类似储蓄和人口增长率的国家将趋向相同的人均收入，但是，这一进程比原始的索洛模型预测的漫长得多。如果不引入人力资本，人们容易混淆缓慢的收敛与不存在收敛。

最后一点是，在没有放弃资本的边际报酬递减假设的情况下，曼昆、罗默和韦尔能够解释人均收入的国家间差异和趋同的缺失：在扩展的索洛模型中，物质资本和人力资本的产出弹性的和小于1。

在曼昆、罗默和韦尔的反驳中，格罗斯曼和赫尔普曼（Gene Grossman and Elhanan Helpman, 1994）注意到，他们最有影响力的结论来自富国和穷国在投资率和人口增长率上的差异。格罗斯曼和赫尔普曼认为，所观察到的富国的更高的投资率一定程度上是由技术进步驱动的。因此，"我们相信，所有98个国家（富国和穷国）在25年间有相同的技术进步速度的假设（在曼昆、罗默和韦尔的回归中）是站不住脚的"[5]。

在同组的系列评论文章中，帕克（Howard Pack, 1994, p.55）注意到，"大多数实证研究……已经检验了较早的（新古典）增长模型，而没有检验内生增长自身。"虽然内生增长具有相当大的边际智慧贡献，但是它对"检验知识基本没有贡献"（p.69）。最后，话说回来，如果一个人执着于具有资本的边际报酬递减、外生技术和完全竞争等假设的新古典模型，那么他总是能够找到调整它，以使其更容易适应经验证据的方法，正如曼昆、罗默和韦尔所做的那样。

国别经济学家的困境

国别经济学家为什么要关心增长是新古典的还是内生增长的呢？因为政策含义和增长面临的挑战的性质不同。在最初的索洛模型中，发展中国家只要简单地通过积累更多的人均资本，就能够推动本国收入水平收敛于富国水平。资本稀缺的发展中国家可以利用更高的资本回报率吸引来自富国的资本加速这一进程。但是，这里存在四个障碍。第一，正如古雷切斯和珍妮所强调的，技术可能与拥有更高全要素生产率水平的更富的国家不同。资本的边际回报可以相等，但收入水平不一定相同。第二个和第三个障碍是由罗伯特·卢卡斯所确认的：富国的人力资本水平更高，风险更低，因此资本可能向"错误的"方向流动。第四个障碍把我们引入内生增长的性质这一问题。正如保罗·罗默和罗伯特·卢卡斯所指出的,各种力量都可能发挥作用,导致人力和物质资本的边际报酬不递减,从而导致富国始终领先。因此,增长政策必须聚焦于积累、降低国家风险和消除诱导企业采用更好技术的各种障碍三者之间的联系。

罗伯特·卢卡斯牢牢抓住了技术的力量。他在 1988 年对新古典增长理论的雄辩批判的出发点是,他构建了一个适合 20 世纪美国的增长经验的理论,但是作为发展理论,这是不成功的,因为它不能重现收入水平和增长率的国际多样性。此外,它预测自由资本流动和贸易应该导致资本劳动比率均等化,因此各个国家的要素价格实际上不能持久。卢卡斯挑出了他认为有潜力解释各不相同的国际增长经历的一个因素:技术。秉承技术需要高技能的人才能利用的观点,卢卡斯把技术和物质资本与劳动力一起包含进生产函数,这是他的人力资本理论的一个延续。人力资本在生产中呈现不变回报,并且存在与人力资本存量相关的正的外部性,这是卢卡斯与曼昆-罗默-韦尔的方法的关键差异。在卢卡斯的框架下,初始条件决定了有着相同增长率的各国在稳态下达到的特定收入水平;因此,该框架不存在收入水平的趋同,而且各国的物质资本的边际回报趋于相等,因此不存在系统的理由使资本从富国转向穷国。引入两种需要不同人力资本生产的产品(这些产品是在工作中获得的),也可能导致各国增长率的持续差异,从而完成理论构建。

卢卡斯的结论可能令人沮丧,因为它意味着穷国可能赶不上富国;但是,新产品的持续出现和贸易可能会给更穷的国家带来改进它们的产品组合并更快增长的机会,因此卢卡斯给穷国的追赶留下了一丝希望。他推断,由贸易诱导的增长率变化可能在东亚的增长奇迹中扮演了重要角色。

没过多久,杨格(Alwyn Young,1995)对亚洲增长奇迹的祛魅让我们又回到了原点。他的研究表明,亚洲的增长奇迹主要是由要素积累驱动的,而不是由高于其他国家的全要素增长率增长所致。

事实上，杨格在结论中指出，他的研究证实了利用资本劳动比率解释收入水平的新古典主义框架。增加储蓄、提高资本积累率将导致稳态国家收入水平的一次性提升，尽管这不会促进其持续增长。因此，赶超将要求大幅提高储蓄率和增加要素积累。图2-1展示了两个增长最快的发展中国家中国和印度的情况，它们的历程表明，这不仅仅是一件理论上的奇事。在这两个案例中，储蓄率稳步提高，尽管增长率以更加波动的轨迹趋于上升。

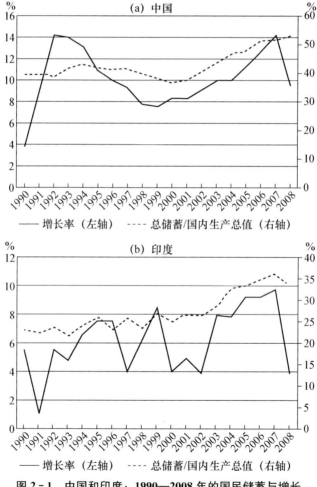

图2-1　中国和印度：1990—2008年的国民储蓄与增长

资料来源：世界银行世界发展指数数据库。

专栏 2.2 表明，为了将增长率维持在超过长期稳态时的较高水平，发展中国家可能需要持续提高储蓄率。在索洛型模型中，后者是由全要素生产率和人力资本增长决定的，并且人口特征、递减的资本回报也扮演了重要作用。

专栏 2.2 中的结果的重要性可以阐述如下：第一，为了赶超，发展中国家需要比富国增长得更快。第二，这意味着增长速度高于沿着平衡路径的稳态增长，而后在新古典主义框架中，平衡增长路径的增长被认为更接近富国（技术先进）的增长率。第三，考虑到增长算法，这意味着发展中国家的资本存量增长率必须超过其产出（GDP）的目标增长率。第四，考虑到资本的边际回报下降，储蓄率需要不断上升。第五，也是关键的一点——提高发展中国家稳态增长率的有效途径是采取政策加快全要素生产率的增长速度，使其超过富国。考虑到发展中国家距离技术前沿还有很长距离，因此实现以上目标还有很大的空间，这是阿洪和豪伊特（Philippe Aghion and Peter Howitt, 1992）1992 年的一篇论文阐述的创新思想。其实际意义是，阿洪和豪伊特调和了新古典增长与自我维持的内生增长之间的矛盾。收益递减可能适用于处于技术前沿的国家，而不适用于处于技术前沿内部的发展中国家，而技术前沿内部为持续增长创造了一个稳定的平台。为什么加速全要素生产率增长很重要？因为它会使稳态增长率更接近目标增长率，并降低资本存量所需的增长率。这样，它将缓解（但不是消除）提高储蓄率的压力，并成为发展中国家追求更快增长的基本支柱。在第三章中我将基于此概念展开论述。

◇◇◇◇◇◇◇◇◇◇◇◇◇◇◇◇◇◇◇◇◇◇◇◇◇◇◇◇◇◇◇◇◇◇◇

专栏 2.2　　　　目标增长率一定时的储蓄率

产出 Y 由生产函数 $Y=AK^{\alpha}(\theta E)^{1-\alpha}$ 决定，其中 A 代表全要素生产率，K 表示物质资本存在，E 代表工作年龄人口（"工人数量"），为了获得有效劳动投入，E 被人力资本变量加权，并且 α 代表资本的产出弹性，$0<\alpha<1$（要提醒的是，$\alpha<1$ 意味着资本的边际报酬递减）。这意味着增长方程如下：

$$g\equiv\hat{Y}=\alpha\,\hat{K}+[\hat{A}+(1-\alpha)(\hat{\theta}+\hat{\varepsilon}+\lambda)]\qquad（ⅰ）$$

变量上的"$\wedge$"指变量的增长率：$\hat{Y}=dY/Y$ 是产出的增长率，$\hat{K}$ 是资本存量的增长率，$\hat{A}$ 是全要素生产率的增长率，并且 $\hat{\theta}$ 是人力资本的增长率。如果 ε 代表工作年龄人口 E 对总人口 N 的比例，那么这意味着 $\hat{E}=\hat{\varepsilon}+\lambda$，在这里 λ 是人口增长率，这就完成了等式（ⅰ）。我将用 z 表示等式（ⅰ）右边的方括号内的外生决定部分。

对于给定的 z 和目标增长率 g^{*}，从等式（ⅰ）可得，K 必须满足

$$\hat{K}=\frac{g^{*}-z}{\alpha}\qquad（ⅱ）$$

为了达到目标增长率，资本存量必须按照等式（ⅱ）给定的不变速率增长。在一个封闭经济中，$\hat{K}=(sY-\delta K)/K$，其中 s 是国民储蓄率，δ 是资本的折旧率。这就能写出如下等式：

$$\hat{K}=s\left(\frac{Y}{K}\right)-\delta\qquad（ⅲ）$$

从等式（ⅰ），我们看到，沿着稳态的均衡增长路径的增长率等于 $\frac{z}{1-\alpha}$。只要 $g^{*}>\frac{z}{1-\alpha}$，就有 $\hat{K}>\hat{Y}$，这一点是很容易理解的。在这个案例中，我们从（ⅲ）中看到，为了实现目标增长率 g^{*}，s 必须保持增长以使 $\hat{K}$ 按照（ⅱ）保持不变水平。也就是说，只要目标增长率超过稳态增长率，由于资本的边际报酬递减，s 就必须持续增长。

一个例子：随着 2009 年 5 月国内冲突的停止，斯里兰卡政府宣布了一个 8% 的中期增长目标。这可能听起来容易，因为即使在长达 10 年的冲突时期，该国都保持了年均 5% 的增长。但是，模拟表明，即使假设全要素生产率按照 1.75% 的速度（超过该国长期 1% 的速度）增长，储蓄率也必须从普遍的 25% 增加到 40%。给定人力资本

和人口趋势，z 的估计值在 2.67% 左右，从等式（ii）可以得出，当 α 等于 0.35 时，要达到目标增长率 8%，资本存量必须以 15% 的速率增长。当初始的 K/Y 为 1.30，而折旧率为 7% 时，等式（iii）表明在一些年份所需储蓄率将是 40%。此外，如果储蓄率在一段时间维持在 40%，那么增长率将持续下降，直到达到均衡增长路径的 4.1%，这可由 2.67/（1−0.35）计算得出。

注意：如曼昆、罗默和韦尔（1992，P.431）注意到的，发展中国家（"低储蓄"）的 K/Y 在 1 左右，而被认为接近稳态的发达国家（"高储蓄"）的 K/Y 在 3 左右。

资料来源：Fonseka et al.（2012），Hevia and Loayza（2013）.

实用主义的方法

上述对增长文献的考察有两个令人沮丧的结论。第一个来自曼昆-罗默-韦尔和杨格，即收入趋同将非常缓慢，若想在目标增长率的基础上取得任何显著的增长都要求大量增加积累和储蓄。发展中国家不应该以现象级的全要素生产率增长的形式创造奇迹。第二个来自保罗·罗默和罗伯特·卢卡斯，即克服发展中国家和发达经济体之间的技术和人力资本的差距将是一个主要的挑战。因为内生增长的存在，所以收入趋同可能永远不会发生。这意味着，只有引进先进技术时开放资本账户才会有所帮助，但是，除了直接引进外国投资者外，没有明显的机制可以保证这一点。外国投资者可能会因为各种原因而放弃投资，这些原因包括治理不善、宏观经济不稳定以及基础设施薄弱。

好消息是，尽管令人生畏，但是这些障碍并非不可逾越。实用主义的增长战略将要求发展中国家从新古典和内生增长中借入一些元素。例如，提高公共储蓄率或降低政治风险仅仅会导致新古典模式中稳态收入水平的一次性上升，同时风险溢价的降低将导致更多的投资或更低的资本成本。但是，将这些行动与硬预算、进口竞争和竞争性实际汇率的微观政策三重奏结合起来，可以推动企业变得更具创新性，并通过采用更好的技术加速全要素生产率的增长。这是第二部分关于国家故事描述的主要发现，它可以推动长期持续的高增长。考虑到发展中国家距离先进国家确定的技术前沿还有相当长的距离，这里存在相当大的潜力。焦点既需要放在积累上（新古典框架所强调的），也需要放在更快的全要素生产率的增长上（内生增长框架所强调的）。根据卡罗、欧沃兰德和韦尔（Christopher Car-roll，Jody Overland and David Weil，2000）的习惯形成假设，如果消费对收入增长的反应很慢，持续更快的增长可以刺激储蓄率的上升。

尽管从长远来看，全要素生产率的增长具有决定性作用，但是，德龙和萨默斯（Bradford De Long and Lawrence Summers，1992）在1992年发表的一篇论文强化了需要同时追求生产率和积累的思想。[6]他们提出了经验证据，指出设备投资与增长的量级有很强的因果关系，这完全没有办法简单地用资本的私人回报率来解释，因为贬值，更不用说递减的边际回报了。他们贡献了这样一种思想：即使在技术先进国家，全要素生产率的快速增长也是和高设备投资率相伴的。只有高储蓄率是不够的，还必须减少机械进口的阻碍并降低其相对价格。当把"干中学"和共享运营信息结合起来考虑时，积累成为技术进步的工具，并带来正的外部性。他们估计，机械和设备投资的社会净回报率年均在20%左右，其中一半以上来自全要素生产率的提高。在发展中国家，制定使公司在投资通过市场检验的更好的机械和设备时更加有利可图的政策，将促进其快速增长。这可能包括降低政治风险，正如德龙和萨默斯（1992，p.195）所描述的，这不仅仅是简单地诱导私人投资者"进行先前未能满足盈亏平衡利率的设备投资项目"，而是通过减少风险溢价来降低盈亏平衡利率本身。第五章关于肯尼亚的故事就说明了这一点。

总之，发展中国家可以采取一揽子政策，以刺激长期的可持续的增长，以便缩小发展中国家和更富的国家之间的收入和全要素生产率水平的鸿沟，这是增长挑战的核心。第三章将更深入地探讨增长政策组合，在该政策组合中，前述的政策三重奏将在激发创新和加速全要素生产率增长方面发挥关键作用。

【注释】

[1] 单独引入有效劳动力仍将导致穷国更高的预期资本边际回报。如果这种回报反而是相等的，那么齐次生产函数将意味着具备同样技能的工人在墨西哥所获酬劳和在美国是相等的，但是，大量的墨西哥人排队进入美国已经证伪了该理论。换句话说，同样技能的工人在美国挣得比在墨西哥多。卢卡斯援引人力资本的正的外部性来解释这一点。这反过来又提高了美国相对于一个穷国的资本回报率。

[2] 我将在第八章和第九章更详细地讨论这一关键点。

[3] 这一部分从《经济展望杂志》[*Journal of Economic Perspectives*，8（1），Winter 1994] 的系列优秀论文中不受限制地汲取了灵感。

[4] 这等于采用最初的生产函数 $Y = AK^{\frac{1}{3}}L^{\frac{2}{3}}$，并把它重新写成 $Y = AK^{\frac{1}{3}}H^{\frac{1}{3}}L^{\frac{1}{3}}$，其中 H 代表人力资本。参见 Mankiw，Romer and Weil（1992）。

[5] 格罗斯曼和赫尔普曼（Grossman and Helpman，1994，p.29），材料在专栏中补充。

[6] 伊斯特利和列维（Easterly and Levine，2001）认为，积累不是解释收入水平和增长率的跨国差异的主要因素，"其他事物"才是，这个"其他事物"我们通常称为全要素生产率，它需要更深入的考察。他们（明智地）表明，这并不意味着积累在发展中国家的特定发展阶段是不重要的。

第三章
探寻增长政策组合

玛丽玛丽真倔强，你的花草长得怎么样？

——鹅妈妈童谣

第二章的政策内容的精华是，强调技术、人力资本和更高的投资率在发展中国家的增长战略中的重要性。但是，即使是最乐观的发展实践者也会承认，技术和人力资本不是趋同的唯一障碍，甚至可能不是最严重的障碍。政治不稳定、腐败丑闻、糟糕的基础设施和发展中国家的征用风险都是需要清除的障碍。经验表明，与"卢卡斯悖论"（Lucas，1990）一致，开放资本账户可能导致资本流向"错误"的方向，或导致破坏稳定的"热钱"流动。最近的一项研究测算了实现趋同的难度，在 180 个发展中国家中，只有 28 个国家在 1950—2008 年间成功地将与美国的收入差距减少了 10％以上。[1]

在这个令人沮丧的背景下，发展中国家的政策制定者如何应对持续快速增长所面临的众多技术、经济和政治挑战呢？在本章中，我将根据我在世界银行所积累的知识，对这个亘古长存的问题给出乐观的答案。这种积累来源于特定国家真实的经济背景与理论之间的反复印证。但是，解答这个问题的关键是时刻追随证据，无论证据将你指向哪里，特别是当证据与传统的智慧发生冲突时。

我构建的增长政策一揽子计划基于一个简单的观察：第二部分所述的国家故事，通过 1980 年代以来新兴市场的经验得以巩固，并论证了促进增长的政策不能与旨在避免主权债务危机的政策分离。进一步说，这些政策可以从三个相互关联的层面加以描述：

- 确保一个健康的政府跨期预算约束。
- 实施硬预算约束、进口竞争和竞争性实际汇率的微观政策三重奏。
- 管理好来自内部和外部的波动。

这种"宏-微观联动"的一揽子增长政策是具有权威性的，因为它代表国家需要做的最低限度的努力，以创造一个有利于全要素生产率更快增长的环境，当然同时也要提高国民储蓄率。没有捷径可走，一揽子政策的成功实施首先需要良好的公共财政管理方式，其次是执行合同和保护产权的可信赖机构，以及金融部门监管和社会保护。在本章接下来的内容中，我将把政府跨期预算约束、微观政策三重奏和管理波动与过去 20 年中不断变化的关于增长的政策辩论联系起来。

增长委员会

2006 年，世界银行召集成立了增长委员会，由两位诺贝尔经济学奖获得者和几位著名的业内人士（包括发展中国家的最高政策制定者）组成，以"收集对于持续快速的经济增长和减贫的政策及战略的最佳理解"。我将着重谈谈该委员会在 2008 年发表的最终报告[简称委员会报告（GC，2008）]。报告的重点是委员会从经济迅速增长（至少 25 年保持每年 7％或更高的增长率）的国家中所提炼的"常见方法"或"共同特征"。自 1950 年以来，只有 13 个国家取得了这项成就，大部分是东亚国家，这足以证明挑战的艰巨性。委员会报告接着详细阐述了从这些方法中产生的增长战略的"政策成分"。

最后一次类似的对这种经济政策组合的检验是在 1990 年。约翰·威廉姆森（John Williamson）列出了华盛顿各大机构（包括世界银行）给拉丁美洲国家提供的建议，这些建议旨在帮助这些国家解决在 1980 年代的债务危机中出现的经济弊病。他天真地称之为"华盛顿共识"（the Washington Consensus），正如我们所看到的，这无疑是印上了一个"市场可以处理一切"（Williamson，2000，p. 252）而不受政策内容影响的敌意的标签。人们自然会想知道，从增长委员会的工作中产生了什么新的见解。但我们看到，尽管治理和国家特性更加突出，但是实质的见解并没有一个巨大的飞跃。

在表 3-1 中，我将委员会报告确定的 5 项政策成分映射到"华盛顿共识"的 10 个政策要素中。在下面这些内容之间我们可以清晰地发现密切联系：委员会报告中的宏观经济稳定、未来方向、良好的治理与包容性和"华盛顿共识"中的财政纪律、将公共支出转向具有改善收入分配潜能的高收益项目以及安全的产权（"未来方向"的前提条件）；委员会报告中的开放与"华盛顿共识"倡导的贸易开放和外国直接投资自由化（作为技术诀窍的一个来源——"华盛顿共识"谨慎地克制倡导开放资本账户）；以及委员会报告对市场激励的强调与"华盛顿共识"的第 6～10 条。

表 3-1　　　　　　　　增长委员会和"华盛顿共识"

增长委员会的 5 项政策成分	"华盛顿共识"——10 个政策要素
1. 宏观经济稳定（其特点是温和的通货膨胀和可持续的公共财政） 2. 未来方向（表现为高储蓄率和私人与公共投资率） 3. 强有力的领导和治理（其特点是投资规则的稳定，注重包容性增长和一个务实的、符合所有公民利益的有效政府）	1. 财政纪律 2. 将公共支出优先重点转向提供高经济回报和改善收入分配潜力的领域，如基本保健、基础教育和基础设施 3. 保护产权

续前表

增长委员会的 5 项政策成分	"华盛顿共识"——10 个政策要素
4. 贸易开放（以便进口知识和利用全球需求）	4. 贸易自由化 5. 外国直接投资流入自由化
5. 强调市场激励和分权（包括资源流动和快速城市化）	6. 税收改革（降低边际税率和扩大税收基础） 7. 利率自由化 8. 有竞争力的汇率 9. 私有化 10. 放松管制（取消进入和退出门槛）

资料来源：表的第一列：GC（2008，P. 22，Figure 2）；第二列：直接引自威廉姆森（2000，pp. 252-253），仅仅重新排列了顺序。

　　从整体上看，该表强调了储蓄和要素积累，可持续的公共财政，健康、教育和基础设施等公共产品，强大的领导力，贸易开放性和私营部门的市场导向等方面。丹尼·罗德里克（Dani Rodrik）在2008 年的一篇文章中指出了委员会报告与"华盛顿共识"之间的相似之处，但是也指出了它们之间的区别："华盛顿共识"是假设性的，而"新方法"是诊断性的，侧重于对增长最重要的约束，以及执行和评价。[2] 作为对丹尼·罗德里克的回应，威廉姆森（2008）也指出了委员会报告与"华盛顿共识"的相似之处。他承认委员会报告引入了治理的重要性，而他没有充分强调这一点；并且他也明确指出，委员会报告对国情的强调是向前迈进的重要一步。因此，委员会报告提出的关于快速增长的政策成分可以看作经过治理和增长诊断扩展的避免债务危机的"华盛顿共识"。

政府跨期预算约束

　　委员会报告与"华盛顿共识"之间的相似性导致了一个难以抗拒的观察。孕育快速的长期增长的政策和国家特征（增长委员会报告的促进因素）与那些防止破坏性危机并产生管理良好的公共财政

（"华盛顿共识"的基本促进因素）的要素之间密切相关。事实上，威廉姆森（1990）在关于"华盛顿共识"的论文中试图列出一套"理想的经济政策改革"，这些改革措施是包括世界银行和国际货币基金组织在内的华盛顿官方机构期望拉丁美洲国家实施的，目的是使这些国家从 20 世纪 80 年代的债务危机中脱身，并再次激发它们的增长。毫不奇怪，这篇文章从减少财政赤字的必要性开始论述，讨论生产性公共投资是否应该相互冲抵，以及在构建财政赤字目标时是否应该包括金融机构抽资导致的或有负债：源于 1997—2001 年新兴市场危机期间的共识。威廉姆森的论文在讨论表 3－1 中列出的其他项目之前，先考虑税制改革、利率和竞争性实际汇率。

政府跨期预算约束（GIBC）为所有这些变量提供了一个自然的组织原则。第二部分的国家故事和 1997—2001 年的新兴市场危机表明，最重要的不是某一年的财政赤字或政府债务占 GDP 的比率的经验法则（如《马斯特里赫特条约》要求的 60%），而是市场是否认为政府可以聚集起足够偿还债务的未来基础盈余，或者换句话说，最重要的是市场是否认为政府跨期预算约束是健康的。如果不是，实际利率将上升，因为债权人会要求风险溢价来弥补违约风险。资本成本可能超过私营部门可以接受的在竞争性的世界中进行有利可图的投资的水平。这将反过来影响增长前景和未来的税收，并危及财政可持续性和偿付能力，专栏 3.1 中定义了这些概念。因此，政府跨期预算约束的稳健是快速增长战略的基石，这是委员会报告和"华盛顿共识"的共同之处。

从历史的角度看，来自专栏 3.1 的一个重要洞见是，20 世纪 80 年代的"外债负担"（external debt overhang）导致的政策关切与 1997—2001 年新兴市场危机期间的"公共债务可持续性"和"偿付能力"导致的问题是极其相似的。在后一种情况下，由于高实际利率、宏观经济的不确定性和未来税收的不确定，投资和增长难免会遭受损失。政府通过削减公共投资（即使是从长期增长和偿付能力角度看有益的基础设施方面的投资）增加基础盈余，直到它们能够修复信誉。这引发了一场被称为"财政空间"的辩论,这部分内容我将在第八章中讨论。

◇◇◇

专栏 3.1 新兴市场中的债务可持续性、偿债能力和负担

政府债务占 GDP 的比率("债务动态")的轨迹取决于基础财政赤字、实际利率和增长率。[a]此外,汇率变动影响债务占 GDP 的比率,因为一些债务是以外币计价的。如果被迫纾困私营部门,政府债务水平可能上升。

财政偿付能力:当市场认为未来基础盈余的现值(以接近无风险利率贴现)足以偿还未偿还债务时,政府就是具有偿付能力的;否则,债务将需要以折扣定价,债务水平将上升。[b]因此,偿付能力问题将通过内债的高实际利率和相对于美国或德国等基准国家的高国际债券息差的形式显露出来。

公共债务可持续性:当不需要对现行的政策组合进行重大改变时,债务占 GDP 的比率就是可持续的。私人投资者购买政府债务时不要求高风险溢价,并且,债务占 GDP 的比率是在私营部门投资者可接受的轨道上,从而经济是沿着财政或宏观经济稳定的方向发展。

外债负担:这个概念由克鲁格曼(1988)和萨克斯(Jeffrey Sachs,1989)在 1980 年代的债务危机期间提出,指的是如下情况:市场预期一个国家的主权债务不可能得以充分偿还。随后,债务折价交易,以反映违约概率和预期回收率(即如果违约发生,美元债权人将收到多少回报)。这种负担的后果如下:

● 即使对于经济回报率超过借贷的边际成本的公共投资,政府也不可能借到款项。

● 即使是有利可图的项目,公司投资时也会犹豫,因为它们害怕回报会以税收的形式被政府拿走以偿还债务,而政客们不愿意实施改革,因为利益将被外部债权人获取(Corden,1989)。

● 债务减记可能对国家和债权人都有好处;但是,在债务减记

上，每个债权人都更愿意"搭别人的便车"，并获得她/他持有的完整国债，因为二级市场价格将在减记后趋于上升。该"搭便车"问题构成了 1989 年 3 月的布雷迪计划的理由，美国政府全力支持协调一致的减债计划，以打破拉丁美洲债务危机的僵局。

　　说明：a. 我将很快在专栏 3.2 中得出这些结论，附录 2 中有更详细的推导。
　　b. 更常见的定义偿债能力的方法是，未来基础盈余占 GDP 的比率（以等于实际利率减去实际增长率的利率折现）的现值超过初始债务占 GDP 的比率。有关完整的推导和技术讨论请参见 Burnside（2005）或 Aizenman and Pinto（2005）中的技术附录。

◇◇

　　另一个有趣的相似之处是，1980 年代的债务危机和 1997—2001 年新兴市场危机的根本原因是相同的：不可持续的财政赤字加上政策、制度和政治经济的虚弱，一方面以纳税人为代价养肥了政治精英，另一方面导致对过度扩张的私营部门的大规模救助。[3] 在 1980 年代和 1990 年代的债务危机中，另一个值得注意的共同因素是或明或暗的固定汇率和资本账户开放。为此，毫不奇怪，对 1980 年代的危机和 1997—2001 年危机的应对措施是相似的。例如，萨克斯（1990）就将以下因素作为区分从 1980 年代的债务危机中迅速抽身的国家与深陷危机的国家：（ⅰ）如何使用借来的钱[4]；（ⅱ）在财政政策和外向经济方面的长期增长战略，包括竞争性实际汇率；（ⅲ）对 1980 年代初期的两次外部冲击的政策调整速度（由于 OPEC 的油价上涨导致债务国的贸易条件急剧恶化，以及美国利率大幅上升）。

　　从本质上说，新兴市场要想从 1997—2001 年的危机中抽身，也必须采取相同的政策。但是，这也有两个重要的区别。首先，尽管俄罗斯和阿根廷出现了债务违约，但是新兴市场大体上管控着 1997—2001 年危机的余波，并没有出现任何重大的官方干预，这点我们将在第九章看到。事实上，经济治理有了重要改善。其次，新兴市场不约而同地转向了浮动汇率，并开启了自我保险之路，这是第三部分的重要主题。

必要约束：重要的是财政！[5]

在 2005 年关于增长诊断的论文中，豪斯曼、罗德里克和韦拉斯科（Andres Velasco）开始着手确定对增长的必要约束（binding constraint）。他们运用其框架诊断了 1998—2004 年的巴西并得出结论：当时对增长的必要约束是国民储蓄。遵循他们自己的逻辑，我认为，如果在这段时期内存在对增长的必要约束的话，那就是巴西政府的跨期预算约束。专栏 3.2 包含迟早有用的关于宏观经济核算和政府债务动态的回顾。

〰〰〰〰〰〰〰〰〰〰〰〰〰〰〰〰〰〰〰〰〰〰〰〰〰〰〰〰〰〰〰〰

专栏 3.2　　　　　宏观经济核算的回顾

一个有用的开放型经济核算恒等式如下：

国民储蓄＝投资＋经常项目盈余　　　　　　　　（ⅰ）

它指出，国民储蓄既可以在国内投资，也可以通过经常账户盈余的累积借给国外，并且可以从国民收入恒等式得出：

$$Y = C^{pvt} + I^{pvt} + G + (X - M) \qquad\qquad （ⅱ）$$

其中 Y 是国民总收入，C^{pvt} 和 I^{pvt} 分别是私人部门消费和投资，G 是政府支出，可以写成 $G = C^G + I^G$，也就是其消费和投资部分的总和。如果我们将 X 和 M 分别定义为商品、服务和要素收入（利润、股息和汇款）的出口和进口，从方程（ⅱ）的两边减去税收 T 并重新排序，则我们可以得到：

$$(Y - T - C^{pvt}) + (T - C^G) = (I^{pvt} + I^G) + CAS$$

其中方程左边括号中的两项分别是私人部门储蓄和政府储蓄，加起来就是国民储蓄；而右边是简单的总投资加上经常账户盈余，又再现了方程（ⅰ）。

现在考察一些财政和政府债务核算。财政赤字简单定义为政府支出超过其收入（用 T 表示）的部分：

$$财政赤字 = G - T = C^G + I^G - T = I^G - (T - C^G) = I^G - S^G$$

因此，财政赤字也是政府投资超过其储蓄的部分，这是一个有用的恒等式。

将政府消费分解为两个组成部分是非常有用的：非利息的当期支出和政府债务利息支付 iD，其中 i 是名义利率，D 是政府债务，并将财政赤字重写为：

$$G - T = [(NICE + I^G) - T] + iD$$

右边（RHS）圆括号中第一项是基本支出，而方括号中的项是基础赤字。因此，财政赤字是基础赤字加利息支付；而记录财政赤字的两个等效方式是：

$$财政赤字 = 基础赤字 + 利息支付 = 政府投资 - 政府储蓄$$

现在假设政府通过借债为赤字融资，债务的增加 D 由下式给出：

$$\dot{D} = G - T = PD + iD \tag{ⅲ}$$

其中 PD 代表基础赤字；如果我们将 d 定义为债务占 GDP 的比率，我们可以使用式（ⅲ）和简单的计算来表明：

$$\dot{d} = pd + (i - g^N)d \tag{ⅳ}$$

其中 d 是政府债务占 GDP 的比率的变化，pd 是基础赤字占 GDP 的比率，g^N 是 GDP 的名义增长率。[a]

这足以使我们具备学习本章余下部分的工具。附录 2 和第五章关于肯尼亚与第七章关于俄罗斯的讨论就是建立在这一框架的基础上，我们讨论了通货膨胀和汇率对政府债务动态的影响。

说明：a. 这是一个连续时间公式。在实践中，使用式（ⅳ）的离散时间版本，其推导可以在艾泽曼和品图（Aizenman and Pinto，2005）的附录中找到。

第三章

探寻增长政策组合

豪斯曼、罗德里克和韦拉斯科用第二章中我们已经熟悉的方式总结了资本回报率的决定因素：

$$r = r(A, \mu, x) \tag{3.1}$$

在方程（3.1）中，r 是资本回报率，A 是国家的 TFP 水平，μ 是外部性指数，x 描述人力资本或基础设施等互补性投入的可用性。将外部性包括在内允许某些非递减形式的回报，因此产生了如罗默和卢卡斯的研究中发现的自我维持的"内生"增长。众所周知，人力资本和基础设施是发展中国家快速增长的主要制约因素。方程（3.1）生成了构成诊断核心的政策清单。我们通过基于二进制的"决策树"方法询问一系列问题来进行诊断，以通过消除过程使必要约束归零。豪斯曼、罗德里克和韦拉斯科考虑到了压低私人投资回报的不稳定的宏观经济、不良的金融中介、腐败、产权等问题，并唤起我们对表 3-1 中内容的回顾。

豪斯曼、罗德里克和韦拉斯科分两个步骤开始对巴西进行增长诊断，诊断时期巴西私人投资的回报是高的。首先，他们认为巴西的储蓄不足：

（1998 年的）债务已经占出口额的 460％，储蓄的短缺反映在 1 226 个基点的外债利差和超过 30％的实际事后隔夜利率（SELIC）等方面。1999 年 1 月该国货币被迫贬值：1999 年真正的多边汇率贬值 37.4％……简言之，该国一直试图通过吸引国外储蓄和给国内储蓄以非常高的实际利率来应付国内储蓄的不足。

豪斯曼、罗德里克和韦拉斯科（2005，pp. 12-13）

其次，他们认为，可以从下述事实中看出投资回报是高的："尽管隔夜实际利率和中介成本都很高，但投资超过了国内储蓄，国家从国外获取借款的能力已经达到了极限"（p. 14）。

但是，大多数国别经济学家将看到 1 226 个基点的债券利差和30％的实际利率，并立即认为存在违约和贬值风险，换句话说，也就是认识到了公共财政和政府跨期预算约束的可持续性。在这种情况下，必要约束不是国民储蓄的水平，而是政府的信用度；或换句话说，在市场投资者的眼中，政府的公共债务水平已经超过了基础盈余（见专栏 3.1）。

因此，豪斯曼、罗德里克和韦拉斯科认为，国民储蓄是对增长的必要约束。他们反对改善商业环境的政策，如"降低税收，降低公共部门价格，改善基础设施和教育，[因为这些措施]事实上可能降低公共储蓄，从而减少总储蓄"[6]。但是，在豪斯曼、罗德里克和韦拉斯科所列出的清单中缺少一个即使不是最大的，但也是举足轻重的阻碍公共储蓄进而国民储蓄的项目：公共债务的利息支付。如果因为不可持续的公共财政和随之而来的风险溢价导致利息支付居高不下，重建信誉和降低利率可能是最有效的增加公共储蓄的方式，公共债务的利息支付也随之降低。这似乎是当时巴西的情况，重点我们将在第八章中探讨。

1998 年以后，陷入这种环境中的巴西政府经常被迫削减公共基础设施投资，以提高基础盈余，直到说服市场相信它们的信誉。这一战略涉及一个权衡，它构成了第八章讨论的财政空间争议的核心：通过减少基础设施投资提高基础盈余，减少了总需求并限制了私人投资。这可能对长期增长产生有害影响，并损害债务的可持续性。但是，提高基础盈余也可以降低风险溢价，并对公共储蓄产生有利影响（因为公共债务的利息支付将下降），影响资本的私人成本。在 1997—2001 年危机之后，大多数新兴市场走上了高基础盈余道路。巴西政府有两种选择：违约和重新谈判债务，或者在更高的基础盈余下运行。如我们将在第八章中看到的，政府选择了后者，并最终获得了有益的结果。土耳其的选择几乎相同，具体情况在第九章中将看到。

微观政策三重奏

为了激励硬预算、竞争力和竞争性实际汇率的微观政策三重奏，让我们回到关于资本回报率的方程（3.1）。增长的大的挑战是如何提高该国的全要素生产率，即 A 的增长率，在索洛和丹尼森的新古典增长核算框架中，这一点是显著的。同样，在内生增长模型中，这一点也是导致收入难以趋同的基本解释。第二章中提到的阿洪和豪伊特在 1992 年的一篇具有创新性的文章中以一种与新兴市场高度相关的方式解决了这一基本问题。他们发展了一个新的分析框架，其中全要素生产率的增长是通过中间产品的质量改进型创新而产生的。通过新的中间投入替代多部门框架中的"现任"投入，这一框架将熊彼特的创造性破坏概念引入了增长理论。新的创新建立在整个知识存量（过去的投入）的基础上，然而它推动了全球技术前沿向外扩展。城头变幻大王旗式的创新性破坏伴随着增长。

各国可以通过两条创新渠道实现增长：引领前沿创新，这将推动全球技术前沿的扩张；利用现有创新或模仿，这将提高质量和生产率。每种类型的创新（前沿与模仿）的频率决定了增长，而它们各自的频率是由利润最大化的创新者内生地决定的。对于给定的创新频率，一国距离全球技术前沿越远，它将增长得越快，因为这将增加基于跨国知识溢出效应的模仿的回报。因此，阿洪-豪伊特模型允许基于前沿的距离而产生的趋同，这一点与基于资本的边际回报递减的索洛模型是相似的。

阿洪和杜尔劳夫（Aghion and Steven Durlauf，2007）详细阐述了上述模型对增长的政策含义。他们提出了两个论点：首先，所有国家，无论其发展状况如何，都需要确保表 3.1 中已经阐明的知识产权保护、金融部门的深化、更好的人力资本和宏观经济稳定性等基本要求。其次，促进产品市场竞争和自由进入、高等教育和股票市场融资等政策（大多数在表3-1中也有提及）的效力，随着各国、各地区与各部门与前沿的距离的不同而有所差别。当一国距离前沿更近时，这些因素将更加有效，因为它们刺激了前沿创新，而在这种情况下，前沿创新比模仿更有利于增长。通过比较美国和欧盟的增长经历，他们举例说明了政策的不同侧重点。欧盟尽管赶上了美国并接近全球技术前沿，但是仍然落后于美国，因此它对产品市场竞争、高等教育和研发缺乏足够的聚焦。

阿洪-杜尔劳夫模型的字面解释表明，对于新兴市场而言，产品市场的竞争并不重要，因为它们与前沿存在一定的距离。然而，在关于波兰和俄罗斯的国家故事中，为了实现更快的增长，与硬预算约束和有竞争力的实际汇率（微观政策三重奏）相关的这种竞争呈现出不可或缺性。这一发现不限于欧洲的转型国家。肯尼亚和印度的故事同样表明，进口竞争是增长的至关重要的力量。此外，两个国家都没有为私营部门提供软预算约束。作为对减少进入和退出的法律和监管障碍的补充，这个三重奏将对现有公司施加压力，以推动创新和促进熊彼特提出的创造性破坏。专栏 3.3 显示了著名的匈牙利经济学家科尔奈（János Kornai）对硬预算约束的阐述。从波兰和俄罗斯的故事中，我们将看到，加强和软化预算约束的过程是微妙的，并充斥着政治经济学的考虑。

◇◇

专栏 3.3　　　　　　　　　**科尔奈的硬预算约束**

硬预算是指财务纪律：一个公司应该按时支付账单和税款；如果没有，它的供应商可以自由地停止与这个公司之间的交易；政府应该起诉不缴纳税款；银行不应该被迫借款给无利可图的公司；等等。但是，最终，硬预算是一个政治信号，不可救药的公司不会被救出。正如科尔奈（1986，p. 8）所指出的："真正重要的是约束的心理效应……它以金融的形式反映了更深层的社会经济现象。"

关于企业层面的影响，科尔奈（1986，pp. 10-11）曾指出："熊彼特……强调了……'创造性破坏'：旧的产品、技术与组织被新的所取代。软预算约束保护了旧的生产线，无效率的公司反对创造性破坏，从而阻碍了创新和发展。"因此，硬预算和创造性破坏携手合作，为采用新技术，提高生产力，进而加快增长创造了激励。

社会后果会怎么样呢？科尔奈（1986，pp. 26-27）指出："一个基于完全硬预算约束的系统［……］是可怕且残酷的［……］。效率和安定团结在很大程度上是相互冲突的目标。"

　　1995—1998年这一期间俄罗斯的稳定（软预算约束导致了这次稳定的终结，因为公司甚至不能支付工人工资）与科尔奈的这个观察是矛盾的，我们将在第七章讨论。解决办法是各国为脆弱的个人和家庭提供社会保险和社会安全网，以此作为公司和银行硬预算的补充。但我并不打算在这本书中讨论社会保险。

　　资料来源：Kornai（1986）.

　　以1990年中东欧国家开始的从中央计划经济向市场经济的转型为案例，我现在将讨论实际汇率的重要性。这一过程的最直接挑战是如何避免产出的急剧下降，并再次实现增长——尤其是稳定大众对市场导向的改革的支持。关键因素是政府硬化制造企业的预算，使它们暴露到进口竞争的枪口之下的意愿，这一点不久就变得非常明确。对波兰和俄罗斯而言，在将公共债务置于可持续的轨道上的同时，它们必须将通货膨胀率从更高水平上降下来。降低通货膨胀率的典型策略是固定名义汇率——但是，这几乎不可避免地会导致实际汇率的急剧升值。而当突然被暴露到硬预算和进口竞争中时，企业仅有很小的喘息空间，以至于它们更难以调整。

　　事实证明，俄罗斯专注于实现个位数的通货膨胀率，而忽视了实际汇率的影响且未能硬化预算。波兰的做法却是完全相反的：硬化预算，引入进口竞争，在财政稳固的同时逐步降低通货膨胀率，并在转型的第二年使名义汇率大幅贬值。第二部分描述的两国转型经验的对比揭示了微观政策三重奏的功效，但是这不应该给人产生以下错觉，即微观政策三重奏仅对转型国家有用。事实上，微观政策三重奏在印度和肯尼亚等不同的国家也同样重要。因为转型经济体不得不适应大的不连续的变化，所以微观政策三重奏显得更加有效。

　　因此，挑战有两个方面：利用硬预算约束和进口竞争，推动企业通过阿洪-豪伊特模型所阐明的模仿渠道促进创新，进而实现自我维持的增长；为了给公司提供应对进口竞争的合理渠道，保持实际汇率具有竞争性。专栏 3.4 列出了竞争性实际汇率的概念。

◇◇

专栏 3.4   **竞争性实际汇率**

在宏观经济水平上，具有竞争力的实际汇率可防止不可持续的经常账户赤字，而后者将导致不可承受的外债负担。在微观经济水平上，它有助于提升国内企业产品相对于进口品的竞争力。因此，尽管贸易自由化给国内企业带来了创新压力，并变得更具生产力，但是竞争性实际汇率使它能够沉稳应对，而不至于破产。

我们如何知道实际汇率是否在一条平衡路径上呢——这表现的是竞争力的哪个方面呢？这与其说是一种科学，不如说是一种艺术。假设实际汇率正在升值。在很多经济学家认为被高估的时候，你可能持相反意见。但是，真实升值本身并不意味着实际汇率被高估。我们应该看看宏观经济的相关性。如果在真实升值时伴随着经济增长的放缓、经常项目赤字的上升和外汇储备的下降，那么这将是实际汇率开始被高估的危险信号。

尽管受到较少关注，但是，也存在一些微观经济关联。我想到多恩布什和维纳（Dornbusch and Werner，1994，p.270）发表的关于墨西哥的一篇文章，该文章发表于比索被"攻击"的几个月前，它指出："更多地进入世界资本市场带来了均衡实际汇率的升值。在奖励现存资本的所有者的同时，它还改善了工人的福利。每个人都是赢家，甚至政府，因为税基扩大带来了税收收入的增长。"因而可以推定，如果税基减少，工人没有得到报酬，那么即使经常账户是平衡的，真实升值也意味着实际汇率被高估。这就是 1998 年在俄罗斯发生的事情。但是，如果真实升值伴随着能够保持公司贸易部门竞争力的生产率的提高，并能防止单位劳动力成本失去控制，那么我们可以说真实升值是好的。

另外一个来自 2008 年全球金融危机之后的经济衰退期间的重要

教训是：新兴市场不能允许其货币贬值以将国内需求转向国内货物，因为这可能导致大规模破产。在新兴市场中，商业银行以美元或瑞士法郎向海外借款，然后以当地货币向非贸易商品部门进行抵押贷款或向公司提供贷款，而这些最终造成了货币错配。[a]这可能会恶化它们自己的衰退。

说明：a. 即使银行为了房子借入外汇也会出现问题，因为如果它们的金额随着实际贬值而突然增加，它们的借款人可能会破产。

管理波动

经济波动一直存在，仅在过去的 20 年间它就已经兴起为宏观经济学的一个独立分支。它已被列入收入趋同难以应付的障碍，因为它对长期增长有严重的负面影响，特别是对贫穷国家。[7]管理波动的能力很大程度上取决于治理、制度和冲击吸收型财富缓冲。尽管2008—2009 年全球金融危机和欧元区根深蒂固的主权债务暨银行危机一直冲击着富国，甚至表明它们对危机和动荡也不是免疫的，但是富国在所有这些领域都具有巨大优势并保持领先地位。

从福利的角度来看，我们关心产出和消费的波动。我们自然希望这些变量中的"上升"将补偿"下降"，并随着时间的推移"上升"将超过"下降"。但是，如果"下降"深到一定程度的话，则会削弱得益于随后"上升"的能力。这是波动或增长的标准差对长期增长或长期增长的平均产生负面影响的核心原因：高波动性或产出急剧下降倾向可能导致它跨越某些触发负面后果的阈值，如债务危机，或资本流动的逆转。在家庭层面，破产或被迫出售一项关键的创收资产，将导致家庭很难从后续的收入上升中获取完全补偿。因此，有害的后果会不断累积，并且随着时间的推移降低平均增长率，特别是当不利的冲击反复出现时。

专栏3.5包含了关于波动性的不断演变的文献所揭露的主题。这些主题包括社会冲突、财政和债务政策、金融部门和机构；这些都是发展中国家存在显著弱点的领域。

◇◇◇

专栏3.5   **波动的突出主题**

长期增长的波动：加里·瑞迈和瓦勒瑞·瑞迈（Garey Ramey and Valerie Ramey，1995）在对经合组织（OECD）和发展中国家的研究中，首次证明了波动和长期增长之间的负相关关系。

社会冲突和贫乏的治理恶化了增长冲击：罗德里克（1999）检验了1960—1975年和1975—1989年各国家集团的增长率的下降情况。虽然外部冲击的程度相当，但是相比拉丁美洲、中东和撒哈拉以南非洲国家，东亚国家更易于从冲击中恢复，表现明显更好。东亚国家的关键差异主要表现为：通过财政调整、相对价格变化以及生产率的维持等措施应对冲击——而这些能力又是由社会凝聚力（用民族语言分裂测度）、治理质量和法治等决定。因此，外部冲击本身的规模并不是最主要的因素，而是外部冲击与国内社会制度、治理和法治如何相互作用。

贪婪和不良的财政政策使暴利成为诅咒：菲利普·莱恩和亚伦·托恩内尔（Philip Lane and Aaron Tornell，1999）强调，财政政策被政治上强有力的集团所俘获，而这些集团通过竞争垄断了正向的生产率冲击所带来的收益——这个做法类似于与商品价格暴利一致的贸易条件（ToT）的改进。这可能导致贪婪或者超过暴利的今日消费的增长，而这将降低投资和未来增长率。这一思想很自然地让人联想到石油出口国的经验，在石油价格高企期间支出方面的债务融资急剧增加，可能导致债务过度，而一旦石油价格下降，经济就会陷入停滞，正如在委内瑞拉和尼日利亚曾经发生过的。这些问题被以牺牲下一代为代价来满足政治精英的利益的腐败和不良政策所放大。

金融部门可能容易失控：威廉·伊斯特利、鲁曼·伊斯兰和约瑟夫·斯蒂格利茨（William Easterly, Roumeen Islam and Joseph Stiglitz, 2000）检验了增长波动本身的驱动因素，并强调金融体系是主要的决定因素。有一点需要注意，金融深化程度越深，增长的波动越小，但是，随着金融的深化和杠杆的增大，金融部门自身可能成为脆弱性的根源。尽管过去几年间，很少有人会不同意这些思想。但是，值得补充的是，如果发生危机，清算金融部门的财政成本可能成为另一个阻碍增长的因素。

制度是关键：阿西莫格鲁和他的同事（2003）认为，危机是由增加波动和降低增长的不良的宏观经济政策所致，而不良的宏观政策是弱制度的产物。以欧洲殖民者追求不同的殖民战略为基础，他们发展了定位"历史地决定制度的构成"的方法，并表明这一切是波动、危机和增长的关键决定因素。

资料来源：Aizenman and Pinto（2005）.

外部波动与内部波动

发展中国家外部波动的一个常见来源是贸易条件冲击。但是，与公共财政和金融系统相关的系列国内因素放大或减弱了最终影响。1980 年代的债务危机就是一个很好的例子。它是由两个外部冲击引发的：随着油价上涨，债务国的贸易条件恶化；美国利率大幅上升，这将反作用于货币中心银行的利率，而它们用这一利率向拉丁美洲国家的浮动利率债务收取利息。这引发了第三次外部冲击：因为银行不愿意转贷，资本流入"突然停止"，迫使拉丁美洲国家转向印钞，以弥补其赤字，大量的配给外汇导致黑市交易溢价的上升。杰弗里·萨克斯确证了要素，以区分像韩国一样迅速摆脱危机的国家和深陷危机之中的国家，这些要素已经呈现在"政府跨期预算约束"这一节。这些因素最终与治理和制度的质量有关，其中心是政府跨期预算约束和出身名门的政治团体操控的银行救助。

脆弱的治理和制度是国内波动的主要原因，它同时放大了外部冲击。克劳迪奥·拉达茨（Claudio Raddatz，2007）发现，源于贸易条件、自然灾害、富国人均 GDP 的真实变动、人道主义灾难和援助流入的外部冲击的确会影响低收入国家的实际人均 GDP，但它所产生的影响仅占这些国家实际 GDP 波动的 11%。通过推论，源于国内经济管理、政治不稳定和暴力冲突等的影响更为严重。我们将这一发现与维克托里·汉特科瓦斯卡和诺曼·卢伊扎（Viktoria Hnatkovska and Norman Loayza，2005）关于动荡对经济增长的负面因果影响的发现相结合，就可以得出非常明确的结论，且这一结论在制度薄弱的穷国表现得更为明显：减少波动并促进长期持续增长的许多行动必须是本土的、用于解决内部问题的。我们将在第五章聚焦于肯尼亚的案例中强烈感受到这一结论。

强化制度

与发展中国家相比，发达国家在制度发展方面的优势是导致波动的影响趋于被弱化的主要原因。然而，正在发生的主权债务及银行危机以及通过结构改革恢复欧洲经济增长的必要性表明，即使在发达国家，政府跨期预算约束和微观政策三重奏仍然是增长议程的核心。这些国家的优势是，制度的可信度让它们有时间去调整。

阿西莫格鲁和同事（2003）的开创性研究表明，制度问题没有快速解决办法。尼日利亚的经验表明了这条道路是多么的困难。2003 年，通过财政制度上的基础性改进，政府在解决长达 10 年的 1970 年代石油价格高企期间做出的坏的决策导致的疮痍上向前迈出了一大步。一些有关商品价格上涨的背景知识将有助于我们了解这一阶段。

在 1980 年代初，经济学家的研究重点是石油价格暴涨带来的"荷兰病"。可贸易品经常是可以进口的，但是满足非贸易品需求增加的唯一办法是使它们的相对价格实际上升。这将诱使劳动力和其他资源用于非贸易品生产，从而导致制造业和农业产值下降。这听起来像是有效的调整，但瑞典人范·维伯根（van Wijnbergen, 1984）指出，如果在制造业中存在"干中学"的外部性，那么即使暂时的收缩也会损害生产率的增长，进而影响长期增长——这就是石油价格高企的弊病。接着，当油价下跌时，重心转向了公共财政和债务（政府在繁荣年代是储蓄还是保持赤字呢？），最后转向治理和制度（腐败、贪婪和坏政策使过度负债火上浇油，并造成贫困，这一切不是远远超出了纯粹的经济的"疾病"吗？）。受到石油出口国实际发展的驱动，思想从调整商品价格上涨发展到公共财政管理，并最终发展到治理和财政制度质量上。专栏 3.6 讲述了尼日利亚试图收拾其烂摊子，并更好地管理波动的故事——如果没有最高层态度的彻底改变，很多事情都是无法想象的。

<><><><><><><><><><><><><><><><><><><><><><><><><><><><><><><><>

专栏 3.6　　　　尼日利亚——更好地管理波动

尼日利亚不仅在 1973—1974 年和 1980—1981 年的石油价格高企期间没有公共储蓄，而且其财政赤字上升到 GDP 的 7%～8%，这加剧了石油价格的波动。到 1980 年代中期石油价格崩溃时，尼日利亚的外债达到 190 亿美元，开始出现偿债困难。曾经作为经济支柱的农业和非石油出口已经被"荷兰病"和不良政策合力击溃。到 1985 年，可可、棉花和棕榈油的实际生产者价格降低到了 1975 年水平的 50%；橡胶、花生和大豆仅有 30%。这是垄断的官方商品委员会的存在，以及政府拒绝让奈拉（尼日利亚的货币单位）在油价下跌时贬值所造成的。相反，他们加强了外汇管制。到 1985 年，黑市的外汇溢价超过 300%，这也是对农业的进一步惩罚，因为采购价格是参照官方汇率制定的。此外，早前的公共开支扩大并没有通过更好的研究和推广或加强农村基础设施来改善农业。

波动、糟糕的治理、贪婪和腐败相互作用，导致最终的过度负债和经济停滞：尽管在石油价格高企时期这个国家获得了 3 000 亿美元收入，但是，人均 GDP 从 1970 年的 264 美元下降到 2001 年的 256 美元（按照 1995 年的不变美元计算）。2001 年，该国人均电力消耗仅为低收入国家平均水平的四分之一。2003 年，婴儿死亡率为每 1 000 人 101 例，而低收入国家为 79 例。

面对这种困境，2005 年，巴黎俱乐部历史性免除了尼日利亚政府 300 亿美元欠债中的 180 亿美元。如果政府不采取严厉措施开始财政改革和反腐败，结果将是不可想象的。2004 年，核心步骤是以石油价格为基础的财政规则的采用：预算将以有储蓄盈余的保守的参考价格为基础。尼日利亚获得了 BB 级主权信用评级，整个经济的增长率从 10 年期结束时（2002 年）的 2％上升到 2006 年的 6％，而非石油经济的增长率则为 9％。

但是，随着雷曼兄弟（Lehman Brothers）崩溃后全球金融危机爆发，油价开始下跌，央行让奈拉贬值的步伐很缓慢。在 2009 年晚些时候开始限制交易之前，用掉了约 170 亿美元的储备。人们担心商业银行的财务报告的准确性，以及由于购买股票的保证金贷款而暴露于股票市场。幸运的是，中央银行采取了果断步骤以避免系统性危机。截至 2011 年年中，另一个行政当局决定，在解决基础设施短缺和改善服务时完成治理和结构改革。

教训：即使只是短期内管理波动的方式不当，最终也还是会付出昂贵的时间代价。纠正行动必须聚焦于公共财政和银行体系，而这必须以良好的治理和最高层的承诺为基础。

资料来源：Okonjo-Iweala（2008，2012）；Pinto（1987）；Budina，Pang and van Wijnbergen（2007）.

结　　语

在驱动长期增长方面，理论首先强调了储蓄和投资（在物质和人力资本方面），最终强调了技术、知识溢出和"干中学"的外部性。在发展中国家可能不容易克服的或是妨碍收入趋同的所有领域，发达经济体都具有优势。此外，发展中国家，特别是低收入国家，可能受到治理不善、冲突、腐败、丑闻和脆弱的制度的伤害，这使它们的长期增长不可避免地受到动荡的影响。

然而，很多因素是在发展中国家的控制之内。一旦领导层渴求更快的增长以造福所有公民，那治理的出发点就自然是更好地管理政府跨期预算约束；毕竟，这是善治的最明显的标志，具有深远的影响。更合理的利率，以及可持续的公共财政带来的更长期限，这些对私人投资者是有帮助的。财产权、法律和秩序以及良好的财政和金融制度等基础条件（所有这些在发达经济体都被视为理所当然的），将通过降低风险对私人投资产生正向影响。所有这些与硬预算和进口竞争共同作用，将改善资源配置，并敦促国家采用更好的技术，以推动全要素生产率更快地增长。当然，健康的政府跨期预算约束既有利于合理的实际利率的形成，也有利于竞争性实际汇率的形成。所有这一切都将使经济走上前景更为乐观的道路。

虽然我们可以做很多事情，但是在变革方向变得可信并得以巩固之前依然要经历漫漫长夜。这点在第二部分"国家故事"变得明显。当政策制定者们将政府跨期预算约束置于稳健的基础上，实施互补的微观政策三重奏，并采取措施改善对波动的管理的时候，"坚持下去"就不再是陈词滥调了。

【注释】

[1] Lin and Rosenblat（2012，Table 2）。在58年的时间里，10%不是一个特别遥不可及的门槛。

[2] 罗德里克没有明确地将增长委员会的报告与新方法相提并论，尽管他指出，其报告"强调每个国家必须设计自己的多元拯救方法"。他使用"诊断"一词引发了豪斯曼、罗德里克和韦拉斯科（Hausmann, Rodrik and Velasco, 2005）关于诊断框架的思考，我将在本章后面讨论。

［3］东亚1997—1998年的危机（菲律宾除外）起源于私营部门，但政府组成了一个特遣队，承担起实际的财政责任，以解救私企。

［4］萨克斯（1990，p.13）指出，在1976—1985年这一期间，"阿根廷和墨西哥总外债增加额的三分之二左右用于资助私人资本外逃……"在俄罗斯1998年的公共债务危机期间，资本外逃也是一个严重的问题。

［5］在华盛顿圈里有一个双关语，"国际货币基金组织"（IMF）即代表"主要关心财政问题"（It's Mostly Fiscal）。

［6］Hausmann, Rodrik, and Velasco（2005，p.19）；材料在方括号中添加。这个声明混淆了"基础盈余"和"公共储蓄"。除了基础设施之外，本清单中的所有项目都对公共储蓄产生影响；增加基础设施的公共投资将降低基础盈余，但对公共储蓄没有影响。

［7］本节选自2005年由艾泽曼和我自己主编的关于波动的书的"概览"一章。

第二部分

国家故事

接下来的四章构成了这本书的核心，它们说明了为什么国别经济学与学术经济学是不同的。而且，毫不奇怪，每个国家都是不同的。这些国家的经验反映了经济运行的活生生的实例。在每个例子中，关于该国经济问题的先验假设，以及如何使用理论和传统智慧根除问题，是存在严重而非一般的缺陷的。然而，先验在确定要查找的数据和要进行的分析方面是有价值的，这是达成最终结论的催化剂。正如第一章所指出的，因为看起来很有说服力的先验结论支持者经常努力为其辩护，导致国别经济学家可能会卡在那里无法前进，这就是困难所在。

对我来说，1998年危机前几个月的俄罗斯就是这方面的一个例子。当然，坚持跟着证据的指引是一件很困难的事，尤其当证据显示债务处于不可持续的状态，增长不可能实现时。最重要的是，当稳定计划产生的高实际利率和真实升值是问题的根本原因时，很难让别人信服这些观点。然而具有影响力的经济学家是非常有说服力的，甚至七国集团的领导人也轮流发出俄罗斯不能失败的宣言。我曾问自己，经济学是否真的有用，随后就发现它的确是有用的——以一种复仇的方式。

一句忠告：在新兴市场工作的职业危险是，经济数据经常被重新修订，即使有时仅仅是部分修订，这依然使我们难以获取特定历史时期一致的时间序列数据。这尤其适用于肯尼亚。我已经表达了我实时获取的结论，但是，我确信这个报告的政策结论仍然是稳健的。

第四章
为什么波兰打败了赔率

> 最重要的是，波兰必须迅速开始国有企业的私有化进程，不仅是为了确保未来有效利用资源，而且是为了阻止稳定本身在中期的崩溃。
>
> ——波兰主要顾问利普顿和萨克斯（David Lipton and Jeffrey Sachs，1990a，p. 127）

2009 年，在全球金融危机最严重的时候，波兰经济是欧盟中唯一实际增长的。[1]财政部长将其成功归功于经济的"特有结构优势"和为支持总需求而采取的措施。他也指出，2001 年早些时候经历的经济放缓"把商业部门的很多无效率公司淘汰了，余下的公司准备得更好"[2]。

大约六个月后，基金组织首席经济学家奥利维尔·布兰查德（Olivier Blanchard）在克拉科夫（Krakow）杰吉洛尼亚大学（Jagiellonian University）的一次演讲中指出，1989—2009 年，波兰的人均国内生产总值年均增长 3.1%，而匈牙利和捷克共和国则只有 1.8%。[3]他将这归因于新古典收入趋同：1989 年波兰比其他两个国家穷得多。因此，最终看来，个别政策或不同的私有化方法似乎没有什么重要的影响。但是，布兰查德的结论仍然给大家留下了一个问题，即这三个国家究竟采取了什么措施实现了趋同，因为从第二章和第三章的内容中我们知道趋同是充满陷阱的。正如卢卡斯在1990年的文章中所证实的，资本经常沿着"错误"的方向流动。

为了阐明波兰做了什么，我们必须回到25年前，柏林墙的倒塌预示着苏联帝国的崩溃，也预示着中东欧开始从中央计划经济向市场经济转型。几乎没有国家比波兰更适合作为这种转型的象征。据报道，斯大林曾将把共产主义带入波兰比喻成给母牛安一个马鞍。由此看来，将资本主义再带回来会容易吗？其他国家已经遇到了议程中的一部分问题，例如实现宏观经济稳定或国有企业的私有化。重建市场经济制度以保护产权，确保有一个运行和监管良好的金融部门以及适当的税收制度等其他领域——所有这一切都在重新界定国有和私营部门的作用——意味着更大的挑战。在制度建设议程上，波兰将模仿美国和西欧。但是，波兰没有经过试验和测试的蓝图，去如此大规模地在同一时间实施所有改革。这引发了关于实施的速度和全面性、"大爆炸"与"渐进"战略以及实施变革的顺序等问题的争论。用波兰自己的改革设计师莱谢克·巴尔采罗维奇的话来说，国家正在开始经济转型计划，而不是简单地调整政策或实施边际变革。

布兰查德2010年的临床评估与1990年的时候相去甚远，因为中东欧的转型开始时存在相当大的不确定性，他甚至担心它会如何结束。紧接着，众多的注意力集中在波兰，不仅是因为它是正在进行激进改革计划的最大的国家，而且一旦改革失败，后果将是灾难性的。波兰可以说是正在崩溃的共产主义中央计划体系与"成功的"西方资本主义自由市场体系之间竞争的试验案例。意识形态层面的风险很高。

事实证明，波兰的直接经济挑战本质上都是宏观层面的。除繁荣的美元黑市和沉重的外债之外，由于预期转向市场经济，工人控制的国有企业试图先发制人地提高工资，波兰的通货膨胀在1989年下半年上升到了恶性水平。在利普顿和萨克斯（1990a）的研究中，他们把这作为一个难以对付的综合征。但是，因为大部分拉丁美洲国家的经验可以为我们提供参考，我们至少有一些关于如何处理这些问题的暗示。而微观经济的挑战将被证明更令人气馁。

1989 年 9 月，波兰自第二次世界大战以来成立的第一个非共产主义政府一宣誓就职，就通过削减补贴和公共投资支出实质性地大幅削减了财政赤字。它还让兹罗提贬值以弥合与黑市汇率的差距，收紧信贷政策和通过使工资指数化来减少通货膨胀。结果，兹罗提在黑市上大幅升值，从 1989 年 9 月的 1 美元兑换 10 000 兹罗提升值到 12 月初的 1 美元兑换约 7 000 兹罗提——就外汇黑市这种爆炸性和不稳定的动态而言，这是一个了不起的成就。官方汇率在 12 月底达到 1 美元兑换 6 500 兹罗提，最终又贬值了 45%，在 1990 年 1 月 1 日以 1 美元兑换 9 500 兹罗提的名义锚稳定下来。对于经常账户和内部投资组合交易，它也是可自由兑换的。它直接被贬值至超过当时的黑市价，当贸易自由化并且进口竞争加剧时，引发了实质性的贬值并给予了由大型国有企业主导的制造业相当大的喘息空间。

宏观经济紧缩就够了吗？

政府在 1990 年初承诺宏观经济紧缩，但是这在 1989 年后几个月就已经非常明确地显现出来。波兰经济改革的设计师莱谢克·巴尔采罗维奇于 1990 年 1 月 1 日通过"大爆炸"立即实行价格和外贸自由化，建立了市场经济，并表明将追求紧缩的财政和货币政策。在西方国家提供 10 亿美元（这在 1990 年是一大笔资金）的汇率稳定基金的时候，国际货币基金组织援助了大量的备用贷款。1990 年 1 月，作为中央银行的波兰国民银行提高了实际利率，导致商业银行的月利率达到 36%，随后在 2 月降至 20%，接着在 3 月降至 10%。

"大爆炸"是一步跨入未知的充满风险的境地。因此，最初的宏观经济结果是巨大的宽慰：在几个月内，财政账户盈余，外汇储备迅速增长。但是，制造业产出萎缩，旨在使大型国有企业私有化的大规模私有化计划（the Mass Privatization Program）在政治和法律争论中陷入困境。[4]

在 1990 年后期，这一点变得明显，即波兰转型成功与否是与大型国有企业能否适应市场高度相关的。如果政府的宏观经济紧缩不能引导国有企业做出所期望的反应，波兰可能被迫放松信贷、恢复补贴和进口保护，阻碍宏观经济计划的实施，正如利普顿和萨克斯在开场白中的警告。原因是规模：国家的制造业部门占 GDP 的 30%、就业的 19%、出口的 85% 和财政收入的 60%。

麦金农（Ronald McKinnon, 1993）认为，国有企业是价值抽取者，并且最终会因受到不受限制的进口竞争而被消灭。[5] 虽然国有企业资产具有固有的经济价值，但基于委托-代理文献的另一个流行观点认为，由于政府不能或不愿意以股权持有人的身份行使其控制权，国有企业将被迅速抽掉资本。管理者和工人将会串通用盈余支付工资，从而增加了公司间的拖欠，并引发迫使政府走回头路的系统性危机。唯一的解决办法是迅速私有化并引进新的股东——但是这很快就会碰到政治障碍。预计到私有化的延误，国有企业被征收两种额外的税收：以最低资产税形式征收的强制性股息，其课征基础是政府拥有的公司股份；对公司层面的名义工资账单加收的惩罚性超额工资税，超过由部分指数化消费者价格指数（CPI）通货膨胀所确定的标准，波兰语称之为 PPWW。

尽管波兰在增强国有企业约束方面做出了努力，但是早期的实证证据似乎确证，这对国有企业行为具有消极影响。以 1990 年前 7 个月的结果为基础，弗莱德曼和沃莱斯（Roman Frydman and Stanislaw Wellisz, 1991）发现，PPWW 似乎没有约束住工资，除了可能在转型的最初几个月中有效；并且 1990 年 7 月信贷政策的放宽与工资超过标准且 PPWW 支付大幅增加吻合。他们得出结论，放松宏观经济的紧缩将仅仅导致较高的工资和通货膨胀率，几乎没有增加产出；而如果没有最大化公司价值的新的激励，保持紧缩将不可能达成目标。关于去资本化，弗莱德曼和沃莱斯推断，这是可能发生的，因为破产公司为了准时支付红利而出售资产：如果三个月内没有支付这种税，则将触发破产程序，并且破产是极其罕见的。"我们的结论是，为了改善波兰的宏观经济和微观经济反应，广泛的私有化显然是必要的。"[6]

事实证明，甚至在它们被私有化之前，波兰的大型国有企业就已处于1992年发生的经济转向的前沿。其中的原因将在本章的其他部分阐述。总之，宏观经济紧缩的确被证实是无效的。股息和超额工资税都发挥了积极作用，但是使钟摆突然发生转向的是硬预算约束、进口竞争和竞争性实际汇率的微观政策三重奏。专栏4.1结合第二章和第三章展开了分析。

◇◇

专栏4.1　　　　　　波兰——分析性插曲

1990年的目标只是使波兰经济在突然大规模改变的环境中起步。挑战不是在于任何特定的增长模式方面，而是在于政策和改革存在哪些组合，以什么速度和顺序实施会产生更好的结果。如果麦金农关于波兰国有企业是"价值抽取者"的假说是正确的，那么熊彼特（Schumpeter）提出的创造性破坏的极端情况就会出现。但是，国有企业被破坏后究竟会发生什么呢？由于没有任何国内竞争性公司或企业家弥补这一缺口，因此大规模的外国直接投资（FDI）的流入是必需的。但是，外国直接投资不太可能被吸引到一个正在进行巨大的经济实验的国家，且该国外债问题还悬而未决；的确，波兰直到1996年才开始大量吸收外国直接投资。社会和经济灾难已经发生了。事实上，1990年的实际产出缩减了12%。

更可信的假说是，国有企业在市场价格方面具有正值，但同时也处于第二章和第三章讨论的阿洪和豪伊特模型提出的全球技术前沿之内。随后的创造性破坏可以采取两种形式：通过出售国有企业重新配置资产；当国有企业开始为市场份额而竞争时采用模仿战略或利用现存的创新。这二者都将有助于复苏，并导致技术升级。但是，正如本章所讨论的，国有企业已经被不良激励致残。而私有化又成为政治的牺牲品。即便如此，国有企业依然处于1991年末开始的经济复苏的前列。

如果试图从公司层面，在一种开放的心态且承认自身无知的前提下去理解国有企业行为，那么将会得出导致波兰早期转型的创造性破坏的因素：硬预算约束、产品市场竞争和竞争性实际汇率，或称为微观政策三重奏。除了阿洪-豪伊特的论证外，第二章和第三章的相关内容还包括：

● 硬预算约束（专栏3.3）。但请注意，硬化预算的政治经济学和过程将因国而异。这个过程既不是瞬时的也不是永久的，也就是说，挫折是难以避免的。

● 竞争性实际汇率（专栏3.4）。即使不是唯一的，波兰也是少数几个新兴市场之一，在通货膨胀减轻之后，它没有紧紧钉住固定的名义汇率锚。对于像20世纪90年代晚期的阿根廷等国家而言，不乏灾难性的结局，正如迈克尔·穆萨（Michael Mussa）在2002年的事后调查中所雄辩地阐述的那样。

● 产品市场竞争。对许多发展中国家来说，自由进口是引入这种竞争和向现有企业表明它们需要创新的最快捷的方式。这是波兰1992年成功转型的一个不可或缺的因素，它对于肯尼亚和印度也同样重要，我们将在第五章和第六章明白这一点。

研究国有企业行为

对去资本化的恐惧是有根据的。国有企业在工人理事会的指导下"自治"，有权雇用和解雇经理，确定管理层薪酬，并批准所有战略决策，甚至运营。对于由工人控制的企业，甚至在销售资产（在治理框架允许的情况下）作为工资的过程中也缺乏对支出增加的补偿。这些企业没有通过更好的成本控制、产品组合变化或改进市场营销等提高增加值的激励，而完全自由决定如何处置（受制于 PP-WW）。

管理人员采用偏向增加工资的薪酬组合取悦工人委员会。他们的收入是公司平均工资的 5~7 倍，并且也有资格获得奖金，但与利润的联系不大。例如，在 1990 年，如果公司赚了 5 000 万美元的利润（税前利润减 PPWW），经理当年将得到一笔 3 800 美元的奖金；在经理的工资是公司平均工资的 7 倍的情况下，等值薪酬将通过每月工资一次性增加 45 美元来获得。除了这些激励措施之外，还有能力问题：到 1990 年 1 月 1 日，管理人员必须具备与中央当局进行熟练谈判的能力，谈判的内容包括补贴、原材料的特别配置以及争取较大份额的中央资助。一夜之间，他们被强调宏观经济紧缩以及价格和贸易自由化的令人恐惧的新世界所惊醒。最终，他们需要决定是去适应全新的市场规则，还是剥离资产然后逃离。这是问题的关键所在，并且由于私有化的放缓而显得更加重要。

1991 年 1 月 1 日，经互会（the Council of Mutual Economic Assistance，CMEA，苏联与其附属国家之间的优惠贸易）被废除，这比预期快得多。波兰受益于获得苏联大量补贴的石油和天然气的进口，以及容纳它的大量不具备出口竞争力的产品的一个或多或少垄断的市场。据莱谢克·巴尔采罗维奇估计，冲击的规模很大，占波兰 1991 年 GDP 的 3.5%~5%。随着波兰的财政赤字不断扩大，企业部门陷入衰退，波兰似乎走向高通货膨胀率下的崩溃。这与 1990 年形成了鲜明的对比，当时国有企业没有破产已经是很大的惊喜了。还记得 1990 年 1 月 1 日的大贬值吗？大贬值通过阻碍进口竞争是有利于经济的，与经互会给予的投入补贴和市场准入效果一样。虽然到 1991 年初汇率已不再疲软，但是进口竞争和经互会的解散带来的冲击在加剧。由于对国有企业的反应感到失望，政府于 1991 年 5 月 17 日将兹罗提兑美元的汇率贬值了 17%。如我们在本章后面将看到的，这将被证明是一个十分关键的步骤。

唯一能够清楚地刻画国有企业准备妥当还是完全失败的方法是访问它们并与它们的经理谈谈。作为世界银行在华沙的国别经济学家，我同来自罗兹大学（Lodz University）的两位教授贝尔卡（Marek Belka）和克拉耶夫斯基（Stefan Krajewski）一起承担这项任务。发现我在此表达的洞见耗费了 9 个月时间，分散在 2 年之中。我们决定关注大型国有企业，因为如果它们能够对市场力量做出积极反应，那么假设政治影响力更小也更为灵活的小企业也会采取相同的反应就是合理的。样本被限制在 75 家国有企业，根据 1989 年的销售业绩，选取了冶金、电子机械、化工、轻工制造（如纺织和皮革）和食品加工 5 个不同的制造行业中销售额最高的 15 家。虽然这是一个非随机的样本，但是它体现出了相当大的地理和产品差异。这些企业是波兰 Lista 500 的一部分，Lista 500 是波兰财富 500 强的一个指标。但是，我们特意排除了最大的造船厂和钢厂，因为这将支配我们的估计。[7]

我们直接从企业收集数据，相对于从波兰中央统计局（GUS）获取数据，这是一个很大的优势，因为我们可以更容易地验证任何看起来与趋势不一致的数字，而且有利于获取 PPWW 和股息支付等新的变量，而这可能不一定向波兰中央统计局报告。此外，由于保密原因，波兰中央统计局分享公司层面信息的能力受到限制。同样重要的是，我们能够采访经理人，并将他们的定性答案与诸如"获得银行贷款的容易程度"和利润等定量结果联系起来考虑。在 1991 年 5 月中旬至 7 月底之间，我们访问了样本国有企业，除了与管理人员面谈之外，我们还获取了 1989 年 6 月至 1991 年 3 月期间损益账户和资产负债表的所有关键变量的月度数据。我们得到了很好的回应，因为国有企业管理者受够了他们一直在承受的严重压力（整个社会充斥着他们反应迟钝并正在毁坏企业的陈词滥调），并且急于告诉我们关于他们的故事。虽然有好消息，但是我们的整体评估是令人失望的。

第四章

为什么波兰打败了赔率

国有企业访问：1991 年 5～7 月

第一个尖锐的问题是：如同已经被烙上的标签，国有企业是"价值抽取者"吗？我们已经获得了 1989 年 6 月到 1991 年 6 月（"大爆炸"之前的 6 个月以及之后的 15 个月）的企业层面月度数据，这些数据可供我们审查企业盈利能力的趋势，这是刻画效率的一个自然尺度，也是市场经济中投资决策的指南。但是，为了获取基础盈利能力，盈利能力测度中不得不剔除一些人为夸大它们的因素，例如继承自美元账户的贬值收益、政府补贴和企业资产出售及租赁收入。结果参见表 4-1，时间范围从 1989 年第 4 季度至 1991 年第 1 季度。

表 4-1　　基本利润率的季度趋势（基本利润/净销售额，%）

时间\行业部门	1989 年第 4 季度	1990 年第 1 季度	1990 年第 2 季度	1990 年第 3 季度	1990 年第 4 季度	1991 年第 1 季度
冶金	38	36	29	20	13	17
电子机械	35	21	19	23	18	2
化工	31	19	17	13	19	9
轻工制造	37	20	9	7	4	—2
食品加工	18	16	22	23	22	18

资料来源：Pinto，Belka and Krajewski（1992，Table 1）.

由于进口竞争和固定汇率的影响，企业采用成本加成定价的自由度随着时间的推移而逐渐降低，因此除了食品加工部门外，其他部门利润率（以基本利润占净销售额的比率衡量）均呈现出下降趋势。它可能也涵盖了从 1989 年结转的库存中蒸发掉的通货膨胀收入，而这我们已无从纠正。严重依赖经互会市场的电子机械行业在 1991 年第 1 季度的基本利润率经历了急剧下滑。这个部门曾经单独贡献了财政收入的 15%！化工行业的公司也经历了类似的下滑——

这些公司是经互会能源补贴的特殊的大受益者。轻工制造行业公司的崩溃来得更早，在 1990 年第 2 季度。该部门几乎立即受到来自东南亚的未登记的私人皮革制品和纺织品进口的价格竞争。最脆弱的两个行业是电子机械行业和轻工制造行业，但是，对于广为流传的"价值抽取者"假说，我们没有发现令人信服的证据。

第二个关键问题是：鉴于众所周知的国有企业治理上的不足，我们能否找出任何证据表明存在去资本化？我们发现，电子机械行业和轻工制造行业等的资产出售比例最高。[8]但是，这些恰恰都是基础利润率最低的行业！因此，弗莱德曼-沃莱斯关心的企业为支付工资而出售资产这种行为有好的一面，因为利润率较低的企业正在缩减规模。此外，我们没有发现通过工资最大化来去资本化的证据。如果管理者和工人一个劲地用国有企业盈余支付更高的工资，那么这种情况将会通过 PPWW 支付的形式暴露出来。但是，根据我们开发的一种简单的测度方法（计算 PPWW 与可支配现金的比率），1990 年该数据较小，平均不超过 11％。有趣的是，轻工制造企业在 1990 年或 1991 年第 1 季度实际上没有发生 PPWW；但到样本期末，固定的红利税达到它们不断缩水的所得税后利润的 260％。此外，尽管轻工制造行业处于困境之中，但是新投资轻松地超过了折旧，这表明工厂和设备在增加。

第三个重要问题是：是否存在某些证据表明，资源的重新分配是符合新的基于市场的相对价格和盈利能力的？更早的关于利润较低的公司的资产销售的发现也表现在就业率上。1990 年就业率的下降幅度从利润最低的轻工制造行业的 17％到冶金、化工和电子机械行业的 7％～9％，再到食品加工行业的接近于零。经互会贸易崩溃的结果就是，1991 年第 1 季度电子机械行业的劳动力进一步减少了 5％。

这还不是问题的全部，我们还要问：银行是否通过向盈利企业贷款改善了资源配置？样本证据表明，尽管存在急剧上升的实际利率，但是银行贷款更可能流向正在堆积未售最终成品的企业，而不是盈利企业。这表明对国有企业的预算约束是软的。尽管政府已经削减了补贴，但是银行贷款还是倾向于较弱的企业。此外，盈利能力和流动性较高的国有企业可能被要求以对企业间拖欠睁一只眼闭一只眼的形式帮助其他国有企业。换句话说，虽然进口竞争给国有企业的涨价设了限，但是它们的预算约束并没有完全硬化，银行的便利贷款和企业间信用被当作了安全阀。

第四个重要问题是：虽然私有化进程缓慢，但是国有企业的运行方式是否有任何改变？我们离开时，对国有企业的管理者印象深刻，他们是事实上的控制者。态度和组织结构正在转向利润和营销，公司的两个副总位置由掌管财务的和掌管销售的占据着，而不是像过去那样由负责生产和技术的人担任；但是无可否认，管理人员根据工人委员会的喜好服务存在严重的委托-代理问题。此外，展望未来，去资本化不可阻挡。不管对公司的长期健康发展是否有影响，工人都必定会变得更加不安分且要求更高的工资奖励，这也指出了正式授权经理和纠正国有企业薪酬结构的迫切性。我们得出的结论同弗莱德曼-沃莱斯的一样：宏观经济紧缩不足以启动企业层面的变革。

国有企业访问：1992 年 8～9 月

突破逆境后，1991 年底出现了经济好转的第一个信号。到 1992 年第 1 季度，总的统计数据显示，企业部门的利润和销售都在增长。于是我们决定进行另一轮访问，看看能否从公司层面找到经济扭转的具体证据，在 1992 年 8 月和 9 月我们执行了这一计划。管理人员很高兴见到我们，因为我们已经将对波兰国有企业第一轮访问的 10 页纸的总结报告发给了他们每个人：这是很重要的，因为在同我们分享损益表和资产负债表上他们具有最终决定权！在专栏 4.2 中，我描述了与一个大型肉类加工厂主任相遇的故事。

专栏 4.2   诚实的重要性

　　事实证明，我们给所有参与第二轮调查的国有企业发放第一轮调查的结果是对我们此次调查大有裨益的。我同世界银行华沙办事处的一位同事在位于比得哥什（Bydgoszcz）的一家大型肉类加工厂的一次会议上开始了第二轮访问调查。这是 8 月的一个异常炎热的下午。当我们到达位于顶层的主任办公室时，窗户开着，伴随着阵阵热浪。他抽着烟，可以看出心情很不好，也没有试图隐瞒自己的脾气。从打开的窗户，你可以看到从工厂烟囱里冒出的烟，这似乎让我看到了肉类加工的片段，这让我感觉很不舒服。

　　"你想要了解什么？"他不太友好地问道。

　　"您看，虽然大家都说经济正在好转，但我们认为这是不可能的，除非大型国有企业也有此迹象。我们非常想知道您对于这个观点的认识，并需要得到您的许可，以帮助我们进一步收集数据。"说这句话时，我们已经提前一年向每家公司发送了电子表格并提出了我们收集数据的请求。

　　"我已经配合所谓的研究人员接受过多次访问调查，但大多数人没有给我们任何反馈，尽管他们曾承诺要给我们。有些人的确给了，但说实话，他们的结论是糟糕透顶的，完全不科学。迄今为止我只记得一份有记录的报告。"

　　"我可以问一下是哪一份吗？"我紧张地问道。

　　他皱着眉，不耐烦地翻看了他桌子上的那堆纸，然后将他桌子的每个抽屉依次打开，但他并没有找到任何资料，看起来更加烦躁了。幸运的是，我们带来了摘要的副本。我把副本递到他面前，问："您看是这份吗？"他翻看着而我们屏住了呼吸。最后，他笑着说："是的，就是这份。"在此之后，我们进行了一次友好的聚餐，当我们与更多的企业主管见面时，这一场景不断重演。

第四章
为什么波兰打败了赔率

如果说第一次访问就像在没有指南针的情况下在公海航行的话，那么本次访问调查的目标就更加明确了：换句话说，作为增长的根基的微观基础，企业和银行行为方面是否存在正向转变的明确信号？我们能够将数据扩展到 1992 年 6 月底，这样我们现在就有样本国有企业 3 年业绩的月度数据。在样本收集的最后一段时间，支持 1990 年和 1991 年获利能力的暂时性因素已经消失。因此，我们决定根据国有企业在 1992 年 1 月至 6 月的样本期间的财务业绩对其进行分类，而不是像第一轮那样根据产业进行分类：AAA 级表示税后留存收益为正值的企业；AA 级表示税前利润为正但税后留存收益为负值的企业；A 级表示税前利润为负值的企业，即亏损企业。在所有 64 家对再次调查做出回应的企业中，有 31 家企业是 AAA 级，8 家是 AA级，25 家是 A 级。该发现本身表明，国有企业并没有完全报废。我将注意力集中在两个极端群体 AAA 级和 A 级，梳理其对国有企业和银行行为的影响。

我们发现，AAA 级公司的实际销售额在 1991 年 4 月达到最低点，但在 1991 年 5 月（自"大爆炸"以来首次放宽名义锚）贬值后反弹。有趣的是，这种贬值其实是在默认企业部门需要救济，因为经互会贸易的崩溃和波兰贸易条件的急剧恶化造成了市场的中断。但数据显示，对于 AAA 级企业而言，最显著的特点是，经互会相关补贴取消引起突增之后，材料和能源成本与销售量的比率极大地降低了。当被要求给产品组合变化对销售业绩增长的重要性进行范围为 1～5 分的评分时，与 A 级公司的 1.5 分相比，AAA 级公司的评分为 3.2 分。这表明，国有企业正在采取措施降低成本，并在积极迎合市场需求，而不是被动地等待能够降低进口竞争力的另一轮贬值的拯救。

关于就业和工资，数据显示，在整个样本中，劳动力在 1989 年12 月至 1992 年 6 月期间减少了 27%。获利能力最低的 A 级公司解雇了大部分劳动力。与人们对由工人控制的国有企业的预期一致，直至 1991 年 3 月，样本企业的就业减少滞后于产出减少，但是即使销售稳定了，就业仍然在稳步减少。有关工资约束的证据也是令人振奋的，在样本后期阶段，获利能力更强的企业支付的工资明显更高。继 1991 年的突增之后，1992 年前 6 个月 PPWW 在可支配的现金中所占的份额显著下降。这样，在第一轮工资增长之后，人们对工资将爆炸性增长的担忧被事实所证伪。除此之外，PPWW 主要是由盈利的企业支付的。

硬化预算约束

"1992 年 8～9 月的国企访问"得出的结果与第一轮类似，这就进一步增强了我们对国有企业正在盈利的信心。进一步地，我们也看到这些国有企业主动实施市场化管理，而不是简单地等待政府去采取某些措施。但是，银行怎么样呢？在任何市场经济中，银行都在资源分配中发挥着至关重要的作用。它们的行为改变了吗？答案是肯定的，但前提是银行的治理必须加强。波兰主要的商业银行是由 1989 年从波兰国民银行分离出去的 9 家银行构成。这些银行都是共产主义时期国有银行的地区办事处，它们常常被当作国有企业对待。因此，无论是银行的专业技能还是必定会影响借贷决策的关系建立都存在一些问题。

实际上，我们的第一轮访问表明，至少到 1991 年 3 月前，银行还在软化企业预算约束。经互会贸易的崩溃导致银行投资组合的急剧恶化。政府决定采取一项非常重要的措施：将 9 家国有银行商业化，建立监管委员会，并在 1991 年第 4 季度将它们直接置于财政部的控制之下。同年 10 月，财政部禁止它们向 2 000 家陷入困境且大多数已经私有化的公司放贷。

为了核实加强对银行的监管是否取得了效果，样本期分为两个：1989 年第 3 季度—1991 年第 3 季度的 9 个季度和 1991 年第 4 季度—1992 年第 2 季度的 3 个季度。这样做主要是为了回答两个问题：一是借贷是不是应对企业亏损的需求所驱动？二是在新贷款决策中银行是不是盈利导向的？如果贷款继续进入亏损企业，则首先是银行治理有问题的明确信号；其次是银行应该进行改革的信号。简言之，回归结果显示，从1991年4月开始出现了戏剧性改变，银行开始根据国有企业的盈利能力来放贷。[9]

这些定量研究的结果与直接调查的答案非常一致。经理一致报告，银行改变了它们的行为。正如他们所描述的，1990年的银行就像"出纳员"，渴望少发出救济。到1992年，银行就像拥有公司股权的"合作伙伴"一样行动，已经变得具有高度的质量意识。管理人员还表示，有限的、好的客户资源导致了银行间的竞争加剧，因此好的公司为了更低的利率与银行进行讨价还价。根据国有企业管理者的数字评级，尽管1990年AAA级公司同样易于获得贷款，但是到1992年A级公司获得的贷款数量急剧减少。令人印象深刻的是，这两种类型的公司都表示银行的参与度提高了。当被问及为什么银行行为正在改变时，国企经理最常见的回答是，这种变化是由银行自己正在消失的净值和恶化的投资组合共同造成的。与企业一样，银行也正在学习中。尽管国有企业管理者从来没有提到过这点，但我们依然可以看到，他们对银行行为变得更谨慎的感知与1991年末9家商业银行从波兰国民银行剥离导致的治理变化之间存在显著的一致性。

由于银行贷款方面积极改变的力度增大，效益良好的国有企业已经对企业间的相互拖欠变得更加谨慎，因为政府不可能补偿它们或者拯救它们。这就使这些国有企业与政府分开了。补贴已锐减，但税款拖欠仍然存在，尤其是对A级公司；AAA级公司实际上是税收支付者。因此，税务拖欠是与利润暴跌相关的，但对于政府来说这可能仅仅是降低了损失，因为税款拖欠不可能超过应承担的赋税，这与无限度的补贴不同。此外，政府更倾向于通过削减预算补贴来补偿，并改变了从中央银行脱离出去的9家商业银行的治理方式。

为什么管理者要重组？

最后一个谜题是，为什么国有企业的管理者要大动干戈地开始重组？进口竞争导致的预算硬化和利润率的压缩可能仅仅促使管理者急忙逃走，因为他们的补偿金与公司的长期价值已经没有关系。我们的调查证据表明，管理层认为改革是长期的，而硬预算约束将持续下去。但是它也表明了一些更微妙的东西：管理者认为私有化是不可避免的。在 59 个接受询问的管理者中，只有 8 个认为他们的企业在不久的将来仍然是国有企业，43 个预期他们的企业不久将私有化，5 个预期将出现关于重组的管理企业，3 个表示企业已经私有化。[10]当被问及为什么他们关注公司的长期偿付能力时，管理者会提到情感原因、爱国主义等，但是当我们深入询问时，他们则表示期望当企业私有化时，能够获取股票期权形式的财务奖励并且可以继续担任新企业的首席执行官。他们试图建立起一个聪明能干的经理的声誉。

通过向参与过早期调查的相同公司发放一份新的调查问卷，我们希望能够获得更多的关于声誉效应的信息。[11]我们要求样本国有企业的管理者写几句话来解释他们为什么发起重组，他们的答案大多是：除了重组以外别无选择。为了挽救工人和自己的工作，他们不得不对新的经济力量做出反应。此外，我们还要求他们在 0（不重要）至 5（极重要）分的量表上对影响他们行为的 9 个不同因素的重要性进行排序，并选择三个最重要的因素。我们最终收到 36 份问卷，表 4-2 显示了以 0~5 分表示的他们对每个因素的平均回应。

表 4-2　　　管理者对重组动机的反馈

影响因素	平均评分（分）	被选入前三个的次数（次）
A. 来自政府的压力	1.31	1
B. 工作安全	1.94	1

续前表

影响因素	平均评分（分）	被选入前三个的次数（次）
C. 爱国主义	2.75	6
D. 没有补贴	3.69	18
E. 证明能力和增加流动性	4.03	14
F. 银行的压力	2.86	9
G. 对失业的惧怕	1.31	0
H. 市场压力	4.86	34
I. 进口竞争	4.36	25

资料来源：Pinto and van Wijnbergen（1995，Table 16）.

竞争和硬预算的突出作用从对市场压力（H）、进口竞争（I）和没有补贴（D）的评分中体现得非常明显。通过重组证明能力和增加流动性（E）获得了第三高的得分。毫不奇怪，由于在1991年底之前企业可以轻易地获得银行的贷款，因此银行的压力（F）虽然很重要，但并不是主要的。管理者没有表现出对工作安全（B）的特别关注，这一点从对失业的惧怕（G）的打分中更能反映出来。B仅有一次被列入影响重组的因素的前三个，而G则一次都没有。

科尔奈和熊彼特

尽管国有企业对波兰改革做出了意想不到的积极反应，但是，我们预期增长最终还是来自私有化的企业和新创的私营企业。然而，如阿洪、布兰查德和伯吉斯（Philippe Aghion, Olivier Blanchard and Robin Burgess, 1994）与阿洪和布兰查德（1994）所建立的模型所示，日渐萎缩的国有部门和日益增长的私营部门之间必然存在联系，这也是有效调整的一部分。公司层面关于固定资产销售和劳动力流失的数据表明，这一过程早就开始了。此外，盈利能力最弱的公司流失了更大的资产和劳动力份额，这与有效调整是一致的。马雷克·贝尔卡及其同事（Marek Belka and colleagues, 1995）1993年末对200家新创私营企业、私有化企业和国有企业的调查发现，新创私营企业有不少于33%的资产已经超过5年，这表明它们来自国有企业的资产缩减了。换句话说，科尔奈的硬预算约束和进口竞争已经引发资产和人力资源从低效的旧企业向高效的新企业流动，这与熊彼特的观点是一致的。硬预算约束和声誉效应促使国有企业的管理者以与最初预测的完全相反的方式行动，他们的行动比正在兴起的转型文献预测的更为积极。

波兰的教训

波兰的早期转型经历有五个启示。第一，政府不能简单地因为宏观经济的紧缩而袖手旁观。经济治理必须依靠培育第一至第三章中提到的"宏-微观联动"。第二，它简明清晰地告诉我们在微观层面应该按照硬预算约束、竞争和具有竞争力的实际汇率的微观政策三重奏形式施政。俄罗斯完全相反的经历进一步增强了三重奏令人信服的性质和它对宏观财政与债务的可持续性的反馈效应。不幸的是，微观政策三重奏的关键性质碰巧被孤立：我们之所以调查波兰国有企业的行为，只是因为私有化停滞不前。这带给我们关于私有化本身的第三个启示。

假设波兰确实能够像其"大爆炸"战略中所设想的那样，迅速将其大型国有企业私有化，但它不能保证这些企业的治理方式将立即得到改善。利普顿和萨克斯（1990b，p.295）意识到了这一点："即使我们赞成快速私有化，我们也对私有化是否会立即大幅提高生产率或管理效率表示怀疑，因为私人所有权的真正获益往往需要很多年才能显现出来……"这样，私有化的紧迫性就不能产生压倒性力量以对抗大多数人的一种误解，过快的私有化会让国有企业停留在工人委员会的控制之下，即产出和企业利润下降以及工资爆炸。反过来，由于产出和税收的下降，这些不良的微观经济结果最终会颠覆宏观经济的稳定。但是，等待大家的是令人生厌的惊喜。捷克共和国和俄罗斯都以远快于波兰的速度成功地完成了大规模私有化，但它们发现这并不能防止资产剥离甚至欺诈。个中原因各异。在捷克共和国，以凭证为基础的大规模私有化导致私有化基金的创立，而它们本身欺骗了其中小股东。这种私有化基金经常由银行运营，这导致银行陷入了既作为债权人又是凭证基金经理的尴尬境地。[12] 在俄罗斯，艰难的宏观经济环境以及易货和拖欠的增加伴随着私有化，这引燃了资产剥离和对中小投资者的欺骗，而不是催生更有效率的企业。将这些与波兰的经验结合起来，我们就得到了关于私有化的重要教训：只有同时实施了硬预算约束、竞争和具有竞争力的实际汇率的微观政策三重奏，私有化才能发挥作用。否则，企业将不能保证高效率和盈利能力的提高。私有化只是一个更大的政策组合的一部分，如果离开了微观政策三重奏，私有化不可能改善治理、提高效率并促进竞争。

第四个启示与经济转型自身的性质以及预算如何硬化有关。即使改革的势头再猛，就像波兰实施"大爆炸"那样，想要改变行为并变得可信也是需要很长时间的。特别是，硬化预算约束的过程并不是一蹴而就的，细微差别可能因国而异。在波兰的案例中，尽管政府迅速削减预算补贴，但是银行贷款继续软化国有企业的预算约束，这种行为直到1991年第4季度银行治理得到加强后才结束。当境况较好的国有企业开始注意到它们的应收账款，并意识到政府不会补偿企业间的相互拖欠的时候，最后一步就开始了。这样，硬化预算约束并变得可信整整花了2年时间，这也反映出追踪这一动态过程并保持必要的政策警觉的重要性。

第五，波兰的经验强化了汇率管理中实用主义的必要性。这一点鲜明地体现在经互会贸易崩溃和相关的贸易条件冲击后1991年5月兹罗提的贬值上。如果波兰一直无限期地坚持1990年1月1日建立的与美元挂钩的汇率制度，那么结局可能是灾难性的，正如1998年在俄罗斯（第七章讨论的那样）和2001年在阿根廷发生的情况。

总而言之，1991 年和 1992 年进行的对国有企业的访问调查，强化了三个要素对加强增长的微观经济基础并进而支撑宏观经济稳定的重要性：(1) 硬预算约束；(2) 进口竞争；(3) 具有竞争力的实际汇率。第四个更微妙但同样关键的因素是管理者对自己声誉的担忧。

结　语

当马雷克·贝尔卡、斯特凡·克拉耶夫斯基和我开始了解波兰大型国有企业如何应对"大爆炸"时，我们只是把它作为旨在探究事实的任务。鉴于波兰的转型是前所未有的，因此我们并没有确定的概念框架可以参考。于是我们慢慢地设计了这个框架，特别是在第一轮国有企业访问期间。机会也发挥了重要作用，私有化的进程如此迅速，因而此类研究并不那么有吸引力。如果我们决定调查已经私有化的国有企业的行为，那么很可能把正面发现归因于私有化，而不是上述的微观政策三重奏，即硬预算约束、进口竞争和具有竞争力的实际汇率。至少私有化会掩盖这一政策三重奏的效力。

或者，像在捷克共和国和俄罗斯那样，大规模私有化可能是一个失败之举。其实我们相当担心，我们关于波兰国有企业的积极适应的调查结果将被用作反对私有化的一个证据。关于这一点，我们与国有企业经理的讨论被证明是决定性的。他们期望私有化能和硬预算约束与进口竞争一起推动国有企业进行重组，以展示他们的能力。我们在《布鲁金斯经济活动论文集》(*Brookings Papers on Economic Activity*) 上发表调查结果之后，《华尔街日报》(*Wall Street Journal*) 指出了这一微妙之处。故事的情节说明了一切："在波兰，私有化的好处先于私有化的到来。"[13]

1993 年和 1994 年，波兰的增长速度超过欧洲其他大国。大部分增长是以出口为基础的，这与西欧的经济形势好转有关。国有企业从一开始就在出口方面发挥作用，并在 1990 年内部需求崩溃和 1991 年经互会贸易消失后成功地找到了新的出口市场。工业生产中的近 70％ 来自国有企业，它们在 1992 年增长了 4％，1993 年增长了 5.6％，1994 年增长了 13％。尽管是基于相对较小数量的对政治的敏感性较强的大型国有企业样本，但我们的研究结果是很有说服力的。[14]同样具有说服力的还有莱谢克·巴尔采罗维奇推行的硬预算约束和竞争，如专栏 4.3 所示，这也是在第二轮访问期间与国有企业经理进行的一次谈话。

专栏4.3　　　　　**政策一致性的优点**

在我们与彼得库夫·特雷布纳尔斯基（Piotrków Trybunalski）的一个重型工程公司的总经理一起完成问卷调查后，这位为矿山设计提升设备的工程师走到窗户前，开始分享一些哲学道理。他一边看着窗外无边无际的风景，一边说道："你知道的，我们上次见面以来事情发生了变化，我们现在终于摆脱了旧的思维，并愿意承担更多的风险。我和你分享一个故事。几天前，我在高速公路上开车，所有的车都超速了，这即使在几个月前也是不可思议的。突然，一辆警车出现了，我们都乖乖地行驶在它后面。问题是它太慢了，所以我们都希望它会在下一个出口驶出高速公路，但它没有。最后，其身后的第一辆汽车的司机鼓足了勇气，打了转向灯，并超过了警车。我们都等待着，想看看会发生什么，但什么都没发生，所以我们一个接一个地加速，直到所有的汽车都超过了警车。"

"那么你现在对巴尔采罗维奇计划（the Balcerowicz Plan）怎么看？"我问他。这不是一个无知的问题。以 1990 年 1 月 1 日的"大爆炸"为代表的巴尔采罗维奇的"休克疗法"，给国有企业的经理留下了一个明确的选择：要么行动，要么破产。它甚至成为波兰团结运动的图标，并加速了波兰共产主义制度的崩溃，就连瓦文萨（Lech

Walesa）曾经工作过的乌尔苏斯拖拉机厂（the Ursus Tractor Facto-ry）和格但斯克造船厂（the Gdansk Shipyard）都没有幸免。这是最终的硬预算约束的结果，也是优胜劣汰最无情的表现。

"坦白地说，"他说道，"我过去讨厌巴尔采罗维奇，但后来我开始敬佩他。"

"是什么原因导致了您的这种改变？"我问道。

"原因很简单。我每次去工业部都会碰到不同的人，接着从他们那儿我都会得到一个不同的答案，这个答案就是他们将如何帮助我们。但是从财政部，我得到的答案永远只有一个，那就是：'对不起，我们不能帮助你。要么你自己做，要么你破产。'"

最后一点需要说明的是，我们没有提到波兰的外债问题以及如何解决这个问题，这看来似乎是一个严重的遗漏。为什么这么说呢？首先我们来看数字。1989 年底，波兰欠巴黎俱乐部（the Paris Club）债权人 280 亿美元，欠商业银行 90 亿美元，欠经互会国家 20 亿美元，欠款总额超过国内生产总值的 80%。[15] 其次，这是已经发生了的事。1990 年 1 月至 1991 年 3 月期间，巴黎俱乐部债务的所有本金和利息支出都展期了，从而大大节省了现金流。随后，1991 年 4 月，巴黎俱乐部债权人同意分两步在现值的基础上减少 50% 的债务，条件是成功坚持国际货币基金组织的方案：第一步立即减少 30%，第二步在 1994 年 4 月减少 20%。第二步同时也将取决于在伦敦俱乐部（the London Club）主持下与波兰商业银行的债权人达成的 50% 平等债务减免协议。巴黎和伦敦俱乐部的交易都顺利完成，到 1994 年底，波兰的外债占 GDP 的比率降至 46%。

正如斯威德·范·维伯根和尼娜·布迪纳（van Wijnbergen and Nina Budina, 2001）在论文中所做的分析那样，债务协议在帮助波兰实现其财政赤字减少和通货膨胀率降低的目标方面显然很重要，但这是关键因素吗？尽管有实用主义汇率政策的帮助，但是在硬预算和进口竞争的压力下，如果波兰的国有企业不开始调整，那么我猜测这一切都会成为泡影，因为实现国际货币基金组织计划下的财政和通货膨胀目标将是不可能的。债务减免是很重要的，但关键因素是国有企业在微观政策三重奏的影响下的正向反应。

【注释】

[1] 本章充分利用了我同贝尔卡和克拉耶夫斯基（Pinto，Belka and Krajewski，1992，1993）以及同斯威德·范·维伯根（Pinto and van Wijnbergen，1995）的合作研究成果。

[2] "Jacek Rostowski: Proud of Success in Recession." Jan Cienski, *Financial Times*，2009-11-17.

[3] Blanchard（2010）.

[4] 对于巴尔采罗维奇自己的评价和"大爆炸"附带的稳定化和自由化的重要性，见 Balcerowicz（1994）。

[5] McKinnon（1993，chapter 12）。麦金农的观点首次见于"The Value-Subtractors of Eastern Europe"，*The Economist*，1991-01-05。

[6] Frydman and Wellisz（1991）.

[7] 有关样本的详细描述，参见 Pinto，Belka and Krajewski（1993，Appendix A）。

[8] 参见 Pinto，Belka and Krajewski（1992，Table2）。

[9] 详细信息参见 Pinto and van Wijnbergen（1995）。

[10] 记住，这发生在 1992 年中期。大型国有企业的大规模私有化计划直到 1995 年才得以实施。

[11] 见 Pinto and van Wijnbergen（1995，Annex C）。

[12] 里克特（Richter，2011）的文章中包含了对捷克共和国凭证私有化的毁灭性解释。他论文题目中的"隧道效应"一词的说明如下：这个词是专门用来描述"国家对自 20 世纪 90 年代初国家的凭证私有化计划开始以来公司资产剥离丑闻的集体绝望……"（p. 24）。在第七章关于俄罗斯的描述中，我将说明软预算猖獗的私有化产生的后果——高昂的代价。

[13] Lindley H. Clark Jr. "In Poland, Privatization's Benefits Precede It"，*Wall Street Journal*，August 27，1993.

　　[14] 随后卡琳等人（Carlin, et al., 2001）进行的对 3 300 家公司的调查确证了我们得出的主要结论。也见欧洲复兴开发银行（EBRD, 1999）第 7 章。

　　[15] 数字来自利普顿和萨克斯（1990a，p. 119），而债务比例来自范·维伯根和布迪纳（p. 307）。

第五章
肯尼亚的致命要害

为肯尼亚创造历史并赢得金牌感觉很好。

——2008 年奥运会马拉松冠军塞缪尔·卡马乌·万吉鲁
（Samuel Kamau Wanjiru）

除了在每四年一次的奥运会期间，肯尼亚人在其他时间都必须忠诚地接受部落的统治。

——来自 2007 年初与一位前高级政府官员的非正式对话

2006 年 2 月，BBC 新闻报道了世界银行暂停向肯尼亚提供 2.5 亿美元贷款的新闻，因为肯尼亚"卷入了一场高层丑闻"[1]。虽然这一举措不太寻常，却也很好地反映了肯尼亚治理上的恶化和腐败的丑闻。但此举是正确的吗？从随后 2007 年 12 月的总统选举中，我们完全有理由认为这是个正确的举措。总统选举中不仅充斥着欺诈，随后的部落暴力事件还造成多达 800 人死亡，另有 60 万人流离失所。但正如我们将看到的那样，情况并非如此简单。

肯尼亚在对 2007 年 12 月举行的总统选举进行拙劣的干预的同时，还试图发行欧洲债券获得新兴市场地位。这个举措让肯尼亚的政府债务在过去 10 年里大幅降低，遵循的是老式的方法：20 世纪 90 年代早期通过增加基础财政盈余来实现，当时丹尼尔·阿拉普·

莫伊（Daniel arap Moi）正"实行种族偏袒、国家镇压和反对派势力的边缘化等策略，并利用暴力、拘留和酷刑的混合战略统治肯尼亚"[2]。这种情况是矛盾的，因为人们从来不会期望一个镇压的政权有明智的经济政策。2002年12月的总统选举和平地结束之后，姆瓦伊·齐贝吉（Mwai Kibaki）开始掌握政权，此时由于增长的加快和不断走低的利率的影响，政府的债务占比急速降低——与之形成鲜明对比的是它的邻国坦桑尼亚和乌干达，这两个国家在第一章所述的HIPC-MDRI方案的实施背景下，轻轻松松地就削减了债务。2006年10月，标准普尔公司破天荒地对肯尼亚的主权信用评级给予了有史以来的第一次升级，2007年9月路透社报道（记录在世界银行的内部市场跟踪报告中）提到了该国计划在2008年发行1.5亿美元的欧洲债券。但是，这一切都被2007年12月总统选举后的混乱和暴力后果打破了。

肯尼亚降低政府债务的方式或许可以使那些急于将它当作管理瘫痪（在2002年的总统选举结束后就被贴上了此标签）而不予理睬的人停下来好好想想。肯尼亚本可以通过违约或过度通货膨胀来削减政府债务占比，但实际上反而通过更好的经济政策来实现这一点。更好的经济政策的支柱来自哪里？20世纪90年代初期肯尼亚的官方资本流入突然暂停——不是私人资本流入的突然暂停（这是新兴市场国家的灾难）——由于政府的治理出现了问题，援助国冻结了援助。[3]莫伊不仅用压制的方式统治着肯尼亚，并且是一位坚定的反共产主义者，因而受到西方列强的青睐，而美国海军也因此在冷战时期能够停靠在肯尼亚的蒙巴萨港。但是当柏林墙轰然倒塌、大国之间的关系渐渐回暖后，莫伊便失去了作为地缘政治谈判筹码的价值。1991年，援助国关注的重点转向了治理且冻结了援助。1994/1995年官方向政府提供的净外国融资为负值且一直持续到2006年（据报道分析是从这一年开始的），只有债务重组的两年是唯一的例外。本章所述期间肯尼亚政府通过在国内以市场利率发行债券来为自己融资。

1991年的援助冻结产生了两个积极的影响：1992年肯尼亚确立

了多党民主制政体，并限定总统最多连任两届，这标志着莫伊政权的终结；此外肯尼亚还实施了影响深远的经济改革——尽管是在戈登堡（Goldenberg）丑闻（我将在下一节讨论）爆发后才开始执行的。事实上，随着2002年总统选举的顺利过渡，肯尼亚似乎越过了一个门槛。但令人遗憾的是，肯尼亚无法保持这股积极的势头，正如2007年12月的选举表现的那样。与许多低收入国家一样，肯尼亚社会分裂的影响，导致了政治的不确定性——这也是迄今为止该国无法逾越的障碍。肯尼亚的经历印证了低收入国家，尤其是非洲的低收入国家，在加入新兴市场行列的过程中所要面临的挑战；而2003—2007年间该国取得的显著的经济成果也突出了降低政治风险和永久性地治愈社会分化的重要性。专栏5.1分析了肯尼亚经验与第二章和第三章之间的联系。

◇◇◇

专栏5.1　　　　　　　**肯尼亚——分析插曲**

结合第二章和第三章的内容来分析肯尼亚从20世纪90年代初到2007年12月总统选举期间的经历可得出以下结果：

第一，硬预算约束的重要性。然而这种情况只适用于政府自身的预算。20世纪90年代初期，如果肯尼亚在刚被切断援助时就开始进行政治和经济改革，采取措施增加收入，同时放开贸易和外汇市场的话，结局应该会好很多。

第二，私营部门强调了进口自由化的重要性，进口自由化开始于20世纪90年代初并很快成为刺激企业提高效率的主要因素。我们在第四章中曾看到来自进口的竞争对波兰的增长起到了多么重要的作用，我们也即将看到这个因素在21世纪初的印度腾飞中同样发挥着重要的作用。

第三，肯尼亚的经验充分体现了管理波动，尤其是来自政治和社会的波动的重要性。未能管理好此类波动将会损害良好的经济政策，并滋生一种繁荣—崩溃的周期性起落模式，直接放缓经济的长

期增长。关于这个内容，我们在第三章关于经济波动的一节中已经
讨论过了。较高的政治风险会在宏观层面上提高利率而在微观层面
上缩小投资范围、提高资本成本，从而导致不利的宏-微观联动，最
终也无法改善政府的债务动态。这也是从肯尼亚经验中得到的最重
要的教训。

一个关于肯尼亚的难解之谜

2006 年夏天我受到世界银行非洲地区的同事邀请，从加速经济
增长的角度对肯尼亚的宏观财政政策进行了一次分析。由于从来没
有在肯尼亚访问或工作过，我仔细研读了世界银行、IMF 和经济学
人智库（Economist Intelligence Unit，EIU）的几乎所有关于肯尼亚
的报告。比较有代表性的是 2006 年 5 月 EIU 中一篇名为《2006—
2007 年肯尼亚一览》（Kenya at a glance 2006－07）的报告，下面是
其中一段的摘录：

● 总统……任期的剩余时间不多了，因为公民在宪法投票
中纷纷投反对票，而腐败丑闻导致了三位财政部部长的辞职，
这一切已经对他的权力和可信度造成了极大的损害。

● 民族团结政府将继续面临严重的分歧……

2004 年 IMF（2004，p. 5）在一篇对肯尼亚的研究报告中进一步
做出了负面评估，报告指出："在过去的二十年里，TFP 的缓慢增长
与治理不善和高通货膨胀率紧密相关。"

肯尼亚呈现给我们的是一个腐败的、政治不稳定的国家。因此，
我预计该国会出现诸如增长停滞不前、国内债务的实际利率高（但
国外债务的利率享有来自官方的优惠级别）以及政府债务动态的不
稳定引发的公共财政的管理不善等现象。但是，自 2003 年开始该国

的增长加速，政府债务也得到削减，通过简单的计算可以得出一个非常显著的结论：政府对国内债务支付的实际利率已从1998—2002年的15%～20%下降到2003年以后的不足5%，并将此低利率水平一直维持到了2006年。在利差方面，91天的肯尼亚先令期票的实际利率已经下降到1%～3%的范围。政府债务在没有被免除的情况下得到了削减且经济增长率大幅提升。如表5-1所示，证据显示，肯尼亚并没有出现大家之前猜想的情况。

表5-1　　　　肯尼亚带来的一个令人愉快的惊喜

之前猜想的情况	证据显示的实际情况
● 管理不善的公共财政，不稳定的债务动态 ● 过高的实际利率 ● 萧条	● 政府债务占比从1995年6月的73%下降到2006年7月的45% ● 2003—2006年国内债务的实际利率再创新低 ● 实际GDP从1991—2002年的停滞不前到2003/2004—2006/2007年的年均增长5.5%

之前我一直坚信利率被操纵了，直到2006年7月我到达内罗毕发现肯尼亚先令完全可兑换后，我才改变了这个看法。这意味着中央银行可以选择走汇率路径或是利率路径，但不能两者兼得。这一问题和宏观经济政策的三难困境一致。如果央行试图人为将国内利率维持在低水平，那么投资者会转走先令资产，造成先令倾向于相对美元贬值。但是，事实再一次与设想的不相符：2004—2006年肯尼亚先令相对美元在名义上其实是升值的！排除了操纵的可能后（当事实打破了你的观点时，还是让人挺失望的），我决定咨询财政部的官员和私营部门投资者为什么利率降低了这么多。而我得到的答案总是："因为政府的借款需求下降了。"这完全说得通，但我们应该怀疑这些看似没有破绽的答案。所以我问自己：政府的借款需求是什么时候开始下降的？

只有当以下某一种或多种情况发生时，国家的借款需求才会下降：(a)中央银行为政府的财政赤字提供资金，即发行货币；

（b）政府通过私有化收益而不是通过借款来填补其财政赤字；和（c）政府减少其财政赤字。情况（a）很容易就被肯尼亚排除了：如果（a）所述情况真的有用的话，一切会变得很简单，因为大部分的国内政府债务是短期的，投资者很快将要求更高的名义利率以避免高通货膨胀率带来的风险。事实上，2003 年之后肯尼亚规避了通货膨胀融资。情况（b）同样不适用于肯尼亚：私有化收益不是本章考察期间的主要因素。最后只剩下情况（c）。记住，财政赤字是基础赤字和利息支付的总和，图 5-1 绘制了 1992—2008 年基础赤字和利息支付占 GDP 的份额。

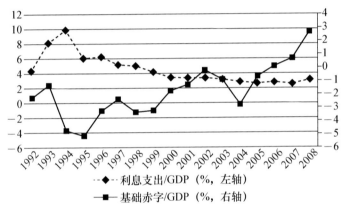

图 5-1　肯尼亚：1992—2008 年基础赤字和利息支付

资料来源：根据世界银行提供的数据计算得出。

1992—2008 年（除了最后的 2006—2008 年这三年），肯尼亚均出现了基础盈余（或负基础赤字）。这些盈余是相当大的，特别是 1994—1996 年的盈余，当时政府正试图从戈登堡丑闻中恢复公信力。简单地说一下戈登堡丑闻：1991 年外部援助被冻结后，肯尼亚急需外汇，肯尼亚中央银行试图通过提供特殊的外汇溢价鼓励出口，其中一家名为戈登堡的公司欺骗性地利用了这一政策。它设立了一套全面的方案（从市场购买美元并重新包装成黄金和钻石来出口，然后以央行提供的溢价出售给央行，并不断重复这一过程），这个方案花费了 6 亿～10 亿美元，相当于肯尼亚 1994 年 GDP 的 9%～

16％。[4]与戈登堡相关联的银行的可信度彻底崩塌，最终倒闭，而政府也被迫提高基础财政盈余，即使当时利率已经飙升，也不得不转向国内债务市场并偿还即将到期的外债。1993年政府债务利息支付占GDP的8％，1994年达到近10％，接着在2002年选举之前开始稳步下降（见图5-1）。这表明基础盈余的加息几乎能产生立竿见影的积极影响。此外，经济自由化也在继续推进。到1994年底，价格、利率和汇率都实现了自由化。

　　财政赤字（基础赤字加利息支付）占GDP的比率从20世纪90年代初期的5％～7％下降到1995年的1％～3％，此后至2006年维持上升趋势，这使得人们相信国内债务的实际利率的确是下降的，因为正如财政部官员和私营企业所料，借款需求正在下降。[5]但关键的一点是，1995年以后由于利息支付下降，财政赤字和借款需求都接二连三下降，因此基础盈余也呈现逐渐减少的趋势。诸如巴西和土耳其这样的新兴市场国家，尽管它们的基础财政盈余持续大幅增加，但在1997—2001年的危机之后很难降低本国的实际利率，我们将在第八章讲到这部分内容。显然，莫伊时代的改革帮助了肯尼亚。但在本章后面我将提到，2002年的选举是降低政治风险的一个门槛，并有助于拓宽私营部门投资的视野，以更加积极的方式实现增长，正如图5-1所示。这一论点的依据是重视政府债务动态的改善和私营部门的言行。但在我摆出这些依据前，一些背景工作已经井然有序。

政治风险、资本成本和私营部门投资

　　政治风险减小可以降低政府支付债务的利率，从而降低财政赤字并改善债务动态。因为大多数国家的政府都享有最高信用等级，因此降低利率可以减少私营部门的资本成本，这可以带来更多的投资和更快的增长。

让我们从政府开始分析。如果资本是自由流动的，那么肯尼亚政府对本国一年期国库券支付的名义利率 i 将通过以下等式与美国等基准国家的利率挂钩：

$$i = i^{US} + \hat{e} + (\pi + \theta) \tag{5.1}$$

其中 i^{US} 是美国一年期的名义利率，$\hat{e}$ 是肯尼亚先令兑美元汇率的目标贬值率。例如，假设美国一年期国库券利率 i^{US} 为 3%，肯尼亚中央银行宣布目标贬值率 $\hat{e}$ 为 5%，那么投资者会要求至少 8% 的肯尼亚国库券利率：这是标准的利率平价。但我们预计政治风险越高，出现以下政府行为的可能性就越大：夸大政府债务或违反债务合同；增大贬值和违约风险；提高投资者购买政府债务的利率。在方程 (5.1) 中，π 表示贬值风险溢价，即货币贬值超过官方宣布的目标的收益；θ 表示违约风险溢价，即相对于美国等基准国家的违约风险的收益。[6]

强调一下，方程 (5.1) 是为了说明：贬值和违约都是通过降低债务占比来恢复政府跨期预算约束平衡的方式。另一种选择是增加基础盈余和/或实施结构性改革以实现更快的增长。由于市场可能已经洞悉了这些更完美的替代方案，因此高贬值和违约风险溢价成效也并不大。

贬值和违约风险对于新兴市场国家来说很容易理解，那它们与像肯尼亚这样从官方渠道借款的低收入国家的相关性如何？答案是，大多数低收入国家通过以市场利率发行国库券来从国内资本市场获得大额贷款。考虑到资本账户往往是开放的，外国证券投资者经常参与这些市场，因此这些利率常常受到类似于方程 (5.1) 中因素的驱动。

接下来是私营部门，政治风险除了提高了其资本成本之外，还对其投资视野产生了深远的影响。当政治风险高、治理薄弱时，产权可能会不稳定，被征收风险高，导致视野狭窄。还有一种情况也有可能导致视野变窄，即新的政治领袖上台后可能突然篡改交易准则。下面的一个例子阐释了破坏性的狭窄视野是什么样的。

一家私营公司正在考虑是否在一个给定的项目中投资 100 美元。

它的机会成本是方程（5.1）中的 i，因为它本可以直接把这 100 美元投资于肯尼亚的国库券。假设 i 为 10％，此项目需要购买一台可以持续使用 20 年的机器，这台机器每年贬值 5％。在这种情况下，只有回报率不低于 15％，公司才会投资这台机器。因此，最低回报率或回报率的底线是 i 加上机器的贬值率，即使得企业把这笔资金投向国库券与投资项目基本没有差别的回报率。然而，在不确定的政治环境下，公司可能不到 20 年就提前结束了业务。为了论证，假设将举行一整年的选举且最后的结果不尽如人意，这台机器必须以 70 美元的价格被迅速变卖给一个与政府关系良好的公司。在这种情况下，最低资本回报率将高达 40％，虽然在正常环境下投资可以盈利，但在这种情况下投资永远不会盈利。因此，狭隘的视野的确提高了最低资本回报率，而如果这个回报率变得过高，那么根本不会有人去投资了，这样下去最终会导致增长的停滞。

对经济改善的相互矛盾的解释

2003 年后，虽然基础盈余在减少，但肯尼亚的经济增长不断加速，随之而来的是实际利率不断下降，对此现象有两种相互矛盾的解释。第一种解释是莫伊时代进行的改革所取得的滞后的收益。当时的政府先被突然冻结的援助所迫，接着又发生了戈登堡丑闻，亟须做点什么来抵消这些负面影响，于是政府提高了基础盈余、自由化的价格，并促进了贸易和交易系统的改善。之后，政府又大幅削减了所得税和增值税的边际税率，此前政府曾提高这两种边际税率以提供戈登堡丑闻爆发后所需的大额基础盈余。

对任何国家来说，上述措施都会带来非常积极的效果，只有肯尼亚实施后反而造成运行的混乱和政治的不稳定；莫伊政权并没有拒绝偿付肯尼亚的债务，虽然拒绝偿付很符合它的警觉性。到 21 世纪初，肯尼亚的收入占 GDP 的 21％～23％，比邻国坦桑尼亚和乌干达高出几个百分点。同样令人印象深刻的是，肯尼亚没有选择疯狂地印钞票或是征收高额的进口关税——这些都易于导致社会冲突，而是选择依赖于广泛的税收，如增值税和所得税，这应该算是一种良好的财政管理策略。

第二种解释是所有发展中国家都受益于 2001 年 9 月 11 日之后建立的良性全球环境，这种受益行为一直持续到 2006 年夏天美国爆发次贷危机前。莫伊政权改革的滞后效应加上 2001—2006 年出现了全球历史上较低的利率，使得 2003 年以后肯尼亚的利率下降，通过降低方程（5.1）中的 i^{US} 来发挥较低利率的影响。事实上，91 天的美国国库券的利率已经从 2001 年的 3.5％下降到 2003 年的 1％；虽然通货膨胀率略有上升，但 91 天的肯尼亚国库券的利率下降得更多，从 2001 年的 12.7％下降到 2003 年的 3.7％。显然，肯尼亚存在特有的效应，这增加了肯尼亚先令资产的吸引力。

因此，援助被冻结后，莫伊时期发生了好事——良性的全球经济环境大大帮助了国家摆脱困境。这也让我们将政府的债务动态和它对 2002 年 12 月选举产生的影响看作一个积极的转折点。

政府债务动态

本节确定了造成政府债务占比从 1995/1996 年的 73％降至 2006/2007 年的 45％的主要因素，并阐述了肯尼亚在 2002 年 12 月总统选举后，自 2003 年开始表现出的明显改善。专栏 3.2 中的方程（ⅳ）可以看作一个良好的起点，我将其重写为：

$$\dot{d}=pd+(r-g)d \qquad\qquad (5.2)$$

其中 d 是公共债务占比，随着时间的推移而变化，pd 是基础财政赤字占 GDP 的比率，r 是实际利率，g 是 GDP 的实际增长率。[7] 由于政府可以用本币或外币借款，假设所有外国借款都以美元计算，有效实际利率反映了名义汇率的变动以及肯尼亚和美国之间通货膨胀率的差异。所有这些加以组合，可以得到 r 的表达式如下 [作为等式 (A10′) 的一部分，在附录 2 中推导]：

$$r = wr_d + (1-w)(r_\$ - \rho) \tag{5.3}$$

在等式 (5.3) 中，w 和 $(1-w)$ 分别表示当地货币（肯尼亚先令）和美元计价的债务在政府总债务中的份额，rd 表示肯尼亚先令债务的实际利率（经通货膨胀率调整的名义利率）。美元债务支付的实际利率 $r_\$$ 是肯尼亚政府根据美国通货膨胀率调整的支付美元借款的名义美元利率——例如，如果肯尼亚对（减让）支付美元贷款的利率是 3%，美国通货膨胀率为 2%，则 $r_\$$ 为 1%；而 ρ 表示美元/肯尼亚先令汇率的实际升值（当美元的双边实际汇率升值时，定义 ρ 为正值），因此 $r_\$ - \rho$ 表示以美元计价的债务转换为以肯尼亚先令计价时支付的实际利率。方程 (5.3) 可以用来凸显实际汇率变动对债务占比的影响。专栏 5.2 提供了一些数字示例以说明方程 (5.2) 和 (5.3) 是如何起作用的。

◇◇

专栏 5.2　　　　分解债务增加或减少的原因

假设政府每年的基础财政盈余占 GDP 的比例为 3% [即，公式 (5.2) 中的 pd 等于 -0.03]。债务占比每年下降 3 个百分点。因此，如果年初债务占比是 73%，那么到年底就变成 70%。另外，到年底，占 GDP 的 3% 的基础财政赤字将使债务占比提高到 76%。

现假设经济每年增长 6%，债务占比从 73% 开始，一年内下降约 4.4 个百分点；在方程 (5.2) 中表示为 -gd 等于 6%，d 等于 0.73。

由于一些债务是以美元计价，如果肯尼亚先令相对美元升值，则债务占 GDP 的比率下降，如果贬值，则债务占 GDP 的比率上升。从方程 (5.3) 来看，美元计价债务在政府债务总额中所占的比率越大，肯尼亚先令的实际升值幅度越大、影响也越大。2002/2003 年

$(1-w)$ 为 60%。

从方程（5.3）可以分离出实际汇率变动对债务占比的影响，通过这样改写方程（5.3）来实现：$r=\bar{r}-(1-w)\rho$。与方程（5.3）相比较，可得出 $\bar{r}=wr_d+(1-w)r_\$$，其余为实际升值/贬值的影响。[a] 表 5-2 中所谓的债务分解结果依赖这种方程的离散时间等价方程；后者的推导在艾泽曼和品图（2005，p.554）中已经给出了。

[a]我们将在第七章关于俄罗斯的描述中使用这个结果。

表 5-2 列出了我们感兴趣的结果，我们把 11 年分为两个时期：前 7 年，即 1996/1997 年至 2002/2003 年；后 4 年，即 2003/2004 年至 2006/2007 年，这样做也是为了了解在 2003 年之后影响债务占 GDP 的比率的因素是否有变化。[8]

表 5-2　　解释 1996/1997—2006/2007 年期间债务占 GDP 的比率（年平均值）下降的因素（个百分点）

	1996/1997—2002/2003 年	2003/2004—2006/2007 年	1996/1997—2006/2007 年
公共部门债务的变化	−1.4	−4.5	−2.5
原因：			
1. 基础赤字	−1.7	0.4	−0.9
2. 实际 GDP 增长率	−1.5	−3.3	−2.1
3. 实际利率	2.2	0.4	1.5
4. 实际汇率	0.8	−2.2	−0.3
5. 其他因素	−1.2	0.2	−0.7

资料来源：Bandiera，Kumar and Pinto（2008），基于肯尼亚财政部的统计公告和 2009 年的债务可持续性分析。

表格中最后三列显示的数字是由第 1 列中显示的因素引起的债务占比的年均变化。第 1 行显示了基础财政余额的影响。在前 7 年，基础盈余使政府债务占比每年降低 1.7 个百分点；但在后 4 年，基础财政余额变成基础财政赤字，使债务占比每年平均提高 0.4 个百分点。因此，基础财政余额的转换会使债务占比每年提高约 2 个百

分点。下面列出表中一些亮点：

● 2003 年以后，债务占比减少的速度从 1.4％上升到 4.5％，提高了 3 个百分点，尽管平均基础盈余减少了 2 个百分点。

● 增长的加速是起作用的（第 2 行）。

● 最大的影响来自实际利率下降和肯尼亚先令实际升值（第 3 行和第 4 行）的联合效应。这让肯尼亚债务占比从 2003 年前的每年提高 3 个百分点变为 2003 年后的每年下降 1.8 个百分点，这也给 GDP 带来了每年接近 5 个百分点的增长！

从本质上来说，政治风险降低使得以肯尼亚先令计价的资产变得更具吸引力，带来了利率的下降和货币的升值，而这两者都大大改善了债务动态。

私营部门的民意调查

终于到了调查私营部门的时间了。2002 年 12 月的总统选举实现了从长期以来饱受诟病的莫伊到以亲商闻名的姆瓦伊·齐贝吉的平稳过渡。这是否会降低投资者的政治风险，并通过减少贬值和违约风险降低实际利率？从非正式调查中可以很明显地看出，私营部门将这次选举视为分水岭。"你在做生意时将不再需要政治关系"，这是对 2002 年 12 月总统选举是否降低了政治风险、公司是否比 2003 年之前更容易将利润再用于投资等问题的共同回答。

比较世界银行 2007 年投资环境评估（Investment Climate Assessment，ICA）的调查结果与 2003 年的调查结果，可以进一步证实降低政治风险的关键性质。根据参与这两项调查的 169 家制造公司提供的数据，这些企业中认为政治不稳定或不确定是"重大到极其严重"的制约因素的比例从 2003 年的 47％大幅下降到 2007 年 6 月的 18％（如表 5-3 所示），而认为宏观经济波动是主要的制约因素的比例同样急剧下降，从 2003 年的 50％下降到 2007 年的 28％。

有趣的是，与 2003 年相比，2007 年这些企业认为电力和交通是更大的制约因素，这也印证了投资正在复苏且基础设施的匮乏开始产生严重的影响。另一个值得注意的观点是，企业中获得融资的比例从71％急剧下降到 26％，可以解释为："减少政府的借款需求"会对私营部门的资本成本产生有益的影响。2007 年投资环境评估报告里写道：2007 年接受调查的制造业企业中准备了多年业务计划的比例（58％）比 5 年前（49％）大。

表 5-3　　企业对主要的或严重的商业制约因素的认知情况调查
（认为其是制约因素的比例，%）

限制因素	2003	2007
犯罪、盗窃和社会混乱	69	59
税率	69	56
电力	47	55
腐败	73	54
交通	36	53
非正规部门竞争者的行为	64	50
税务管理	52	50
海关和贸易规则	40	42
通信	45	28
业务授权和许可	13	28
宏观经济波动	50	28
融资渠道	71	26
政治不稳定或不确定	47	18
获取土地的渠道	23	16
劳动力条例	22	16
劳动力的受教育程度不足	31	11

资料来源：世界银行（2003b，2007），收录在 Bandiera，Kumar and Pinto（2008）中。

从 2003 年开始，机械和工业运输设备进口出现了令人印象深刻的快速增长。在 1996—2002 年，这些进口平均占国内总支出（GDE，定义为消费加投资加政府支出）的 5.6％，但在 2003—2006年大幅上升到平均为 9.3％的水平。这是长期增长和生产力更快发展的积极迹象：我们再来回顾一下第二章提到的 1992 年德龙和萨默斯的研究，他们认为设备投资和长期增长之间可能存在较强的因果关系，因为更好的设备和技术将通过行动和知识溢出来促进学习。对于像肯尼亚这样的低收入国家而言，机械进口的增长是个好兆头。事实上，2007 年投资环境评估的微观经济证据证实了 1990 年代停滞的全要素生产率在 2002—2006 年又有了显著的增长。[9]

除了指出较低的政治风险外，我于 2006 年中期非正式访问过的私营企业还一致认为，20 世纪 90 年代初援助国中断资金后政府实施的经济改革一直是提高效率和生产力的主要刺激因素。专栏 5.3 强调了进口竞争在企业层面提高效率的作用。通过将机械进口的增长和跨公司的共享学习相结合，一个有利于提高生产力的良好氛围正在逐步建立。

◇◇◇

专栏 5.3 　　　2006 年 7 月与私营企业访谈的摘录

● 企业所有者表示，进口关税的削减降低了成本，刺激了出口。[a]一家企业认为这是企业产能在 2003 年能翻一番的决定性因素，甚至比利率下降还重要。

● 所有企业都指出，由于进口竞争的加剧，企业面临通过减少浪费和技术升级以提高生产力的压力，最终造成利润率的下降。许多企业提到采用工作场所改善（Gemba Kaizen）来减少浪费，让工人更多地参与预防性维护，并确保在车间的工作更有成效。[b]

● 肯尼亚的劳动力通常被描述为受过良好教育并且是该地区最好的。

简言之，进口竞争迫使企业变得更具创新性，而更廉价的进口提高了对出口的激励并刺激了产能扩张。

a. 读者将认识到这是勒纳（Lerner）对称性：对进口征税即对出口征税。

b. 日语中的 Gemba Kaizen 指工作场所（Gemba）里发生更好的变化（Kaizen）。日本管理顾问今井正明（Masaaki Imai）最先使用这个词，并于 1986 年建立了 Kaizen 研究所。

◇◇◇

肯尼亚的启示

第一个启示是关于滞后和硬化预算的重要性的。莫伊时代的经历表明，即使一个国家存在治理问题，如果政府面临硬预算约束，也可以实现重大的改革，如1991年肯尼亚的援助被冻结后所进行的改革。但这也是有风险的，莫伊可能会违约并把他的国家推入深渊，正如穆加比在津巴布韦所做的事情一样。事实证明，他在统治期间实施了重大的财政、货币和贸易改革，但获取收益经历了长期的滞后；而在这一切发生前，肯尼亚需要一次像2002年12月的总统选举那样没有污点的选举。

第二，投资环境中微观经济的改善加强了政治风险减弱对债务动态和宏观经济环境的积极影响。资本成本和实际升值幅度越小，机械进口就越便宜，对私营部门也越有利。因此，2006年我们目睹的是宏-微观联动的良性、自我强化的循环（如图5-2所示），在2007年12月的灾难性选举前，肯尼亚人应该都以这一循环为傲。

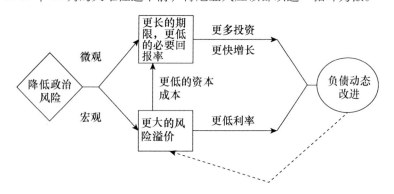

图 5-2　政治风险、投资和债务动态

第三，我们要对过早地宣布胜利持谨慎态度，因为就像肯尼亚发生的那样，部落冲突导致的社会分裂随时会影响政治风险。从后来发生的情况来看，肯尼亚太过自信地认为自己已经成功地处理好了 2002 年总统大选后的一切问题。我在 2006 年 7 月的第一次和 2007 年 2 月的第二次访问期间遇到一些政治学家，他们认为现任总统是哪位不再重要，因为私营部门指出，做生意已经不再需要政治联系了。还有人认为由于手机和互联网的广泛应用，选举不再可能被暗箱操纵了：人们投票时会输入信息，以防止选票在稍后阶段被"误报"。然而从 2007 年 12 月选举所经历的挫折来看，这一想法被证明是过于乐观的。

展望未来，肯尼亚多数的波动是由政治和社会原因引发的，本国必须承担起降低波动的责任，而不是依靠捐助国来完成。这也传达了一种强有力的信息：对于许多低收入国家来说，为了维持经济的持续增长，为政治稳定和长期社会凝聚力创造基础和社会经济改革同等重要。只有在看了中国、印度和越南等国家后，人们才能意识到，如果希望在肯尼亚的增长轨迹方面取得突破，将需要维持至少长达 15～20 年的政治稳定和社会凝聚力。否则，它将继续陷入令人沮丧的停滞状态以及不稳定的经济增长模式，和过去几十年里低收入国家经历的一样。

结　语

2010 年 2 月，我在哥伦比亚大学非洲研究所介绍了关于肯尼亚的研究结果。经济学家通常不会与政治科学家互动。而且，听众中有一些教授通常每年会在肯尼亚待上长达 6 个月的时间，他们比我更了解肯尼亚的情况！具有讽刺意味的是，我和我的银行同事意外地将政治风险完全整合到了我们的故事中，因为事实证明政治风险是对肯尼亚先令国库券的实际利率急剧下降的唯一站得住脚的解释，而且降低政治风险的重要性还被证明是肯尼亚的重要启示。

我从哥伦比亚大学研讨会上获得的关键点是，政治风险是一件多姿多彩的事物。被征收风险与社会分化和潜在内乱引发的风险不同。大企业和小企业对政治风险的应对也可能不同，这取决于它们所获得的政治庇护的大小。此外，有一些人可能兼有商业精英和政治精英的身份。这些细微的区别非常重要，因为它们对私人投资者的行为都有不同程度的影响。正如一位教授指出的，肯尼亚的关键问题在于需要了解社会凝聚力是如何受损的。简单的重新分配可能不够，因为在地方层面很有可能存在暴力团体有罪不罚的现象。这意味着我们需要对肯尼亚的政治风险进行更深入的分析。无论如何，2003—2007 年的经验都指出了以下几个最基本的目标：（a）继续对公共财政进行良好的管理；（b）继续采取措施以切断政治和商业之间的联系；（c）确保公正的、非暴力的选举。

世界银行是否会在 2006 年 2 月将贷款发放给肯尼亚呢？经济分析显示，2002 年 12 月的选举结束后，肯尼亚的公共财政管理呈现出良好的状态，私营部门对腐败的减少和政治风险的下降有了积极的看法。在这种情况下，发放贷款的另一种办法是实现有功则赏，同时传达一个信息："如果不能巩固政治稳定和社会凝聚力，那么就忘了在《肯尼亚 2030 愿景》中的 10％的增长目标吧"，并就此开展公开辩论。[10]这可能产生强有力的效果并进一步表明了，对于像肯尼亚这样的国家而言，降低政治风险和增强社会凝聚力与巩固经济基础同样重要。

【注释】

[1] "Wolfowitz 'to target corruption'." BBC News, February 7, 2006. http://news.bbc.co.uk/2/hi/business/4688022.stm.

[2] 来自 Steeves（2006）的摘要。

[3] 这大部分是基于 2006 年在内罗毕与特里·瑞恩（Terry Ryan）教授的长时间对话。他被认为是莫伊时代市场化改革背后的推动力量。

[4] Warutere（2005）.

[5] 2007 年财政赤字占 GDP 的 3％以上，2008 年接近 6％，2008 年受到 2007 年 12 月灾难性的总统选举和全球金融危机的破坏。

[6] 这个表述借鉴了 Frankel and Mc Carthy (1988) 的观点。

[7] 从本质上来说，从专栏 3.2 的方程（iv）的名义利率和名义增长率中减去通货膨胀率可得方程（5.2）。另见附录 2 中对方程（A9′）的推导。

[8] 这一时期的选择是由实用性决定的：我们在研究时，有一个一致的、未经调整的数据系列，即 2006—2007 年。

[9] 索德波姆（Soderbom, 2004）报告指出：整个 1999—2002 年企业层面的 TFP 平均增长了 7%（但从统计上看，与 0%没有显著差异）。使用类似的方法，ICA（世界银行，2007）报告了制造业企业在 2002—2006 年这一期间统计意义上的 TFP 显著增长了 15%。

[10] 本书提到的肯尼亚 2007 年 10 月的《肯尼亚 2030 愿景》是在 2007 年 12 月的选举之前三个月出版的。

第六章
意料之外的印度经济的腾飞

整个经济的增长速度并不是一件易于观察的事情。

——小罗伯特·E. 卢卡斯（Robert E. Lucas Jr.，
1988，p. 13）

如果一个国家上一年度的经济增长率不到 4%，本年度经济增长率翻了一番，超过 8%甚至维持在更高的增长率水平，你可能会认为这么高的经济增长率一定会有人事先预料到，尤其是当这种情况发生在印度这个总人口超过 10 亿、聚集了全世界 25%的贫困人口的国家时。事实上，印度在 2003/2004 年确实发生了上述情况，然而无论是世界银行、国际货币基金组织，还是所有关注印度的经济学家，甚至是印度政府，都没有预料到这样的高增长。

为什么没有人预料到呢？因为经济急剧增长的时机不符合传统观点：印度政府债务占 GDP 的比率从 1980 年的不到 50%上升到 2002/2003 年的 80%以上，财政赤字占 GDP 的 9%～10%，政府债务的实际利率不断上升，1997 年后增长速度放缓，这时该国本应该正处于爆发宏观经济危机的边缘，而不是经济飞速增长。在 2003 年印度经济开始腾飞之前，2000 年初有经济学家曾发表观点，谈及了印度肆意的财政赤字、随时可能到来的经济危机以及被错过的发展机遇。世界银行在 2003 年世界发展报告中指出,印度爆发危机的可能性不大,但是当前的财政状况遏制了经济增长。[1] 应该进行财政调整,以增加人们的收入,减少食物、化肥和能源补贴的浪费,改良公共支出的结构,从而促进经济增长。

人们没有预料到,经济增长的另一个原因看起来可能有点愚蠢。经济学家倾向于研究专业知识并得出宏观经济学的标准结论,认为政府债务和赤字的增加会通过挤出效应、不确定性和高利率影响私人投资。事实上,印度 1997 年后的私人投资增速放缓进一步证实了这个观点。但是微观经济层面更深层次的事实被忽略了:改革让印度企业更具备国际竞争力。急剧增长的一个显著特征是制造业驱动了增长。制造业的增长速度从持续 6 年 2%一跃为 2003/2004 年的 7%,并在接下来的两年维持在 8%~9%的水平。制造业是印度最主要的税收来源部门,也是出口的关键。印度的服务业持续 6 年增长率高达 8.4%,随后 2003 年 4 月增长率维持在9%~10%的范围内。这样的高增长率令人印象深刻,但并不是经济急剧增长的根源。为了促进经济,1991 年出现国际收支危机之后,印度开始大范围实行改革开放。这样的改革虽然会给财政带来一些负面的影响,但最终也会推动制造业的企业重组。

本章对印度 2003 年经济增长腾飞的解释要追溯到 1991 年的改革措施及其滞后效应。1997 年后公共财政之所以恶化,不是因为财政浪费,而是因为 1991 年改革所累积的(宏观财政)支出。滞后(微观经济)效应表现为企业和银行的发展,为 2003 年的经济复苏打下了基础。上述观点来源于 2003 年和 2006 年两份关于印度的世界银行报告[2],其本质是说明宏观上财政和债务情况与微观上企业层面的重组决策之间的相互依赖关系,而不是当时普遍认为的财政挥霍导致了较低的经济增长率。专栏 6.1 列出了第二章和第三章与印度相关的分析链接。

◇◇◇

专栏 6.1　　　　　　　　　**印度——分析链接**

本章分析的难题是印度如何在不断恶化的财政状况下不仅避免

了宏观经济危机，而且在 21 世纪初突然出现了快速的经济增长，这显然是违背经济逻辑的。对这个难题的"解答"可以参考第二章和第三章的思想以及附录 2。

第一，21 世纪初期，赤字增加、实际利率开始超过增长率，根据定义，政府债务是不可持续的［从方程（A9′）可以看出］。但是政府不太可能就此破产，因为印度在 1991 年出现国际收支危机之后建立了大量的外汇储备：资金的高流动性给政府留下了时间补救。相反，俄罗斯在 1998 年（我们将在第七章中探讨）不仅债务不可持续，同时外汇储备低，因而表现出非常高的违约和货币贬值风险。

第二，印度的经验表明债务的不可持续与资不抵债是不同的，在专栏 3.1 也有提及。债务变得不可持续很大程度上是源于改革成本：进口和金融抑制税大幅下降，后者有利于提高实际利率。因此，改革效益会以更快的增长、更多的未来税收的形式呈现，未来财政盈余的现值上升，以确保偿付能力。

但是，第三，目光短浅的国际资本市场并不足够重视未来财政盈余，这可能会导致危机的爆发。印度规避了危机，这归因于该国高额的外汇储备和放缓的资本账户开放。此外，国有银行持有绝大多数的政府债务，防止了无序的抛售。

第四，从最终经济的急剧增长可以得出宏−微观联动的两个特征，这对政府跨期预算线（GIBC）至关重要：（ⅰ）联动作用的发挥存在长期时滞，造成宏观财政改革入不敷出，微观经济利益出现得更晚（在此过渡期间高额外汇储备和逐步开放的资本账户可以降低脆弱性）；（ⅱ）路径依赖，特定阶段好的（或坏的）经济产出应归因于该阶段所实施的政策。例如，20 世纪 90 年代后期经济状况开始恶化的这种情形。

第五，印度 2002—2007 年的"十五"计划中增长目标接近 8％，而在"九五"计划期间实际的平均增长率是 5.4％（India, Planning Commission 2002，p. 30，table 2.7）。这是一个重大的进步，它引出了两个相互关联的问题：（ⅰ）"十五"计划提出储蓄占 GDP 的 6％，在经济增长率尚未提升的情况下，能达到这么大的提升幅度吗？
（ⅱ）如何逆转资本的边际收益递减？专栏2.2表明，储蓄率不仅要
大幅提高才能实现更高的经济增长率目标，还要持续上升，直到经
济增长率超过稳态的增长率。这意味着对政策的关注会引发自我维
持的增长。印度贸易的自由化、进入壁垒的降低加剧了产品市场的
竞争，促进了生产率的提高——和波兰早期的改革情况一致——加
快了经济的增长，推动了储蓄率的上升，如图2-1所示的印度和
中国。

表6-1将1985—2007年分为五个阶段，以第一阶段为基准。
1980年代后期经济复苏，财政赤字上升，政府债务不可持续。[3]

表6-1　　　　　印度经济的时间表（1985—2007年）

阶段	大事件	结果
1985/1986—1989/1990年（基准期）	后半阶段财政赤字占GDP的比率一跃为9%～10%，上升幅度达6个百分点。	债务占比上升了25个百分点，1980年代后期债务动态不可持续。a
1990/1991—1991/1992年（转折点）	伊拉克入侵科威特造成油价上涨，引发国际收支危机。	1991年7月卢比贬值。增长放缓，而债务占比又上升了7个百分点。
1992/1993—1996/1997年（"八五"计划）	危机刺激了宏观经济改革和结构性改革，后者旨在开放经济。	经济复苏，财政赤字缩减，债务占比从81%下降到68%。
1997/1998—2001/2002年（"九五"计划）	改革势头减弱，人们开始质疑财政挥霍，担忧危机的爆发。	增长放缓，财政赤字上升，债务占比回到81%，财政赤字不可持续，实际利率赶超增长率。
2002/2003—2006/2007年（"十五"计划，2003年以后经济的腾飞）	第十二届财政委员实施了全国财政改革；《财政责任和预算管理法案》（Fiscal Responsibility and Budget Management Act）于2004年年中生效，目标是减少债务、增加政府储蓄；实施了税收改革和税收收入的动态化。	增长率从2003年开始上升，债务占比在2003年4月达到87%的峰值后开始下滑。增长加速找不到直接的政策原因。

a. 本章中的"债务"是指中央政府债务和地方政府债务的总和。

这导致了 1991 年的国际收支危机，成为印度经济的转折点。改革的第一步就是从几乎封闭的经济转变为开放经济——但是资本账户的开放速度非常慢，稍后会证明这是一个非常明智的做法。改革包括对外开放贸易、直接投资和国内投资。税收改革的第一步是缓和金融抑制及国内资本市场的自由化。为了避免再次爆发国际收支危机，政府决定建立外汇储备，采取更灵活的汇率制度，并发行长期卢比债务。

"八五"计划期间的经济产出是非常鼓舞人心的——这是改革开始之后的第一个五年——如表中的第 3 行所示。[4]然而"九五"计划期间，情况发生了逆转，回到了政府债务不可持续的状态。最后，2003—2004 年，排除万难，实现了经济的腾飞。其他国家的改革中也很难找到类似的情况，这次经济腾飞应归因于 1991 年国际收支危机之后一直持续实施的改革措施。

表中列出的大事件引发了三个问题：

（1）印度政府债务占 GDP 的比率高达 80％以上，且债务动态不可持续，而俄罗斯和阿根廷等新兴市场国家的债务占比相对印度"适度"得多，但它们在 1997 年后都成为危机的受害者，印度是如何独善其身，规避危机的爆发的？

（2）政府是否应该为"九五"计划期间的财政挥霍进而增长放缓承担责任？

（3）大家都预测 2003 年会爆发危机，为什么这时候反而实现了经济的腾飞？

印度是如何规避 1997 年后的
宏观经济危机的？

答案从 1991 年开始。关于国际收支危机为什么没有转变为全面的宏观经济危机，没有很好的解释。政府债务不可持续（Buiter and

Patel，1992)、外汇储备少、固定汇率是全面爆发宏观经济危机的固定表现。阿根廷、俄罗斯和土耳其等新兴市场国家的实践证明，这一固定表现将债务—银行—汇率三大危机组合在一起，是致命的。由于 1991 年印度没有发生债务危机，所以我们可以推断，尽管政府债务是不可持续的——呼吁改革和政策的转变——政府仍具备偿债能力。基础盈余将会一直上升，且印度的通胀水平是合理的，能够及时偿还外债。印度居民对政府机构，尤其是银行一直信心十足。卡门·莱因哈特、肯尼斯·罗格夫和米格尔·萨瓦斯塔诺（Carmen Reinhart，Kenneth Rogoff and Miguel Savastano，2003）认为，印度是一个债务容忍度较高的国家。这些都是解释印度自 1991 年后未发生重大危机的原因，但是都涉及了事后的合理化。

讽刺的是，尽管有研究草率地预测了财政账户的可怕后果，但是解释为什么印度在 1997 年后未发生债务危机显得更为容易。[5] 这得追溯到 1980 年代后期，政府债务不可持续，不仅出现了大额的基础赤字，而且伴随着金融抑制的极大缓解，较高的实际利率开始产生连锁反应。T. N. 斯里尼瓦桑（T. N. Srinivasan，2002，p. 68）写道："当经济看上去终于实现了持续的、快速的增长时，反而会出现不合情理的危机。"[6] 一些财政状况更合理的新兴市场国家仍遭受了危机，而"九五"计划期间的印度却避免了危机的爆发——并且有充分的理由。

"九五"计划期间与 1991 年前最大的区别在于政府政策转为以卢比计价的债务，并在 1991 年危机之后建立了外汇储备。印度与 1997—2001 年经历危机的新兴市场国家相比，最大的区别在于相对于短期外债而言，印度的外汇储备高，采用浮动汇率，政府对以本币计价的长期债务的容忍度高，很大程度上不存在公司和银行的资产负债表的货币错配。最后一个因素是资本账户的缓慢开放。世界银行在 2003 年发展政策评论中指出，即使印度没有处于爆发危机的边缘，其公共财政也不利于增长的最大化，不利于实现"十五"计划的目标，正如印度计划委员会所总结的那样。其中一部分原因与财政赤字有关，包括挤出效应和宏观经济的不确定性，发展支出和资本支出的减少，政府储蓄的下降。但其国际流动性仍处于安全的水平。外汇储备从 1989/1990 年底的 40 亿美元一跃增长到 2002/2003 年底的 750 亿美元。广义货币相对储备的比率从 37 下降到 4.7，同期短期外债相对于储备的比率从 3.65 下降至 0.18。尽管财政状况恶化，但是印度具备良好的流动性和信用记录，遭受投机攻击的可能性并不大。[7]

政府是否应该为"九五"计划期间的"坏"结果而承担责任？

批评"九五"计划的原因有两个：改革进程放慢和财政挥霍。备受称赞的"八五"计划期间进行了密集的改革，这些改革是渐进的，带给人们两点启示：第一，改革可能没有获得足够快地改变企业、银行的行为所需的公信力和民众基础；第二，改革仅在"九五"计划期间才开始尽力从两个重要的方面展开：缓解金融抑制（这意味着政府债务的利息支出增加）；贸易自由化。1996 年关税下降的幅度足够大，给企业带来了更大的压力，促使企业提高效率，本章稍后会具体说明。"九五"计划期间最先承担了 1991 年开始实施的改革措施的成本。

为了阐明对财政挥霍的控诉，我们用专栏 3.2 中的方程（iv）来说明改革的效果。该方程说明了债务占比 d 如何随着时间的推移而变化。基础赤字可以表示为资本支出（k）加上非利息经常性支出（n）再减去总的间接税，如关税、消费税（τ）和其他税收（t），均以 GDP 的比率表示。金融抑制本质上意味着政府以低于自由市场的利率来借款，政府的名义利率表示为 $i = i^m - \phi$，其中 i^m 表示自由市场的名义利率，$\phi > 0$ 表示金融抑制税。因此，

$$\dot{d}=[k+n-(\tau+t)]+[(i^m-\phi)-g^N]d \qquad (6.1)$$

等式右边第一个方括号表示基础赤字，第二个方括号表示金融抑制的隐含收益，简单来说就是 ϕd，而 g^N 是 GDP 的名义增长率。根据方程（6.1）收集财政数据，如表 6-2 所示。第 1 列给出了财政赤字的构成。第 2 列、第 3 列分别表示基期和"八五"计划期间的实际产出。

表 6-2　　　　1985/1986—2006/2007 年的财政调整
（每个阶段的年平均值）

	基期 (1985/1986— 1989/1990 年) 占 GDP 的比率 (%)	"八五" 计划期间	"九五" 计划期间	"十五" 计划期间
		相对于基期（个百分点）		
1. 资本支出	6.6	−2.9	−3.3	−3.1
2. 非利息经常性支出	18.3	−1.9	−0.6	−1.1
3. 收入	19.4	−1.5	−2.5	−0.4
4. 基础赤字（行1+行2−行3）	5.4	−3.3	−1.5	−3.8
5. 利息支出	3.8	+1.3	+1.9	+2.3
6. 财政赤字（行4+行5）	9.2	−2.0	+0.4	−1.5
实际 GDP 年均增长率（%）	6.4	+0.2	−1.0	+1.5

资料来源：Pang, Pinto and Wes（2007）；世界银行.

先看第 3 行"收入"。基期的平均收入占 GDP 的 19.4%，"八五"计划期间下降了 1.5 个百分比，即平均收入占 GDP 的 17.9%。最后一行显示实际 GDP 年均增长率上升了 0.2 个百分点，从而可以推断出上述收入的减少是源于税收改革。事实上，税收改革为了提高经济效率和竞争力，降低了税率，导致关税和消费税（τ）大幅减少。

接下来看第 5 行"利息支出"。财政赤字占 GDP 的比率从基期的 9.2% 大幅下降至"八五"计划期间的 7.2%，本应该减少借款需求，降低利率而不是提高利率，降低政府偿还债务的利息支出，但实际上利息支出占 GDP 的比率反而上升了 1.3 个百分点。事实上，稍后我们将会在本章看到，"八五"计划期间债务占比平均每年降低 2.5 个百分点。因此，我们可以将利息支出占 GDP 的比率上升的这 1.3 个百分点全部归因于金融抑制的逐步消除。间接税和隐性金融抑制税导致税收收入的损失大约占 GDP 的 3%。[8]如表中第 1 行所示，最终政府通过削减资本支出（降低 2.9 个百分点）来弥补损失的缺口。

后面进入了饱受诟病的"九五"计划期间。从表中可以看出，"九五"计划期间的收入相对于"八五"计划期间下降了 1 个百分点，而利息支出占 GDP 的比率上升了 0.6 个百分点。改革是渐进的，因此我们可以推断出，"八五"计划期间改革引起的收益损失至少是 GDP 的 3%，很可能接近 4%。相对于"八五"计划期间，"九五"计划期间的经济增长率下降超过 1 个百分点，而财政赤字占比上升超过 2 个百分点，这导致人们开始指责改革进程放缓、财政挥霍。

对财政挥霍的指控起因于第五支付委员会（the Fifth Pay Commission）提出的针对政府雇员的薪酬奖励建议（于 1997 年开始执行）。它的影响在于：首先，使政府支出占 GDP 的比率最多提高了 1.3 个百分点，体现为"九五"计划期间非利息经常性支出相对于"八五"计划期间上升——大约占改革引发的税收收入损失的三分之一。[9]其次，确定了印度政府部门工资——过去很多年工资并没有实际增长，现在突然进行了调整。1997 年的调整导致政府的工资支付大幅上涨，效果会一直持续到下一次工资大调整。此外，与基期相比，"九五"计划期间主要支出占 GDP 的比率减少了 4 个百分点（资本支出占 GDP 的比率减少了 3.3 个百分点，非流动性支出占 GDP 比率减少了 0.6 个百分点），这并不是财政挥霍。

回到方程（6.1），很容易看出"九五"计划期间的财政发生了什么：表 6-2 显示，基础赤字从基期的 5.4% 下降到"八五"计划期间 2.1%，然后在"九五"计划期间又上升到 3.9%。这些连同政府债务市场自由化进程带来的利率上升、增长率下降，一起造成了债务的不可持续。专栏 6.2 对此做了进一步的探讨。

◇◇

专栏 6.2   "不可持续的债务"是什么意思？

让我们再来看一下附件 2 的方程（A9′）：$\dot{d}=pd+(r-g)d$，其中 d 是债务占比，pd 是基础财政赤字占 GDP 的比率，r 是实际利率，g 是实际增长率。如果 $pd>0$，那么存在基础赤字；$r>g$，即实际利率高于增长率，那么任意 d 均使得 $\dot{d}>0$。在没有政策变化的情况下，债务占比将会一直毫无障碍地上升。

这是否意味着债务的不可持续？理论上说，是的，因为 d 可以无限制地上升，但我们需要具体分析。例如，如果债务占比 d 从 20% 开始且政府正在大力投资基础设施建设，那么即使债务占比每年上升 3 个百分点，也不会成为引发关注的直接原因。

现在以印度为例。"九五"计划初期，d 约为 70%，基础财政赤字 pd 约占 GDP 的 4%。已知方程（A9′）中的所有其他变量，我们可以计算出隐含的实际利率 r。结果表明（Pinto and Zahir，2004，p. 1041，figure 2），隐含的实际利率远低于"八五"计划期间的经济增长率，有助于抵消基础赤字对 d 的影响；但随着金融抑制的缓和，"九五"计划期间实际利率快速赶超了增长率。[a] 这意味着债务占比从 70% 的初始水平开始每年至少提高 4 个百分点，在增长率没有大幅上升或缺乏成熟的财政政策修正的情况下，这种增长显然是不可持续的。

a. Rangarajan and Srivastava（2005）也做过类似的分析。

◇◇

表 6-3 提供了更多的证据，其中包含类似于第 5 章肯尼亚的债务分解。表 6-3 将债务占比变化分解为基础财政余额、经济增长率、利率、汇率等因素。根据定义的 5 个阶段显示结果。[10]

表 6 - 3 　　　　1985/1986—2006/2007 年影响债务占比上升的因素
（每个阶段的年平均值，占 GDP 的比例）

阶段　　　债务占比的变化　　影响因素	基期	危机期间[a]	"八五"计划期间	"九五"计划期间	"十五"计划期间
	3.5	3.6	−2.5	2.5	0.0
1. 基础赤字	5.4	3.8	2.1	4.0	1.6
2. 实际 GDP 增长率	−3.7	−2.4	−4.7	−3.6	−6.2
3. 实际利率	−0.3	−2.0	0.3	2.8	2.9
4. 实际汇率	0.2	1.9	0.1	0.3	−0.3
5. 其他因素	1.8	2.4	−0.4	−0.9	2.0

a. 危机期间指国际收支危机发生及之后那段时间，即 1990/1991—1991/1992 年。
资料来源：Pang，Pinto and Wes（2007）；世界银行。

与其他新兴市场国家特别是遭受严重危机的国家相比，印度实际汇率的影响小（不包括危机期间），金融部门资本重组成本微不足道，因此没有出现在表格中。[11]有两点很有趣：第一点是，（如第 3 行所示）随着金融抑制的缓和，实际利率对债务的贡献在"八五"计划、"九五"计划、"十五"计划期间一直持续。"十五"计划期间，实际利率每年将政府债务占比提升 3 个百分点，同时全球利率正处于历史性的最低点，基础赤字相对于"九五"计划期间也在持续降低。这表明金融抑制的缓和刺激了更高的偿还利率。第二点是，2003 年以后增长加速，产生了实际影响。"十五"计划期间，每年仅依靠更快的经济增长就将债务占比降低了 6 个百分点以上，基础赤字也降到了"九五"计划期间的水平——这是更快的经济增长和更高的税收收入的结果。

因此，针对"九五"计划期间的事实，更温和的、更多人支持的解释是：1997 年以后税收改革导致税收损失加剧，金融抑制的缓和导致实际利率上升，因而财政赤字提高，政府债务动态恶化。为了弥补损失，如表格所示，削减了资本支出，这对私人投资产生了负面影响，从而减缓了经济增长。[12]私人投资放缓的另外两个原因是：为了应对 1997 年以后的东亚危机，货币政策收紧，实际利率上升；进口竞争加剧给企业重组带来了一定的压力。上述解释给我们提供了经济增长和 2003 年经济腾飞的微观基础。

为什么在 2003 年出现了经济腾飞？

2003 年之所以出现了经济腾飞，是因为 1997 年认真执行的企业层面的重组直到 2003 年才开始显示出成效。这个观点我曾经在于 2005 年 11 月在印度孟买举行的与私人银行的 CEO、知名信用评级机构的负责人、工业大国的首席经济学家的一次会谈中谈及。我们一致认为，进口竞争源于关税降低的驱动力。这提出了两个问题。第一，为什么企业不在 1991 年就开始着手重组呢？第二，为什么在 1997 年开始重组之前，即"八五"计划末期，即图 6 - 1 所示的 1995/1996 年和 1996/1997 年，会出现私营部门投资的大幅提升呢？[13] 这两个问题的答案是相关的。

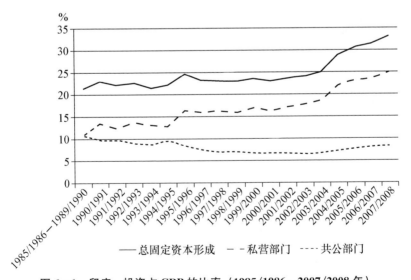

图 6 - 1　印度：投资占 GDP 的比率（1985/1986—2007/2008 年）

资料来源：Ministry of Finance，*Economic Survey*.

企业没有立即开始重组的原因与改革的渐进性有关。进口关税的有效税率（关税除以进口总额）下降缓慢，从 1990/1991 年的 50％下降到 1996/1997 年的 30％，抑制了进口竞争。然而，到 2004/2005 年，有效关税税率已经下降到 8％，显然，这时进口自由化势在必行。推迟重组的另一个重要原因是，似乎在 1991 年之后的几年里现有企业都压制了自己的优势。在印度，人们普遍将"八五"计划期间私人投资的"井喷"归因于工业机构和金融机构，而不是商业。少数几家大型工业企业利用自身与国有开发性金融机构（development finance institution，DFI）或 DFI 的特殊关系主宰了这种情形。DFI 提供长期投资基金，流动资金来自国有商业银行。

纳奇凯特·莫尔等（Nachiket Mor, R. Chandrasekhar and Diviya Wahi, 2006）将 1991 年后自由化的缓慢进程描述如下：

● 部分由于财团融资制度，但主要是由于企业家和银行家对于在自由化的经济环境下如何运作没有任何经验，因而几乎每个提交上去的融资项目都被接受了。结果，这个制度创造出了一个又一个行业的产能（这很有可能表现为增长率数字）：在主要由 DFI、部分由 CB［商业银行］提供的大量贷款中，绝大部分流向了钢铁、人造纤维、造纸、水泥、纺织、酒店、汽车等行业，尤其是纺织、化工、食品饮料和金属等行业［出现］了产能过剩。[14]

同样，拉凯什·莫汉（Rakesh Mohan, 2004）也观察到："1990 年代中期投资活动的兴盛也会导致产能（包括一些没有竞争力的产能）过剩，反而降低了利润。这也从另一个方面解释了这个阶段的股市表现不佳的原因。"

如图 6-2 所示，根据孟买证券市场上市公司样本的资产回报率（ROA）计算的盈利能力初始值很高，在 12％左右。国内竞争的加剧带来进口竞争的加剧，结果导致盈利能力不断下降。国内产业管制逐步放松、进入壁垒逐步消除，导致私人企业数量从 1992 年的

249 181 家迅速增长到 1997 年的 449 730 家。[15]

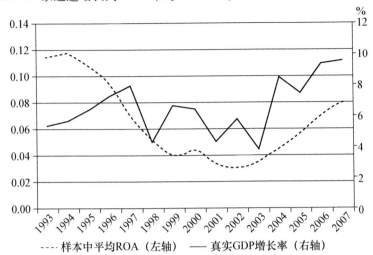

图 6-2 印度：1993—2007 年企业利润和 GDP 增长率

资料来源：Mody, Nath and Walton (2011，p.14，figure5).

私营部门投资在"八五"计划期间的最后两年大幅增长，在随后的"九五"计划期间增长势头减缓。诺沙德·福布斯（Naushad Forbes，2002）将 1996—1999 年的增长减慢归因于：

● 繁荣时期投资决策不佳是主要原因。在短缺经济中，企业大量投资于钢铁、化肥、水泥、石油化工、铝等行业，产能的增长远远高于市场的需求。在"九五"计划期间的后四年，随着工业增长放缓，面对进口竞争和利润下降的双重压力，这时企业被迫认清哪些投资才是他们真正希望保留的。

1990 年代的主线是进口竞争削减了利润，迫使公司在 1997 年开始重组。[16]6 年之后，即 2003 年重组的效果得以体现，经济开始腾飞。微观情况反映了宏观经济的一面："八五"计划期间国内管制的放松和业务关系的建立，有利于私人投资，使公司得益于贸易自由化进度的放缓，有机会参与投资热潮，提高盈利能力。相比之下，"九五"计划期间进口竞争加剧导致利润下降，公共基础设施投资由于"挤入"效应持续削减，这些都影响了私人投资。因此"八五"

计划期间的私人投资热潮由于企业遇到的困难无法持续到"九五"计划期间，造成企业在"九五"计划期间进行重组。

对谜题的解释

2003 年经济快速增长后，紧接着就出现了政府债务的持续恶化，人们普遍认为会发生财政危机。我们对这一困惑的解释在于重新诠释了 2003 年经济快速增长之后的 6 年里财政和债务恶化的结果。由于改革的渐进性，1997 年后金融抑制加剧。这些结果不是一种金融浪费，而是一种由贸易、消费和金融抑制税所带来的与改革相关的收入损失。随后的增长源于企业的重组，是改革的滞后效应。企业重组的动力源于消除了进口竞争、进入壁垒，印度企业面临利润下降的压力。

改革的长期滞后——1991 年改革开始（企业开始严格的重组）后的 6 年，以及经济腾飞的前 6 年——引出了转型成本的问题。在图 6－3 中，下方曲线显示了 1991/1992 年至 2004/2005 年实际债务占比的变化趋势。债务占比先下降，1997/1998 年开始上升，在 2003/2004 年当经济开始快速增长时再次下降，这与本章之前的讨论一致。图中上方的曲线表示如果政府资本支出维持在 1991 年之前的水平而其他所有变量维持不变时债务占比可能的变化轨迹。[17] 两条曲线之间的距离表示改革的累积成本，即削减资本支出以抵消改革带来的收入减少所引发的成本。2003/2004 年增长恢复，累积成本竟然占 GDP 的 38％。

在如此高昂的累积成本下印度却没有发生宏观经济危机，这是一个奇迹，凸显了资本管制和渐进的国内金融自由化的作用。如果早在 1991 年危机之后印度就开始开放资本账户和国内金融体系，那么印度就会和那些开放资本账户、债务不可持续的新兴市场国家一样，遭遇灾难性的后果。

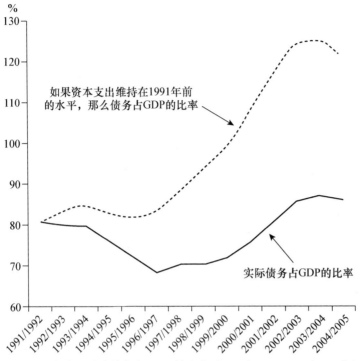

图 6 - 3　印度：政府债务占 GDP 的比率 （1991/1992—2004/2005 年）
资料来源：根据世界银行数据计算得出。

　　一个重要的问题是，1997 年开始的企业层面的重组能否带来永久的收益？大田弘子（Hiroko Oura，2007）利用类似于附件 1 所列的增长计算框架，估计了印度的长期潜在增长率。中期潜在增长率约为 8%，而 TFP 的增长从 2003 年开始加速。《IMF 2006 年秋季世界经济展望》（*The IMF's Fall* 2006 *World Economic Outlook*）中指出，2002—2005 年 TFP 增长率为 3.5%，而 1982—2001 年只有 1.5%。波达尔等（Tushar Poddar and Eva Yi，2007）估算 2003—2005 年 TFP 增长率为 3.5%，是 1980—1989 年、1990—1999 年的两倍多。从公司层面开始重组到获益，中间存在长期的滞后，这样看来，上述情况也就不那么令人惊讶了。

印度的经验教训

第一，难以确定公共财政与经济增长之间的复杂联系。将 1997 年之后宏观经济政策结果的恶化归因于政策的失误而不是改革的累积财政成本，这是导致未能预测到印度经济快速增长的部分原因。已有的关于增长的文献认为，宏观经济变量，如财政赤字和通货膨胀，有利于经济增长的回归，而在印度的实践中，由于财政状况的恶化，这些变量可能导致经济的衰退。与一般的回归相比，滞后时间更长，我们无法确定政府预算限制的跨期，也无法确定微观经济效应的积极性。

第二，在经济腾飞之前可能涉及长期滞后和相当大的前期改革成本，政府债务显然是可持续的。如果债权人将债务暂时的不可持续与破产混为一谈并决定撤资，那么这种市场短视可能会使调整过程脱轨。（如果 1997—2002 年印度就已经完全开放了资本账户，就会出现这种情况。）同样重要的是，长期滞后不代表改革无效。

第三，由于印度在资本账户开放、国内金融自由化方面谨慎行事，全面爆发危机的可能性被最小化了。卡洛斯·迪亚兹-亚历山卓 (Carlos Diaz-Alejandro) 在 1985 年的论文（参见后文附录 8.1）中提出了一个反对提前开放资本账户的有力论据：提前开放资本账户有可能恶化投资，造成危机，特别是在国内金融体系薄弱的情况下。印度的经验表明，缓慢的资本账户开放不仅可以避免这种脆弱性，还能在两方面有所帮助：（1）通过降低危机发生的风险来缓和企业和银行的调整，从而使经济更加开放；（2）用有效的税收逐步取代贸易和金融管制税，如果贸易和金融管制税是重要的税收来源，那么这是一个重要的考虑因素，就像印度的情况一样。

第四，判断债务动态是否"安全"和跨国比较宏观财政基础的首要法则是有限的价值。尽管与那些最终遭受重大经济危机的国家相比，印度的财政和债务指标都非常不利，但它避免了1997年之后的危机。1991年后印度的自我保险战略（建立外汇储备、转向以本国货币计价的债务）影响了一些国家，如巴西和土耳其2000年以后的政策，这个话题将在第九章中讨论。这三个国家（包括印度在内）公共投资的减少引起人们开始关注所谓的"财政空间"对长期增长的影响，我们将在第八章中讨论。

结　语

印度的快速增长，储蓄、投资和非金融部门盈利能力的上升趋势均一直持续到2008—2009年全球经济大衰退。印度从全球金融危机的影响中迅速恢复。但是2012/2013年印度的增长率降至5%，这是10年来的最低水平。发展进程中巨大的挑战依然存在，从加强治理和机构改革（在国家及以下各级）到增加政府储蓄、改善基础设施和改革劳动力市场——更不用说利用印度的人口优势。紧急优先事项包括实施高效的《土地征用法案》（用于补偿征用私人所有者的土地作为公用，如修建道路，这对下一阶段实现工业化至关重要）；批准实施商品及服务税，这需要修正宪法和额外的税收动员；能源部门定价及监管改革，从而增加对电力行业的投资。的确，电力短缺被视为制约经济增长的最严重的因素。

还记得专栏3.1和专栏6.1中关于偿付能力与可持续性的讨论吗？20世纪初印度出现了暂时性的不可持续，这与1991年国际收支危机引发的改革的财政成本有关，随后经济的腾飞和更高的未来税收预期确保了偿债能力——这是本章的要点。事实证明，IMF（2013）在2013年2月的报告中指出，印度的潜在增长率从8%～9%降至6.5%，商品和服务税（GST）的实施使税收恢复到全球危机爆发之前的水平，保证更有利的债务动态是关键的一步。微观经济改革将印度的潜在增长率恢复到8%～9%的水平也同样重要，阿洪和阿苏迦·莫迪（Ashoka Mody）等提出，通过提高管理和治理能力，将关注的焦点集中在国内竞争力上。换言之，政策的任务已转变为确保政府跨期预算约束的稳健性、通过微观调控三重奏建立有利的宏-微观联动。这个任务更加困难，因为印度当前在贸易和金融联系方面比以往任何时候都更加开放。在这样的环境下保证金融稳定并实现经济增长将是一个重大挑战，但可以借助 1991 年危机后打下的基础，参见拉凯什·莫汉在 2011 年的著作。

【注释】

[1] 世界银行（2003a）认为印度没有爆发危机有两个原因：一是印度已经建立了强大的外汇储备以缓冲危机；二是印度资本账户的开放进程非常缓慢，而银行也大部分归国有。

[2] 这两份报告均是对发展政策的回顾，是对印度政府在增长、脱贫领域的政策的综合评估。我与庞高波（Gaobo Pang）、玛丽娜·韦斯（Marina Wes）和法拉·查希尔（Farah Zahir）一起研究了宏观财政方面。

[3] 参见 Willem Buiter and Urjit Patel（1992）中的深刻见解。

[4] 对于不知情的读者来说，表中"计划"一词并不意味着在 1960 年代—1970 年代存在政府对经济的控制。

[5] Acharya（2001，2002a，2002b），Ahluwalia（2002a），Srinivasan（2002）.

[6] 不止斯里尼瓦桑教授一个人对增长表示担忧。还可参见 Ahluwalia（2002b）；India，Planning Commission（2002，ch.2）；World Bank（2003a）；Pinto and Zahir（2004）。

[7] 数据来源于 Pinto and Zahir（2004，table 1）。

[8] Giovannini and de Melo（1993）和 Kletzer and Kohli（2001）的估计表明，单单金融抑制造成的税收损失就已经达到了 GDP 的 3%。

[9] 薪酬奖励建议被认为是"过去十年里造成印度公共财政紧张的最大的负面冲击"，是一项造成"财政挥霍"的法案（Godbole，1997；Acharya，2001）。

[10] 因此，在基准期间，年均债务占比上升了 3.5 个百分点，年均基

础赤字贡献了 5.4 个百分点；而"八五"计划期间后，年均债务占比下降了 2.5 个百分点。

[11] 在爆发危机的新兴市场国家中，实际利率崩塌、银行救助的财政成本是债务占比提高的主要原因，增长的崩塌是次要原因。见 Budina and Fiess（2004）。

[12] 印度外汇储备银行（2002）认为，对基础设施的公共投资是对私营部门投资的补充。

[13] 图 6-1 的起点是基准期的平均投资率。

[14] 方括号内为补充说明。

[15] Topalova（2004，p. 28，table 1）.

[16] Aghion et al.（2005），Mody，Nath and Walton（2011），Topalova and Khandelwal（2011）在计量经济学研究中强调了竞争的作用。

[17] 如果没有削减政府投资，增长有可能加速；但同时利率也会更高，从而进一步减缓了增长。一个积极开放的政府会把公共财政置于可控的轨道上，以实现更快的经济增长。

第七章
俄罗斯的经验重写了教科书

> 斯坦利·费希尔认为，俄罗斯实现了宏观经济的稳定……
> 而 IMF 则坚定地认为，俄罗斯的实际增长率被低估了，很快就
> 会公布官方数据……俄罗斯的前景如何？在斯坦利·费希尔看
> 来，一般来说，两年内该国实际 GDP 会非常稳定。
>
> ——摘自斯坦利·费希尔在美俄投资研讨会上所做的最终报告
> 哈佛大学，1997 年 1 月

1997 年 1 月，斯坦利·费希尔提出这一立场是非常合理的。俄罗斯已经经历了 1990—1995 年产出高达 40％ 的严重下降。随着通货膨胀的见底，唯一合理的预期便是，产出已经触底，即将开始反弹。

唉，可惜实际情况并不是这样。我在 1996 年 10 月，即距离费希尔的哈佛演讲之前仅三个月访问过俄罗斯，为国际金融公司（IFC，世界银行集团的私营机构）进行国家风险评估。当时叶利钦（Boris Yeltsin）刚刚在第二轮选举中战胜了共产党的候选人久加诺夫（Gennady Zyuganov），连任总统。一年前政府实施了一项基于汇率的稳定政策，旨在将通货膨胀率从 1994 年的 200％ 降至 1997 年的个位数水平。一年后，政府发现卢布国库券的实际利率异常高，难

以实现其财政赤字目标，无法建立政府的公信力。银行更愿意投资于利润丰厚的卢布国库券，而不愿意向实体贷款，由此形成了欠款和大范围的易货体系。俄罗斯处于这种不可能组合的中心，人们对经济即将恢复持续的增长持乐观态度——所有这些都源于通货膨胀率正在下降。

这次访问明确地得出了一个结论。通货膨胀率正在下降并不是恢复增长的微观基础。想象一下，美国政府以每年 50％甚至更高的利率贷款，通用汽车以易货方式出售其 60％的汽车和卡车，卡夫食品公司也这么做并用蛋黄酱抵付工人们的工资！这就是 1996—1997 年俄罗斯正在发生的事情。实际利率高达天文数字，实际汇率迅速升值，大范围的欠款和易货交易变成了一种日常的经营方式。

除了参观国内外众多的银行和证券公司——它们已经从高利润的卢布国库券中获利，并从事 IOU 和准货币交易赚取利润。这些交易是欠款和异常紧缩的货币政策的发展结果——我还参观了一家巨型卡车的制造商，一家生产浮法玻璃的公司，一家为铁路机车制造发动机和为沿海高速船只制造轻型电机的公司，一家专门从事光学仪器生产的公司，一家制造人造黄油、蛋黄酱、其他油类产品、肉制品加工及动物和鸟饲料的公司。这些企业分散在俄罗斯各地，向我抱怨了一连串的相同的不满：关于欠款（从政府的款项开始）；不再使用现金支付，而是使用复杂的易货链和期票进行实物支付；崩溃的分销网络；利率下滑；以及卢布的实际贬值。这些企业的经历与我访问的银行、证券公司的经历联系在一起。我在 1996 年 10 月的报告中提出："俄罗斯的通货膨胀率一直在急剧下降，然而，经济增长不可能迅速恢复到 4％～5％的可持续水平，我猜测最快到 1999 年或 2000 年才能恢复（基于和波兰的比较）……"[1]

当时如果我没有在俄罗斯各地参观，没有拜访过那些人（他们决定了向谁贷款、是否投资），那么我很难理解俄罗斯的微观经济状况究竟是什么样。易货交易不是简单的双方交易，而是联结着好几个公司。伴随着非现金结算产生了一种新的工业组织形式，这种形式自身具备专业的中介，据报道，管理人员花费 30％ 的时间组织 IOU 等交易。本章稍后会讨论这种特殊的非现金结算和欠款的现象，并说明它们最终如何通过缩减现金税收、消除增长前景来加剧政府债务动态的不稳定性。专栏 7.1 与第二章、第三章和第八章的分析有联系。稍后的专栏 7.2 讨论了当时的教科书关于稳定的研究成果以及 1998 年俄罗斯的经济危机，或者说 1998 年的俄罗斯如何给这一研究带来了挑战。

专栏 7.1　　　　　　　　　**俄罗斯——分析插曲**

如果接下来我告诉大家，俄罗斯在 1995－1999 年的经验是深刻的，说明了政府跨期预算约束的重要性以及微观调控三重奏有利于实现真正的稳定、为经济增长创造平台，读者可能会觉得这个观点比较容易接受。俄罗斯作为一个正处于转型期并由自然资源财富主导的前共产主义国家，与其他新兴市场国家有何关联？

答案有两点。首先，俄罗斯的这些特点（更不用说其核电地位）使得经济学家将其特殊对待，导致了严重的错误判断，事实上，政府、公司和银行在激励下的行为是合理的。其次，由于影响行为的参数处于极端水平，相较合乎规则的行为，我们反而能从异常的行为中观察到更多。

俄罗斯 1998 年的经验首先说明，不深入考察、仅仅依靠经验常识就来判断一个国家的问题是非常危险的。大多数人认为存在严重的财政问题。大多数人认为易货和欠款问题的发展与逃税相关。但是很少有人意识到，易货、欠款、逃税、高到天际的实际利率以及当经济增长的前景消失后政府债务最终爆雷之间是相互联系的。

这就是 1998 年俄罗斯的真实写照：最终，经济稳定不仅仅是宏观经济的问题，也取决于政府跨期预算约束（government intertemporal budget constraint，GIBC）和微观调控三重奏——与管理波动性相结合，为经济增长提供最佳基础。

1998 年的俄罗斯处于 1997—2001 年新兴市场国家爆发危机的中期，从而为本研究第三部分提出的宏观经济政策的辩论和经验教训搭建了桥梁。这场危机是政府债务动态不可持续的结果，伴随着固定汇率下的低外汇储备，也是第八章表 8-2 提出的所谓"第一代危机模式"的实例。

重写教科书

经济学家淡化高通货膨胀率是有道理的。这是宏观经济不确定性大，因此阻碍投资和增长的信号：众所周知，固定资本的私人投资者厌恶不确定性。此外，相对价格的方差变大（作为投资指导的参考价值下降）引发意外的通货膨胀，这种结果长期存在。[2]通货膨胀对穷人利益的损害大于富人，因为后者能够更好地对冲结果：通货膨胀是一种累退税。

传统意义上，发展中国家财政赤字与通货膨胀之间存在密切的联系。由于限制资本市场准入，赤字倾向于通过货币融资。此外，财政赤字往往是治理不善和浪费的结果，而不是投资未来公共物品的结果。尤其是在 20 世纪 60 年代至 80 年代期间，这一特征表现得尤为明显，出现了很多关于宏观经济增长的研究。专栏 7.2 显示了结果框架，正如我亲眼看见的那样，在 1997—2001 年新兴市场国家发生危机前，IMF 和世界银行一直主导了宏观经济政策。

专栏 7.2 的框架显示了 20 世纪 90 年代中期俄罗斯实施稳定经济的政策的艺术，这些政策旨在将通货膨胀率从 1994 年的 200％下降到 1997 年的个位数水平。费希尔曾经就俄罗斯的高通胀率发出过警告，专栏 7.2 中有论文摘要："通货膨胀只是政府失控的一个症状。"（Fischer，1993，p. 507）俄罗斯将卢布与美元挂钩，以此为名义汇率锚从而快速降低通货膨胀率。它还逐步放宽了对卢布国库券市场的外部准入，以增加资金来源，但发现很难坚持其财政赤字目标。结果，实际利率仍然很高，欠款和易货交易更加普遍。与此同时，实际上卢布大幅升值，这是基于汇率的稳定政策的典型后果，详见本章后文。

专栏 7.2　　稳定与增长：1997—2001 年危机之前的思考

有关 1997—2001 年新兴市场国家危机之前宏观经济稳定和增长的政策建议的灵感来自以下模型：

增长＝f(通货膨胀，财政盈余，黑市溢价)

其中"f"为函数符号。上述"模型"中的"增长"可以通过实际 GDP 增长，或资本、劳动力和人力资本投入的增长，或附件 1 中描述的"会计增长"来衡量；有关经验增长的文献的目的是解释增长，因此通过上述等式的右侧变量来衡量增长。

费希尔 1993 年在《货币经济学》(*Monetary Economics*) 上发表的论文就是一个很好的例子。他在 1961—1988 年的跨国研究中采用横截面和面板数据回归，得出的结论是："稳定的宏观经济环境，即通货膨胀率相对较低、预算赤字小，有利于持续增长。"(Fischer, 1993)。而且关键证据指出，是高通货膨胀率导致了低增长率，而不是相反。通货膨胀降低增长率的途径包括减少投资和降低以索洛残差计算的全要素生产率（TFP），而预算盈余越多，资本积累越多，技术进步越快，因而经济就会增长得越快。但费希尔在论文的结尾提道，"高赤字本身并不是后期困境的指征……它是对债务动态的补充研究……"，得出了恰当的结论。

本专栏开头提出的"模型"有严重的缺点。首先，很难知道变量之间是哪个驱动哪个，即所谓的内生性。例如，更快的增长可能意味着更多的税收，从而减少财政赤字；也可能意味着更高的实际货币需求，从而降低通货膨胀率。其次，右侧变量是相互关联的，这可能会阻碍明确的政策决策，例如，从私营部门购买外汇的国家，外汇的黑市溢价相当于对出口征收隐性税。通过浮动汇率消除这种隐性税往往被认为是可取的；除非其他税务工具随时可用或财政赤字大幅减少，否则实际上这可能会提高通货膨胀率，即相当于货币征税。[a]

用财政赤字和通货膨胀率作为宏观经济稳定的代理变量，在三个关键方面是不能令人满意的：第一，它没有完全反映政府的跨期预算约束、偿付能力和债务可持续性等相关问题（见专栏 3.1）。第二，它不允许累积滞后效应。第三，它忽略了增长的微观基础，忽略了宏观财政状况的影响。不仅在俄罗斯，而且在印度甚至肯尼亚，这些问题都很突出（见第五章和第六章）。

尽管存在缺点，但上述经验增长模型在 1997—2001 年新兴市场国家危机中仍然适用，如威廉·伊斯特利 2005 年出版的《经济增长手册》（*Handbook of Economic Growth*）中所示。

a. Kharas and Pinto（1989），Pinto（1991）.

◇◇

俄罗斯尝试降低三位数水平的通货膨胀率是实现持续增长的必要条件，几乎没有经济学家对此提出异议，但是将它视为增长的充分条件，则可能会出现问题。费希尔 1997 年在哈佛大学的演讲中提出，增长是对稳定的反应，源于他在 1996 年与瑞塔纳·萨海（Ratna Sahay）和卡洛斯·韦格（Carlos Vegh）的论文研究结果，文中第 47 页这样解释："通货膨胀率之所以大幅下降……是因为控制了财政赤字……两年后恢复了经济的增长……降低通货膨胀率是复苏增长的先决条件。"论文认为，对于转型国家而言，"稳定几乎成为增长的充分且必要条件"（p. 59）。

然而，俄罗斯在 6 个月之内奇迹般地将年通货膨胀率降至个位数水平之后，1998 年 8 月依旧出现了经济的崩溃，这说明低通胀率并不意味着政府可控，也不意味着正在形成增长的平台。这场危机从两个方面帮助我们重写了关于宏观经济稳定的教科书。第一，把焦点从当前的通货膨胀和财政赤字转向了政府跨期预算约束，特别是财政偿付能力。如果通货膨胀率下降，但是人们仍然担忧政府的公信力，那么购买国库券和债券的私人投资者就有可能将实际利率推向不利于增长的水平，从而提高财政偿付能力。第二，危机也引出了微观增长的重要性问题。如果在追求低通胀率的过程中，实际利率较高、实际汇率升值，削弱了微观增长的重要性，那么将会通过降低增长率和纳税对财政偿付能力产生负面影响，最终影响稳定性。换句话说，严格的稳定必须密切关注宏-微观联动，如第三章阐述的那样，这也是本章接下来的重要主题。

将控制通货膨胀作为增长的充分条件相当于隐含地假设了所有的事情都将落实到位——公司和银行会重新有效运转，政策信誉即将恢复，公共债务将处于可持续发展的轨道上，经济将腾飞并且这种状况会一直持续。事实证明，即使通货膨胀率继续降低，俄罗斯也没能解决财政问题。如果政府以超过增长率的利率发行债券并且市场愿意持有债券存量的上限，那么即便存在巨额财政赤字，也可以实现低通胀，但持续时间不会很长（Sargent and Wallace，1981）。此外，利率较高，特别是当伴有实际汇率升值时，可能会破坏增长前景。这正是俄罗斯的实际情况，本章稍后会解释。

好的一面是，1998年危机之后俄罗斯的经济出现了巨大的、意想不到的反弹，说明了政府和私营部门硬预算、进口竞争力以及竞争性实际汇率的重要性，这些政策形成了微观调控三重奏，支撑着财政偿付能力和经济增长。这是给中欧、东欧转型国家的经济上的第一课。[3]

是否应该归责于东亚危机？

1996年初，乐观主义者普遍认为，俄罗斯经济将在本年度恢复增长。典型观点如经济学人智库（EIU，1996年第1季度）认为：

"EIU 早已预测 1996 年将会是俄罗斯实际 GDP 增长的一年……我们大多数人都持这个观点……"[4] 然而实际结果是，1996 年实际 GDP 下降了 3.4％；但 1997 年前 10 个月的产出结果似乎验证了费希尔在 1997 年 1 月的预测。卢布国库券市场的自由化（俄罗斯人更倾向于称之为 GKO）降低了外来投资的进入门槛，使利率处于下降趋势，外汇储备创纪录地达到 250 亿美元（在雷曼事件爆发之前，对于一个体量为 4 000 多亿美元的经济体而言，这是一个较高的水平）。俄罗斯似乎终于看到了经济增长的曙光，但事实上，官方统计当年的经济增长率为 0.9％。1998 年 2 月，俄罗斯通货膨胀率里程碑式地控制在个位数水平，但仅仅 6 个月后，该国就遭遇了全面的公共债务、汇率和银行业危机。

显然可以用东亚危机来解释。这场危机爆发于 1997 年 10 月，当时卢布被投机攻击了。由于卢布与美元挂钩是俄罗斯降低通货膨胀率战略的核心，中央银行（CBR）为此损失了大量的外汇储备。情况稳定后好景不长，1998 年 1 月底外汇市场又遭遇了新一轮的攻击。5 月中旬开始的第三轮也是最后一轮的攻击，恰逢印度尼西亚因苏哈托（Suharto）总统离职引发了政治和经济危机。最终俄罗斯在 1998 年 8 月 17 日经济崩溃，当年实际 GDP 下降了 4.9％。

那么我们能否就此得出结论，认为东亚危机的溢出效应不符合费希尔-萨海-韦格（Fischer-Sahay-Vegh, FSV）假设（该假设认为降低通货膨胀率有利于经济增长）？答案是否定的，原因有两个。第一，俄罗斯基础财政存在问题，表现为税收长期不足，迫使政府额外发行债务弥补：政府正在努力降低通货膨胀率，因而不能发行货币。第二，正如我在 1996 年 10 月访问俄罗斯期间发现的那样，不存在增长的微观基础。净效应表现为，即使政府债务不断增加，通货膨胀也仍被挤出，实际利率上升到不可能的水平，企业重组停滞不前。结果，增长前景消失，债务动态变得不可持续，最终导致 1998 年 8 月的经济崩溃。

1997 年 10 月东亚危机爆发之际，非现金结算和易货交易已经根深蒂固。证券投资者们开始关注这样一种矛盾，即在易货增多、税收减少的情况下微观调控明显缺失，而宏观调控在降低通货膨胀率和利率方面反而成就显著——问题来了，通货膨胀率的降低是可持续的吗?[5]1998 年 8 月 17 日俄罗斯卢布贬值，债务违约，该国经济的崩溃明确回答了这个问题。

俄罗斯的基础财政问题

俄罗斯的基础财政问题不是基础财政赤字的实际利率超过了实际增长率——1990 年代后期的印度是这种情况，而是如果不快速转变政策，那么就没有希望挽回局面；它不会自我纠正。但纠正问题首先要确认问题。然而，当时政府债务情况的恶化正被卢布的实际升值所掩盖。我们来看表 7-1 中的数字。

表 7-1　　　　1995—1998 年俄罗斯公共财政和经济增长

年份	基础赤字（占 GDP 的比率,%）	利息支付		政府债务		实际 GDP 增长率（年均值,%）
		占 GDP 的比率（%）	占收入的比率（%）	数额（十亿美元）	占 GDP 的比率（%）	
1995	2.2	3.6	28	170	50	−4.0
1996	2.5	5.9	47	201	48	−3.4
1997	2.4	4.6	38	218	50	0.9
1998	1.3	4.6	43	242	75	−4.9

资料来源：Kharas，Pinto and Ulatov（2001）.

该表的第 2 列和第 3 列分别显示 1995—1997 年存在相当大的基础财政赤字和大额利息支付，而增长率要么是负的（1995 年和 1996年），要么是正的但是数值很小（1997 年）。这两年间政府卢布国库券的年均实际利率高达 50%——这个数字没有写错。根据方程（5.2），政府债务占比本来应该快速上升，然而表 7-1 中显示，尽管1995—1997 年债务增加了接近 500 亿美元——对于一个约 4 000 亿美元的经济体而言相当可观，债务占比却几乎没有发生变化。这个悖论可以通过引入政府债务的货币构成及实际汇率来解决:如果大部分的政府债务是外币("美元"),卢布兑美元的实际汇率大幅升值,那么这将给政府带来资本收益,降低债务占比。

把方程(5.3)代入方程(5.2)中,将政府债务的实际利率表示为加权平均实际利率,以此计算卢布和美元债务,整理可得新的方程(见专栏5.2):

$$\dot{d} = pd + (\tilde{r} - g)d - [(1-w)\rho d] \tag{7.1}$$

其中右侧方括号内的最后一项表示实际卢布升值对债务动态的影响。[(1-w) 表示以美元计价的债务在政府债务总额中所占的比例,ρ 表示美元兑卢布的实际汇率的升值。] 在 1995—1997 年卢布迅速升值,(1-w) 和 ρ 乘以债务占比 d 的数值很大,足以抵消基础赤字的上升趋势、实际利率与实际升值 $\tilde{r}$ 的分离、政府债务的负增长或低增长。例如,1996 年俄罗斯政府债务中的外币债务占比为 69%,即 (1-w)=0.69;实际汇率升值 22%,即 ρ=0.22;年初的债务占比为 50%。因此,实际升值将债务占比拉低了 8 个百分点!

在 1995 年 7 月至 1997 年 7 月间经济开始稳定之际,卢布累计升值了 60%,大致来说,这意味着当时进口商品比本国生产的商品便宜 40% 左右,而唯一能够抵消这种情况的方法是提高俄罗斯企业的效率,显然这种情况没有发生。事实上,这些企业加快易货交易和欠款,扩张速度和实际利率一样异常高,这一点我们稍后详细介绍。实际升值来自哪里?答案是:这是经济稳定的成果。1995 年年中,俄罗斯政府在固定汇率的情况下试图降低高通货膨胀率。[6] 例如,固定汇率下通货膨胀率从 200% 开始下降,意味着贬值率立即下降至 0,而通货膨胀率不会立即下降到 0。[7] 俄罗斯需要两年半的时间才能将通货膨胀率下降至个位数水平。在此期间,进口商品变得越来越便宜,对于国内企业而言经营环境变得越来越艰难。到 1997 年 7 月汇率稳定之前,俄罗斯卢布持续升值。

1997 年 10 月亚洲金融危机蔓延后,汇率受到了冲击,政府本可以选择卢布贬值以应对，但是由于汇率挂钩是稳定的根本核心，央行选择捍卫汇率。此外，似乎存在深层次的信念认为挤压通货膨胀将带来增长，如本章前文所述。只有当这种信念被证实不可能时，俄罗斯才会放弃卢布与美元的挂钩。1998 年 8 月 17 日，俄罗斯真的这么做了，同时宣布强制重组其大部分卢布债务。随后卢布的崩盘对债务占比有相当大的影响，如表 7-1 第 6 列所示，但是在 IMF 主导的对俄罗斯的一揽子救助计划之前并没有这么做，我将在下面讨论。

市场焦虑及 1998 年 7 月的一揽子救助计划

虽然 1995—1997 年俄罗斯债务占比高达 50% 左右，但仍在马斯特里赫特标准规定的 60% 之内，市场看上去很焦虑。[8]而且，尽管 1998 年 2 月通货膨胀率是个位数，但是随着时间的推移，对违约和贬值风险的估计也变得悲观。随着实际汇率的稳定，5 月中旬政府债务动态潜在的不可持续性凸显：当时，边际实际利率预计超过 25%，实际增长率预计下降至 0%～1%。[9]

根据方程（5.1）的表达式可得 GKO 投资者对违约和贬值风险溢价的需求，如表 7-2 所示。1998 年 5 月 15 日，印度尼西亚危机的加剧迫使一年期的 GKO 收益率达到 40%，当时估计违约风险溢价（相对于类似的到期"无风险"美国国债，是市场要求的一种额外补偿或"差价"，均以美元计价）为 5% 左右，贬值风险溢价为 23%。[10]GKO 收益率、违约和贬值风险溢价一直维持上升趋势，直至 7 月 13 日。在那一天宣布了 IMF 主导的对俄罗斯的一揽子救助计划，专栏 7.3 对此做了详细说明。第二天紧接着发生了一些特殊的事情：由于贬值风险溢价的下降，GKO 收益率大幅下跌，如表 7-2 所示，违约风险溢价从 8.5% 略微下降至 8.1%。这点我们稍后将重点讨论。

表 7-2　　　　1998 年 8 月 17 日危机前的违约和贬值风险溢价趋势

	一年期 GKO 的收益率（每年, ％）	违约风险溢价（每年, ％）	贬值风险溢价（每年, ％）
5 月 15 日——印度尼西亚的政治和经济危机愈演愈烈	40	4.8	23
7 月 13 日——宣布 IMF 主导的对俄罗斯的一揽子救助计划	102	8.5	82
7 月 14 日	58	8.1	39
7 月 20 日——IMF 理事会批准对俄罗斯的一揽子救助计划，释放 48 亿美元	52	7.8	32
7 月 24 日——完成 GKO-欧洲债券转换	66	10.0	45
8 月 14 日——1998 年 8 月 17 日，周一，宣布违约和贬值，这是在此之前的最后一个工作日（周五）	145	23.8	110

资料来源：Kharas，Pinto and Ulatov（2001，table 8）.

专栏 7.3　　1998 年 7 月 IMF 主导的对俄罗斯的一揽子救助计划

截至 6 月底，俄罗斯开始与国际金融机构（International Financial Institution，IFI）商讨 1998 年 7 月 13 日公布的一揽子救援计划。包括三个部分：

● 旨在迅速实现基础财政盈余的财政改革和结构改革，消除欠款（在关于宏-微观联动的介绍中有详细描述），刺激经济增长。

● 一个金额达 226 亿美元的融资方案，包括 IMF 理事会 7 月 20 日批准的一揽子计划，注入 55 亿美元流动资金（最终减至 48 亿美元），以挽救卢布与美元的挂钩，这是一笔来之不易的稳定收益。

● 将 GKO 债券转换为长期欧洲债券（"GKO-欧洲债券互换"），实质上降低了政府债务利息，同时延长了偿债期限，从而降低了展期风险。

资料来源：Kharas，Pinto and Ulatov（2001，pp.1，10）。

接着事态迅速转变。7 月 24 日完成了从"昂贵的"卢布 GKO 到"廉价"的以美元计价的欧洲债券的转变，这次转变是一种扭转政府债务不可持续状态的巧妙手段：既然汇率是固定的，为什么不用利率为 12% 的长期欧洲借款取代成本高达 50% 的 GKO？这一举动极大地减少了利息偿付，大幅消除了展期风险，为政府留下了执行财政改革的喘息空间。但转变完成后，情况截然相反：一年期 GKO 的收益率上涨，违约风险溢价从之前的 8.2% 一跃为 10%。此后，情况螺旋式失控。8 月 14 日，星期五，GKO 收益率达到 145% 且违约风险溢价为 24%。这导致政府在 1998 年 8 月 17 日做出了贬值和违约的决定。

我们来解释这一连串的事件是如何发生的。还记得宣布 IMF 主导的对俄罗斯的一揽子救助计划之后第二天，贬值风险溢价就急剧下降而违约风险溢价几乎没有变化吗？唯一能解释的是，市场早已经对财政的偿付能力产生疑虑了。公布一揽子救助计划一周后，优先偿付了大量到期的官方贷款，这意味着中央银行的储备将会上升，暂时增加了流动性。这将减少贬值的压力，解释了为什么贬值风险溢价会降低。但流动性的注入源于政府向国际金融机构借入了大量隐性优先债务，备受偿债能力困扰，也就是说，以现值计算的基础财政盈余不足以偿还其所有债务。这意味着其他所有债权——包括卢布国库券以及俄罗斯政府发行的以美元计价的债券——不再具备吸引力，因为第一债权人是政府。

在这种情况下，中央银行的储备由优先债务提供金融支撑，政府试图通过增加储备来提高无力偿债的国家的固定汇率，这时便是初级债权人脱身的最佳时机。这也正是 GKO 持有人实际做的事情，导致了 1998 年 8 月 17 日储备和经济的崩盘。实际上，在危机前汇率

132

被高估的情况下，官方贷款资助了资本外逃和卢布外逃。债务互换使得情况加剧，最终倾销了更多以美元计价的卢布（发行欧洲债券以取代卢布国库券，即 GKO），降低了这种债券的价格。事实证明，俄罗斯的商业银行通过保证金购买，坐拥大量以美元计价的卢布；当这些资产的价格下跌时，它们收到了保证金通知，出售自己持有的 GKO 并要求央行将卢布收益兑换成美元。这加快了中央银行储备损失的步伐，加速了危机。

宏-微观联动

仔细研究 1995—1998 年的宏-微观联动可以发现俄罗斯经济以下特点之间的密切联系：尽管通货膨胀率迅速下降，但难以实现经济增长；不断增加的易货交易和欠款；债务动态不断恶化，最终于 1998 年 8 月 17 日爆发危机。

事情就是这样：政府希望通过将卢布与美元挂钩并控制信贷总量来消除高通胀，但会造成制造业大规模破产的社会后果，两者产生了冲突。因此，政府保留了占 GDP 的 8% 的预算补贴，同时对拖欠税款和社会预算外资金的捐款睁一只眼闭一只眼。它还对能源垄断、俄罗斯天然气工业股份公司（天然气）和俄罗斯统一能源系统（电力）施加压力，将违约的企业与能源账单紧密联系在一起。那么能源垄断公司（俄罗斯最赚钱的公司之一）是如何做出反应的？它们拖欠税款，导致财政收入长期不足。

在这样的情况下政府试图实现个位数的通货膨胀率，意味着需要发行超过预期的债务，并支付极高的利率。由于税收萎缩，支出控制不足以及高到天际的实际利率，虽然政府试图消除通货膨胀，但仍拖欠了供应商和各种形式的 IOU 款项。[11] 政府的欠款行为很快就被企业模仿，成为企业故意拖欠税款的完美借口，使得政府精心策划的抵消计划大打折扣，当税收以实物形式支付时，以通胀名义价格征收的税收实际上是减免的。

一项研究估计，税收抵消、能源支付的欠款和以实物进行能源结算（非市场价格）中隐含的补贴占 GDP 的 7.5％～12％，对制造企业的补贴总额占 GDP 的 15％～20％。[12]盈利的、现金充裕的企业也加入了这个行列。它们开始拖欠税款，将来以实物折价结算；开始从经济困难的企业折价购买货币替代物（这些经济困难的企业的货币替代物是从政府那里获得的，政府以此换取它们那些销售不出去的商品），将它们兑换成全额面值以支付税款；并开始通过任意的、不透明的转让定价将利润转移至由它们建立和拥有的中介机构，这些定价是非现金结算的缩影。这是剥夺个人资产的理想环境。

克里夫·盖迪和巴里·伊克斯（Cliff Gaddy and Barry Ickes, 1998）创造了"俄罗斯的虚拟经济"（Russia's Virtual Economy）一词，用来描述这些奇怪的现象。但当时的俄罗斯经济是非常真实的：聪明的人理性地对几近极限的高实际利率、快速升值的实际汇率以及通过就经济体系赌一把赚得的大笔资金做出反应，而无法领会这一点的人在做出判断时将会犯下严重的错误，其中最臭名昭著的观点是，在这种情况下挤压通胀会刺激经济增长。

接下来，我们认为逃税驱动了易货交易和欠款，这是我在 1996 年 10 月访问期间研究的主要假设。政府只要通过政治意愿打击税务欺诈，一切就会好起来。就在同年 10 月，政府在总理的领导下成立了紧急税务委员会［俄语首字母缩写为 VChK（"vecheka"）］，执行上述行动，但它无处施展，最终失败。这相当于默认，为了保护一些亏损的制造业，政府允许用欠款讨价还价：最大的税务违法者——石油、天然气、电力、铁路——是欠款的隐性补贴的主要来源。如果不加强制造企业的预算，那么这些企业根本不值得相信——而政府并不愿意这么做。最终，该系统解体，因为它将政府债务置于不可控的轨道上。

虽然 1997 年前 10 个月的利率下降，但新的欠款模式——不纳税、不偿付能源款项以及不处理税收抵消——已成为一种坏习惯。

1997 年下旬东亚危机蔓延后，卢布债务的实际利率再次上升，接着货币贬值和违约风险继续上升，如表 7-2 所示，最终导致 1998 年 8 月的崩溃。

油　价

俄罗斯是主要的石油和天然气出口国，1995—1998 年石油价格走势明显。这些价格变动对危机产生了什么样的影响？假设石油价格和 1996 年一样，上涨了 25%。那么出口和外汇储备就会增加，导致汇率升值。事实没那么简单。1996 年的经常账户盈余约为 110 亿美元，政府对外借款和投资组合流入共计 130 亿美元。这意味着央行的储备应该增加了 240 亿美元，但实际减少了 20 亿美元。换句话说，资本外逃约为 260 亿美元。这种资本外逃规模本应该对实际汇率施加下行压力，但汇率在 1996 年升值了 22%。正如本章前文所讨论的那样，原因是汇率是稳定通胀的一部分，但通货膨胀率下降得非常缓慢。

可能有人会认为，油价上涨 25% 会增加财政收入，因此降低了债券发行的需求，但这并没有发生，原因有两个。第一，当时的石油税是定额的，即与石油出口量完全相关，并且不随油价而改变；第二，欠款的间接影响。如果石油公司是税务违法者（因不满被迫补贴制造企业而"报复"），政府就需要发行更多的债务。换言之，与资本外逃、稳定计划的影响、石油税的性质和欠款相比，油价走势的影响黯然失色。[13]

俄罗斯的经验教训

第一，1998 年的俄罗斯危机重写了关于宏观经济稳定与增长之间的联系的教科书。它表明，挤压通胀并不足以促进经济增长；需要采取更广泛的方法，注意降低通货膨胀率对政府债务动态和企业增长前景的附带影响，如实际利率和实际汇率所传导的那样。虽然在 1995—1997 年俄罗斯确实存在实际利率过高，以及由企业和政府共同推动的非现金结算的发展，但是由于俄罗斯经常账户从来不存在问题，人们往往会忽视卢布的实际升值，而卢布升值对企业的出口能力和竞争力产生了深远的影响。与卢布的实际升值共存的是资产的剥离，而不是企业重组，这掩盖了政府债务动态的恶化趋势。因此，它没有达到多恩布什-维纳（Dornbusch-Werner）标准，没有实现均衡，如专栏 3.4 所述。

第二，1998 年的俄罗斯危机强调了理解宏-微观联动的重要性。通过与企业管理者的交谈，我们发现即使国际收支表现为可控，企业仍没有进行重组，高实际利率和伴随宏观经济稳定的卢布的实际升值仍然损害了企业的利益。降低税收反过来引发了财政账户的问题，提出了更高的债务需求，进一步提高了利率，加重了企业面临的信贷困境，导致易货交易和欠款进一步发展。由此经济发展愈发不确定，资产剥离愈演愈烈。借用专栏 3.4 中多恩布什-维纳的见解，政府、企业和工人似乎都没有获利；唯一的赢家是易货中介机构、攫取利润的投机者以及锁定股票和政府证券市场的莫斯科大型银行和外国投资者。1998 年 8 月的贬值和违约将扭转这些赢家和输家的角色！

第三个教训是硬预算约束的重要性。非现金结算中隐含的大额补贴将企业的管理激励从重组转向资产剥离，破坏了增长前景，并且提高了利率，导致税收不足问题日益严峻，最终使政府的债务难以为继。相比之下，如第四章所述，波兰则迅速削减了企业补贴，接着停止了向国有银行的软贷款。波兰政府向市场发出了明确的信号，即不会救助。因此，波兰的重点主要放在财政结果上，1998 年，在恢复增长后的第六年，最终实现了个位数的通货膨胀率。讽刺的是，俄罗斯企业要么拖欠工资，要么以实物支付工资，所以补贴对它们并没有帮助，这得出了一个重要的教训：政府应该专注于帮助弱势群体，而不是救助那些经营不善的企业，而俄罗斯政府帮助腐败的管理者致富，最终导致了债务危机。

第四个教训是，当市场强烈且有理由担忧国家的偿付能力时，用官方贷款支撑固定汇率是不可取的。首要问题是官方贷款偿付顺序与财政破产之间的负向相互影响。卡拉斯等（Kharas, Pinto and Ula-tov, 2001, p. 43）在针对俄罗斯1998年的研究中阐述了这些内容：

> ● 为了振奋人心，注入以债务为基础的［官方］流动性可能会恶化公共债务动态，同时为暴露的［私人］投资者的卖出提供便利……如果市场对实施财政改革和结构改革持充分怀疑的态度，那么实际上一揽子救助计划中的融资部分可能会引发危机。如果［官方］流动性注入涉及优先于私人债权人现有债权的债务，上述论点就更强。

有趣的是，克里斯托弗·查雷（Christophe Chamley）和我认为，在2010年4月开始的官方救助期间，类似的负向相互影响也加剧了希腊的混乱局面，说明这是一个很难掌握的经验教训。[14]

第五个教训以GKO-欧洲债券互换为代表，如果市场对一个国家的财政状况存在根本的疑虑，金融工程将无法运行。附录3包含了互换机制的更多细节，并将其与阿根廷债务互换进行了比较，后者发生在三年后，也未能奏效。关于经济学中的互换，我只谈三点。首先，关于潜在的直觉。短期GKO利率为50%，长期欧洲债券利率为12%～15%，因此互换具有不可抗拒的吸引力，可以降低利息成本，同时降低展期风险。

其次，关于互换的分析，表明有三个方面的直觉是错误的：（ⅰ）GKO-欧洲债券的利差虽然很大，但并不是可以利用的套利机会，而是市场评估的信号，预示持有GKO则面临着货币贬值和违约风险；（ⅱ）类似于公司金融中的莫迪利安尼-米勒（Modigliani-Miller）定理，基于市场的互换永远不会降低政府债务的现值，因为没有债权人愿意让这种情况发生；(iii) 偿付能力问题意味着政府可能需要通过贬值来降低卢布债务的实际负担（根据定义，通过贬值无法对美元计价的债务"征税"）。将卢布债务换成美元债务将减少卢布债务的未偿还存量（"税基"），从而需要通过更大幅度的贬值（"税率"）来平衡政府的预算。卢布债务持有人如果预计到这一点，就将退出这一债务市场，投机性地攻击央行储备，迫使危机发生。[15] 这表明：金融工程不仅不能弥补脆弱的财政基础，实际上还可能会适得其反。

最后，关于互换意料之外的投资组合后果。正如我在本章前面提到的那样，互换增加了俄罗斯政府以美元计价的债务供给，降低了债务价格，并激发了莫斯科大型银行的保证金需求，使银行贷款对冲已持有的债务。迫使银行清算它们的卢布国库券并将收益兑换成美元以满足追加保证金的需求，消耗了央行有限的储备并加速了危机的爆发。

具有讽刺意味的是，尽管预测令人沮丧，但危机后经济的表现却出人意料地强劲。1999 年初步预测俄罗斯实际 GDP 下降 7%～10%，但 1999 年俄罗斯的实际增长率超过了 5%。事实上，危机爆发几周后，在当年的 10 月，工业生产就已经反弹。直接原因是，伴随着卢布的崩盘，出现了大幅的实际贬值，相当于停止进口并将国内需求转向俄罗斯制造的商品。还有一个同样重要的原因是，违约导致政府被排除在国内和国际资本市场之外，于是政府加强了自身的预算约束。政府开始坚持向能源垄断企业征收现金形式的税；作为连锁反应，预算在整个经济中变得更加硬化，迫使管理者放弃易货交易和税收抵消，开始认真经营企业。

总的来说，1998 年的俄罗斯危机令人大开眼界，将人们的注意力从低通胀率和财政赤字转移到政府跨期预算约束的合理性以及带来可持续增长的宏-微观联动。有人认为，由于石油问题，由于俄罗斯正处于从中央控制的计划经济向市场经济的复杂过渡阶段，以及由于易货交易和非现金结算方式的奇怪扩散，应将俄罗斯的危机视为特例。更详细的研究揭示了政府、能源垄断企业和企业管理者的惯常行为，它们都对所面临的经济激励和约束作出了理性的回应。事实上，1998 年的俄罗斯和几年后的阿根廷有几分相似，包括捍卫固定汇率的决心，政府债务的不可持续以及最后一刻企图通过不明智的、昂贵的主权债务互换来抵御危机的尝试。如果及时、仔细地分析了 1998 年俄罗斯的危机，那么 2000—2001 年阿根廷应对危机的反应可能会不同，至少可以避免犯同样的错误，见专栏 7.4 的观点。[16]

◇◇

专栏 7.4　　　　1998 年的俄罗斯和 2001 年的阿根廷

IMF 独立评估办公室（the Independent Evaluation Office，IEO）从 2001 年阿根廷的危机中总结了 10 个经验教训[a]，其中确定了 4 个关于宏观经济和危机管理的教训，下面逐字引用：

教训 2。 新兴市场经济体的可持续债务水平可能低于人们的预期，具体取决于一个国家的经济特征。因此，财政政策的实施不仅应该对年度财政失衡敏感，还应该对公共债务的总体存量敏感。

教训 7。 只能在相当严格的条件下实施解决资本账户危机的催化方法。[b]如果对债务和汇率的可持续性的担忧有理有据，那么期望资本流动能够自愿逆转是不合理的。

教训 8。 金融工程以自愿的、基于市场的债务重组形式进行，成本高昂，如果在危机条件下进行并且没有可靠的、全面的经济战略予以支撑，则不太可能会提高债务的可持续性。只有一种形式的债务重组会导致债务支付的净现值（NPV）减少，或者如果认为债务是可持续的，政府部门的大规模融资方案则有可能扭转不利的债务动态。

教训 9。 延迟解决危机会大大提高危机的最终成本，因为延迟不可避免地导致进一步的产出损失、额外的资本外逃以及银行系统资产质量的下降。为了最大限度地降低危机的成本，

IMF 必须采取积极主动的措施来解决危机，包括为政策转变提供财政支持，无论何时实施措施都必然是昂贵的。

这些教训与 1998 年俄罗斯的教训完全相同！第一，即便债务占比在《马斯特里赫特条约》规定的 60％ 的上限之内，也并不能让人感到安心；市场发出的关于违约和贬值风险的信号也很重要。第二，如果在存在财政偿付能力问题的情况下通过优先官方贷款增加储备金，那么催化方法往往会失败，因为可能会加速私人（初级）债券持有者的投机性攻击——如针对 1998 年俄罗斯危机的一揽子救助方案提到的第四个教训所述。第三，基于市场的 GKO－欧洲债券互换充满诱惑，但适得其反——把它描述得太好了，不可能变成现实。第四，拖延解决基本财政问题，期待通过持续的私人资本流入得以救助，这样的拖延只会在危机不可避免时导致更大的债务负担。

a. IEO（2004，Executive Summary）.

b. "催化方法"指的是 IMF 的批准执行将增强私人债权人的信心，并说服他们对贷款展期而不是直接退出（可能引发危机）。当该国面临的是流动性问题或信心问题而不是基本债务可持续性问题或破产问题时，这种方法更有可能发挥作用。

c. 见 Pinto and Ulatov（2012）.

结　语

如果有"新兴市场危机荣誉圣殿"这样的机构，那么 1998 年的俄罗斯肯定会在其中占据一席之地。由于重新定价了全球信贷风险，危机的蔓延导致 1998 年秋季新兴市场国家主权债券利差飙升。由长期资本管理公司（LTCM）管理的对冲基金对利差下降的预期进行了大量的高杠杆投注。[17] 鉴于其资产负债表（1 250 亿美元）和资产负债表外（1.25 万亿美元）各种衍生品交易的规模，LTCM 引发了系统性风险，并且大而不倒。纽约联邦储备银行被迫组织救助计划，由 14 家银行投资 36 亿美元收购 LTCM 90％ 的股份。与此同时，联邦储备委员会通过连续三次快速的降息来实施积极的、宽松的货币政策，以预防可能出现的经济衰退。[18]

经济蔓延不是唯一的后果。围绕危机展开了一场政治批评的游戏，危机的威胁有可能成为 2000 年美国总统大选中的一个问题。迈克尔·多布斯（Michael Dobbs）和保罗·布卢斯坦（Paul Blustein）这样写道："人们纷纷指责'是谁搞垮了俄罗斯的经济'，这样的指责威胁明年的美国总统竞选活动。外交政策顾问乔治·W. 布什（George W. Bush）正在试图将俄罗斯经济改革的失败与副总统戈尔（Gore）联系起来……"[19]在谷歌上搜索"是谁搞垮了俄罗斯的经济"，会出现众多的媒体文章，这是其中的一篇。

事实证明，俄罗斯经济并没有被搞垮，而是被严重误判了。1998 年的危机为改革提供了动力，最终使整个经济的预算变得更加硬化，并扭转了卢布实际一直被高估的局面。甚至连在崩溃前的 10 周对卢布所做的无效抵御（增加 160 亿美元以美元计价的债务）也出人意料地得到了弥补：这与俄罗斯伦敦俱乐部债权人因持有俄罗斯的苏联时代债务（1992 年 1 月 1 日之前发生的债务）被迫在 2000 年 8 月承担的损失相同（IMF 将其重要性排在俄罗斯之后）。最重要的是，从 2000 年开始油价上涨，而不是恢复之前的水平，政府就此维持了硬预算和财政审慎。

我们得出了两个长远的教训。第一，严格的稳定必须有财政偿付能力提供保障，而财政偿付能力既依赖于又促进经济增长的强有力的微观基础的建立。第二，如果杰出的经济学家出现了研究失误，这不太可能与经济学有关，而是因为他们没有足够的时间来真正理解经济错综复杂的运作，或只是试图在安全距离之内来理解它。这是国别经济学家具有天然优势的领域。[20]

【注释】

[1] Pinto（1996）.

[2] Parks（1978）. 布鲁诺和伊斯特利（Bruno and Easterly, 1998）发

现通货膨胀危机与增长之间存在负相关关系，但很难确定中低通胀率对增长的有害影响和两者间的因果关系。

[3] 作为一个石油出口国，以及作为一个元素周期表中的每个元素资源都丰富的国家，俄罗斯在减少对自然资源的依赖方面面临一系列挑战，与复杂的政治过渡相结合并非巧合。我研究的重点是如何从失败中吸取教训。

[4] EIU 国家报告：俄罗斯，1996 年第 1 季度，第 8 页，预测 1996 年实际 GDP 增长率为 3％，1997 年达到 4％。结果，俄罗斯 1996 年实际 GDP 下降了 3.4％，1997 年增长了 0.9％。

[5] 摘自我在 1997 年 3 月道琼斯/萨克斯第二届俄罗斯年度投资会议上的笔记。

[6] 俄罗斯没有按字面意思确定汇率。它有一个目标名义贬值率，并在卢布兑美元的某一汇率附近的狭窄区间内管理卢布。

[7] Dornbusch and Werner (1994, p. 273).

[8] 1992 年 2 月《马斯特里赫特条约》定义的马斯特里赫特标准是欧盟各国采用欧元必须遵守的经济条件。除此之外，该条约还规定政府债务总额不应超过 GDP 的 60％。

[9] Kharas, Pinto and Ulatov (2001, p. 16).

[10] 关于如何完成这些计算（非常简单）的详细信息，请参阅 Kharas, Pinto and Ulatov (2001)。

[11] 在 1995—1998 年中期抑制通货膨胀的过程中，非现金结算占地区政府支出的 50％，而联邦政府非利息支出中货币替代物和补偿额占比平均超过 20％ (Pinto, Drebentsov and Morozov, 2000a, b)。

[12] Pinto, Drebentsov and Morozov (2000b).

[13] 参见 Pinto and Ulatov (2012, table 45.3)。

[14] 见 Chamley and Pinto (2011)。

[15] 你可以在 Aizenman, Kletzer and Pinto (2005) 中找到一个正式的论点及其参考文献。

[16] 参见 Pinto, Gurvich and Ulatov (2005)；Aizenman, Kletzer and Pinto (2005)；Mussa (2002)；Pinto and Ulatov (2012)。

[17] 关于俄罗斯危机蔓延的影响，见 Dungey et al. (2006)。关于俄罗

斯 1998 年对 LTCM 的影响评估，见 Jorion（2000）。

［18］详细论述见 Dungey et al.（2006）。

［19］"Policymakers Debate：'Who Lost Russia?'" *The Washington Post*，September 12，1999，p. A1.

［20］大多数观点参见我 2001 年在布鲁金斯学会上发表的论文［与卡拉斯（Homi Kharas）和乌拉托夫（Sergei Ulatov）合作完成］。这些观点在 1998 年 7 月失败的一揽子救助方案发布之前的几周内首次提出。

第三部分

政策辩论与教训

1997—2001 年，新兴市场国家陷入连续的危机之中。如第 7 章所述，1998 年的俄罗斯危机是这个故事的主要部分，该危机甚至威胁到美国的金融体系。对危机的解释相互矛盾，负债不耐受派认为这是各国本身的过错，而原罪派则将其归咎于这些国家无力以本国货币发行长期外债。在财政空间的问题上也爆发了激烈的争论。第八章盘点了巴西在 1999 年之后的经验，阐述了两个主要观点：第一，财政基础主导金融工程，也就是说，除非先确立起财政的可信度，否则无法在到期期限和货币方面构建更好的债务结构。如果不由财政基础主导，市场将确定一个过高的价格。第二，政府被迫削减公共基础设施投资以提高基础财政盈余，因而短期内重建财政信誉将不可避免地对增长产生影响。预防危机肯定比解决危机好，而且成本更低。

第九章记录了新兴市场国家对本国危机的异常反应。它们采取了经济学家都无法预期的措施，将结果完全交给时间来判断。政府行为发生了永久性的积极变化，跨越了发展的门槛，提高了对政府跨期预算约束重要性的认识。它们实施了一系列措施，我称之为与自我融资式增长密切相关的自我保障的一揽子方案，或者认为快速增长的国家更倾向于依赖本国的储蓄而不是外国储蓄。这使我们重新联想到第二章和第三章中探讨的想法。

第十章总结并吸取了新兴市场低收入国家的经验教训，同时认识到这些国家面临的特殊约束。

第八章
过去十年新兴市场国家的危机：分水岭

危机一直是市场资本主义的常态。

——伊斯特利、伊斯兰和斯蒂格利茨（Easterly, Islam and Stiglitz，2000）

第七章主要探讨了 1998 年俄罗斯危机，在俄罗斯危机之前爆发了 1997—1998 年的东亚危机，在其后爆发了巴西、阿根廷和土耳其的危机。本章将重点介绍这些危机的共同因素、它们对理论文献的影响以及引发的政策辩论。东亚危机转瞬即逝，与其他危机相比，其不同点在于：第一，基本的财政不存在问题，就这一方面而言政府债务动态得到了控制——尽管一旦汇率崩溃，救助私人银行会产生巨大的财政成本；第二，总的来说，东亚国家的经济复苏表现为快速的"V"形。而巴西和土耳其的经济调整则耗时更长、更为复杂。[1]我将重点关注后者，主要是因为它们可以清晰地解释我的论点。

这些国家的危机与 1998 年俄罗斯危机一起，共同改写了关于宏观经济稳定的教科书，同时对国际债务和资本市场的性质，对新兴市场国家管理主权债务、公共财政以刺激经济增长的能力提出了深刻的问题。人们开始用新的模型进一步研究汇率危机。围绕原罪派和财政空间产生了两个截然不同的观点，我将运用巴西的经验来说明这一点。但在这场辩论中最终获胜的一方，我将称之为"自我保险"，如第九章所述。正如我们将看到的那样，1997—2001 年的危机之后，新兴市场国家在寻求自我保险的过程中建立起缓冲外汇储备的能力，而且远远不止这些。这些措施对于巴西和土耳其等国应对全球金融危机至关重要，使得它们的经济不仅没有崩溃，而且表现出相当大的弹性。

研究危机的文献增加

研究汇率危机的文献一般认为，固定汇率的崩溃会削弱宏观经济基础，转移市场信心，或两者兼而有之。附录 4 描述了三代危机模型的演变。克鲁格曼（Paul Krugman）在 1979 年的一篇论文中提出了投机攻击模型，在 1992—1993 年的汇率机制（exchange rate mechanism，ERM）危机爆发前，这个模型都是主导模型。[2]在克鲁格曼所谓的第一代模型中，财政基础不一致引发了对储备的投机性攻击：由信贷融资的财政赤字与固定汇率所隐含的零通胀率不一致，导致外汇储备枯竭和汇率最终突然崩溃。但奥布斯特菲尔德（Maurice Obstfeld）在 1994 年的一篇论文中提到，克鲁格曼模型无法完全解释 1992—1993 年的企业风险管理危机以及瑞典的经验。

第二代模型

奥布斯特菲尔德的核心思想是：政府可以选择解决宏观经济政策中实际的或感知的不可持续性。它平衡了坚持固定汇率的弊端（例如，高利率的形式对私营部门资产负债表施加压力，或者恶化就业市场，造成高失业率）和放弃固定汇率的收益（可以避免弊端，不会对政府的公信力产生重大影响，因为其他各国情况都相似，或认为这种行为是"明智的"）。关于政府如何应对的模糊性导致了"多重均衡"。政府的政策选择决定了市场预期，市场预期影响投资者的立场，投资者立场又会反过来作用于政府调控。无论财政基础如何，这种循环逻辑都可能引发危机，即市场预期转变为自我实现的预言。这样的模型通常被称为第二代模型。

奥布斯特菲尔德提出了两个关键点：

（1）政府可以借储备，储备"仅受制于政府综合的跨期预算约束"。"最终，基于有限外汇储备的危机账户也必须以总体财政疲软为基础：如果公共财政状况稳健，借入足够的储备来回购大部分高能货币是可信的、可行的，可以抵御任何攻击。"（Obstfeld，1994，p. 200）

（2）人们应该警惕，将"基础"和"纯粹"的自我实现预期分开实质上是一种错误的二分法。两者应相辅相成。

奥布斯特菲尔德在第（1）点中强调了政府跨期预算约束的重要性，1998 年的俄罗斯和 2001 年的阿根廷的经验恰好诠释了这一重要性，这些国家的固定汇率与不可持续的债务动态不稳定地共存着。[3] 俄罗斯以隐性优先贷款的形式从国际金融机构借入储备，由于财政偿付能力问题，这种做法加速终结了该国的固定汇率。奥布斯特菲尔德的第（2）点告诉我们，要同时关注财政基础和新兴市场发出的贬值和违约风险的信号。"毕竟，政府债务占比低于《马斯特里赫特条约》规定的 60％ 的标准，财政基础是没有问题的"，这种说法是不准确的，就像 1998 年 8 月俄罗斯经济崩溃前的情况一样。仔细观察会发现，俄罗斯的市场信号非常消极，财政和增长基础都非常薄弱。[4]

东亚和第三代模型

第三代危机模型受 1997—1998 年东亚经验的启发，凸显了资产负债表中货币和期限的错配（以短期美元债务为长期本币资产融资为代表）、国际流动性不足（外汇储备不足）和道德风险（私营部门做出不良的投资决策，但相信政府会施以援手）。因此，即使政府当前没有出现巨额财政赤字，由于救助银行和私营企业会产生与财政成本相关的或有负债，预期赤字也仍会很高。

东亚危机的重要催化作用是金融自由化及中央银行采取的消除资本流入的措施，这些资本流入提高了国内利率。由于隐性汇率担保，私营企业和银行自然倾向于借入外币，最终导致私营部门资产负债表的货币和期限错配。[5]国际流动性不足表现为广义货币占外汇储备的比率较高，使得东亚国家容易受到资本流动逆转的影响，最终迫使货币贬值。如果利率上升可以提高本币资产的吸引力，不良贷款会不断增多，给银行的资产负债表带来压力。如果允许汇率崩盘，资产负债表上以美元计价的债务的实际负担将增加，导致私营企业破产，也损害了银行的利益。由于政治上无法接受企业和金融部门的批量破产，所以无法保护固定汇率免受投机性攻击，导致汇率崩盘，公共救助成本过高。[6]

表 8-1 罗列了一些东亚国家在 1997 年危机后的五年内支付的数额可观的银行救助成本（用占同期平均名义 GDP 的比率表示）。例如，印度尼西亚公共债务占 GDP 的比率从 1995—1997 年的平均 35% 上升到 1998 年底的 94%，1998 年爆发了政治和金融危机。但考虑一下：1997 年 7 月 11 日的卢比兑美元汇率是 1 美元兑换 2 436 卢比，2008 年 6 月 17 日高达 1 美元兑换 16 800 卢比，卢比大约贬值了 600%。随后卢比出现反弹，即使贬值幅度只有上述的一半，公司和银行资产负债表上的货币错配也会增加美元债务的实际负担，刺激不

表 8-1　　　东亚危机期间的银行救助费用（%）

国家	1997—2001 年总财政成本（占平均名义 GDP 的比率）
印度尼西亚	56.8
韩国	31.2
马来西亚	16.4
菲律宾	13.2
泰国	43.8
越南	10.0

资料来源：Laeven and Valencia（2008）.

良贷款并迫使政府实施大规模救助。事实上，人们普遍认为，过去十年危机期间新兴市场国家债务增加的很大一部分可以用实际汇率崩盘以及以美元计价的债务和银行救助的财政成本来解释。[7]

共同因素

表8-2列出了三代危机模型的基本特征，以此为背景，我们总结了1997—2001年新兴市场国家危机的共同因素。核心的共同因素是存在固定汇率：阿根廷通过宪法硬性规定了汇率挂钩；俄罗斯和巴西采取了温和的汇率挂钩，旨在降低通货膨胀率；东亚国家采取隐性汇率担保——换句话说，即使现行汇率与美元挂钩，私营部门仍坚信央行会采取永久的固定汇率制度。

表8-2   危机模型——基本特征和影响

模型类别	基本特征	影响
第一代（拉丁美洲，1970年代和1980年代）	财政基础是关键。固定汇率，开放资本账户，有限的外汇储备。通过信贷为财政赤字融资。	投机性攻击外汇储备，随后财政赤字由通货膨胀税提供资金，造成波动。发生危机的时间是可预测的。
第二代（1992—1993年ERM危机）	信心，即市场心理是关键。固定汇率，开放资本账户和较低的国际流动性（即相对于流动性需求而言较低水平的外汇储备）。外部（例如，维持物价稳定）和内部（例如，减少失业）政策目标之间的冲突。	与政府多种政策选择相关的多重均衡；政府调控可能为投资者立场所迫，导致危机变成一种自我实现的预言。发生危机的时间是随机的。
第三代（1997—1998年东亚危机）	信心、市场心理、公司和银行的资产负债表错配是关键，还有可能包括道德风险。固定汇率，开放资本账户，较低的国际流动性。	与传染效应、溢出效应、基本面或三者同时相关的资本流入突然停止，导致实际汇率崩溃，引发灾难性后果，包括大范围的破产（由于货币错配）和经济衰退。政府可能被迫纾困私营部门，导致公共债务大幅增长。

资料来源：Krugman（1999）；Jeanne（1999）；Frankel and Wei（2005）.

还有其他一些重要的共同因素：债务的不可持续（俄罗斯和阿根廷）；资产负债表错配（阿根廷和东亚国家）；国际流动性低（所有国家）。最后一个突出的共同因素是开放资本账户和国际金融一体化。问题是，这个因素是否会放大金融脆弱性，最终导致公共债务大幅增加呢？即使长期来看有些国家并不存在财政赤字的问题，情况是否也如此呢？答案是肯定的。除非私营企业认为外国借款更便宜且更容易获取，否则就不会出现资产负债表错配。

私营企业资产负债表的脆弱性对于第三代模型推导出要救助私营企业而言至关重要，这不是一个全新的课题：卡洛斯·迪亚兹-亚历山卓（1985）的经典文献中预测了东亚危机的诸多特征，如专栏8.1所示。过早的金融自由化可能造成私人对外借贷的激增、私人资产负债表上的货币错配以及严重的资源错配，最终导致过多的不良贷款和金融崩溃。当银行获得救助时，公共债务上升，道德风险根深蒂固：银行认为政府会继续使用公共资源以防止银行破产，所以将来会再次冒险进行赌博。我们从美国的次贷危机可知，即使是经验丰富的、监督方法最为先进的复杂金融体系也容易出现道德风险和崩溃。从新兴市场国家的经验可知，金融体系不可避免地存在脆弱性，对此需要不断保持警惕、更新监管以跟上创新的步伐：南锥体地区（Southern Cone）是一个没有衍生品、没有主权债券市场的更为简单的世界，但还是发生了危机，卡洛斯·迪亚兹-亚历山卓在1985年的论文中对此做了研究。

专栏8.1　　卡洛斯·迪亚兹-亚历山卓（1985）
——一种已经经历过的感觉

卡洛斯·迪亚兹-亚历山卓（1985）的经典论文没有时间的局限，不仅预测了1997—1998年的东亚危机，也包含了三代危机模型的核心特征。这篇论文受南锥体地区国家经验的启发。这些国家从1970年代中期开始，试图在开放资本账户的进程中同时降低通货膨胀率。到 1983 年，这些国家为了救助私营企业而卷入了公共债务问题。以智利为代表：

● 1979 年：智利采取比索与美元挂钩的固定汇率制以降低通货膨胀率，逐步开放资本账户。

● 1981 年：资本账户自由化，但利率和通货膨胀率缓慢达到美国的水平，因此私人资本涌入。当时账户赤字占 GNP［国民生产总值，现在用 GNI（国民总收入）替代］的 14％，国内储蓄崩溃。由于认为金融市场和私人借款者可以实施自我监管，银行业监管发展缓慢："1981 年银行监管部门才拥有重要的监管权力"（p.8）。截至 11 月，两家重要的私营银行和几家金融银行濒临破产。

● 1981 年年底和 1982 年：中央银行通过扩大信贷来救助私营部门。

● 1982 年 6 月：比索贬值，美元兑换比索汇率从 1983 年 1 月前的 1 美元兑换 39 比索上升到 1 美元兑换 74～80 比索。1982 年实际 GNP 下降了 14％。

● 1983 年：尽管有截然相反的事前主张，但智利政府仍接管了私营部门外债。"显然，智利政府在银行咨询委员会的压力下屈服了……"（p.12）。公共债务虽然不多，但会不断增加，因为"国内外代理商拥有巨大的或有负债，这些代理商持有存款或向濒临破产的国内金融部门提供贷款"。

◇◇◇

对于 1997—2001 年新兴市场国家危机的后果，学术界存在争议，其代表有"原罪派"和与之极端对立的"负债不耐受派"，二者的假设相互对立，后者解释了为什么新兴市场容易受到债务危机的影响。[8]"原罪派"认为，新兴市场国家的脆弱性源于无法以本国货币长期贷款。"负债不耐受派"认为，新兴市场债务危机是由自己造成的：高通胀率和不良信用记录的国家即使债务水平相对较低，也容易出现宏观经济崩溃和违约。另一个引起争议的话题是"财政空间"论。新兴市场国家为了降低公共债务而牺牲对基础设施的公共投资，提高基础财政盈余，这是一种自取灭亡的行为，因为这种行为会对未来增长和税收产生不利影响，反而降低了财政偿付能力。事实上，为了应对1997—2001年的危机，新兴市场的基础盈余大幅增加。[9]

原罪派

原罪派的假设认为，新兴市场国家自身无法采取足够的措施来抵制不良债务结构造成的脆弱性，因为这既不是它们的错，也不受它们的控制。艾肯格林等（Barry Eichengreen, Ricardo Hausmann and Ugo Panizza, 2002）的论文中指出，根本问题在于新兴市场国家无法以本国货币发行长期外债；它们通常以美元等硬通货来发行长期外债。此外——这就是继承罪的概念所在——作者认为代价高昂的不作为与新兴市场的国内政策或机构无关，而与资本的流动有关，资本从缺乏债务工具的市场流出，从一开始就受到网络外部性的抑制。[10]由于货币错配放大了实际汇率崩盘的所有影响（这可能是突然停摆造成的，例如，1997—1998年印度尼西亚的情况就是如此），所以会增大外部冲击对一个国家及其产出波动的潜在影响。

2007年发表了对拉丁美洲公共债务的全面审查报告，得出了这一观点（见专栏8.2）。如果贷款国政府和投资者的金融工程回报率很高，那么为什么还不能自发地制定合适的债务工具呢？前文已经提到的一个阻碍，即"网络外部性"普遍存在于制定和推广新型债务工具的过程中——对于单个国家而言，单独行动的成本太高。2007年IDB（美洲开发银行）的研究（第十四章）表明，国际金融机构（IMF、世界银行、区域开发银行）可以在债务工具的协调、成本设置和推广方面发挥作用。这个观点呼应了艾肯格林等（Eichengreen, Hausmann and Panizza, 2002）的建议，他们认为国际金融机构和富裕国家应该发行以新兴市场国家货币指数计价的债券来启动市场，然后安排与新兴市场国家的债券互换，以减少或消除货币错配。

专栏8.1 与债务共存

IDB（2007）的核心建议认为，在确定危机的脆弱性时，债务结构比债务水平更重要。该报告认为，在确定债务违约的可能性以及借贷成本方面，货币构成和期限紧密相关。IDB（2007，chapter 11）重申了关于实现财政可持续性的方法，该方法强调标准方法忽视了债务结构，而在确定债务可持续性方面，债务结构可能比债务水平更重要。

根据前面的结论，该报告主张采用具有股权特征的临时债务合同，基于通货膨胀指数的债务工具，建议向以本币计价的债务转变，从而限制主权融资的风险，并允许将主权债务作为债务工具使用以促进经济增长。这个建议可以使债务偿还免受汇率变化的影响，而随国家在商业周期各个阶段支付能力的不同而改变。由于违约风险下降，不仅政府收益显著，投资者的收益也是如此。

原罪派引起了人们强烈的反应。卡门·莱因哈特、肯尼斯·罗格夫和米格尔·萨瓦斯塔诺（2003）在关于负债不耐受的论文中写道："人们认为可以通过金融工程消除连续违约者的'原罪'，越是先进的经济体，利率越是有差异，所以人们认为这些国家可以获得和 GNP 相同数额的贷款，这种观点纯属愚蠢。"本质上讲，一个国家的违约记录和财政基础比该国的债务结构更重要。

莫里斯·戈德斯坦和菲利普·特纳（Morris Goldstein and Philip Turner，2004）的观点更加友好，同意货币错配确实会造成威胁，但反对免除新兴市场国家所有的责任。他们的解决方案有两个方面：改善政策，例如，采用浮动汇率来提高人们对汇率风险的认识；以及加强机构监督和控制货币错配。IFI 应该核算并公布货币错配，如果货币错配过度，则减少将其作为 IMF 中期贷款的条件。没有快速解决方案，可能需要 10 年时间才能确保切实的改善。

根据世界银行内部辩论的经验，我总结了两点，本章稍后将通过巴西的经验予以说明：第一，政策公信力和财政基础主导 IDB（2007）确定的债务结构。第二，新兴市场国家的债务结构——或者实际上任何国家的债务结构——都不是政府的片面决策，这与 IDB（2007）可能无意中传达的观点相反。市场有发言权。[11]没有新兴市场国家会故意选择短期的、以美元计价的债券。这是政府可能想发行的各种债务工具的需求和供给所迫使的结果，债务工具的选择受到财政基础和可信度的限制。费德里科·斯特泽内格和霍尔格·沃尔夫（Federico Sturzenegger and Holger Wolf，2004）在一篇论文中做了如下陈述："阿根廷的价格在 1970—2002 年提高了 3 120 亿次，这样看来，外国投资者及阿根廷投资者不愿意接受以比索计价的长期债券也是可以被谅解的。"

公信力的另一种表现形式是：如何在开发特殊债务工具时强制遵守相关合约。在债务与通货膨胀挂钩或与 GDP 挂钩的情况下，政府可以操控通货膨胀或产出的统计数据，因此，即使是设计得最好的债务工具也可能违约。阿根廷官方统计机构国家统计和普查局（INDEC）为了减少基于通货膨胀指数的债务的利息支付而低报了通货膨胀率，这样的行为验证了上述可能性。引用卡门·莱因哈特和肯尼斯·罗格夫刊登在 2008 年 6 月 24 日的《华尔街日报》上的一段话："阿根廷债务中很大一部分已经违约了。当一个通胀指数债务欠款超过 300 亿美元的政府操控消费者价格统计时，你还能说什么呢？"

"财政空间"论或：愚蠢地放弃了增长

如果原罪派批评国际资本市场（缺乏合适的债务工具），负债不耐受派批评自己的国家（债务问题是自己的不良信用记录和通货膨胀史所造成的，只能缓慢消失），那么"财政空间"论就会批评 IMF 和世界银行。拉丁美洲国家出现了对于"财政空间"的争议——其中大部分被莱因哈特、罗格夫和萨瓦斯塔诺归类为负债不耐受。人们认为任何政府都会规避投资回报率和社会回报率很高的项目，实践证明这种想法是愚蠢的。IFI 支持这一点，因为它们决定了 1980 年代和 1990 年代拉丁美洲主要的宏观经济调整计划。塞萨尔·卡尔德隆、威廉·伊斯特利和刘易斯·塞尔文（Cesar Calderon, William Easterly and Luis Servén, 2004, p. 133）罗列了这些调整计划的成本："长远来看，通过公共基础设施压缩财政调整可能在很大程度上弄巧成拙，因为它对增长产生了不利影响，因而影响了公共部门的偿债能力。"

作者指责 IFI 将计划重点放在短期稳定和财政赤字上而忽略了长期偿付能力。"财政空间"论肯定了借入更多资金并投资基础设施的意义，而不主张以牺牲基础设施为代价提高基础盈余、减少债务，为什么呢？因为虽然这样做会导致短期债务占比的进一步上升，但是也会对未来的增长和税收产生积极的影响，进而提高长期偿付能力。塞尔文（2007, pp. 12-13）研究得出，关键条件是政府的边际融资收益，即使用费加上对基础设施的额外支出产生的边际产品所带来的税收超过了资本的使用成本（等于贷款的边际成本加上资本折旧率）。这就是工程项目经济学中问题的一个变体，任何投资回报率超过边际融资成本的项目都值得投资。换言之，只要基础设施项目可以充分提高未来税收和增长率以抵消贷款成本，政府就有财政空间。因此，削减公共投资以提高基础盈余显得毫无意义。

然而，卡尔德隆、伊斯特利和塞尔文看似无懈可击的论点并不符合实际。首先，根据他们研究的观点，我们需要非常完备的资本市场，让政府可以很容易地（即，利率不会大幅上涨）借入税收和资本使用费的未来收益，即使这些收益在不久的将来会实物化，并在通常情况下用其投资于大多数的基础设施，移动通信是一个例外。但我们已经了解到资本市场是不完美的、是短视的。市场可能会对债务占比的暂时性上升做出错误的反应，从而提高了利率。这样做完全破坏了计划的经济性，因为考察资本成本的效率包括考察利率上升对整个继承债务存量的影响，而到期时间越短的债务越容易出现上述情形：这是负债不耐受国家的突出特点。

其次，论证要求一定的外部条件的稳定性，但正如全球金融危机所表现的那样，新兴市场国家应对外部冲击——源于美国——会产生不利的财政后果，需要预留一些财政空间以缓和冲击引发的波动。

最后，论证要求必须考虑整个政府的资产负债表，而不仅仅是边际项目。在卡尔德隆、伊斯特利和塞尔文的论证中隐含着这样一种观点，即认为典型的公共财政管理应该是：收入动员充足、使用费设置准确、选择的都是好的公共投资项目。这种情况很少发生。由于电价设定得太低，国有电力公司经常亏损，政府经常投资"白象项目"（累赘且无用）。在负债降低、重新建立公信力之前，政府都不得不放弃那些有利可图的公共投资基础设施项目。从这个意义上说，债务抵押国家的公共债务的可持续性问题与公司债务悬置的影响是相似的。[12]

巴西的经验

1958—2001 年巴西的年均通货膨胀率超过了 40%，有时达60%，并且 1824—1999 年有 25% 的时间巴西都处于外债违约或重组状态。莱因哈特、罗格夫和萨瓦斯塔诺（2003）将其归类为"负债不耐受"国家[13]。过去 10 年巴西经历了 6 次不成功的稳定计划，之后于 1994 年 7 月启动了"雷亚尔计划"并成功实现了个位数的通货膨胀率。同时，政府开始转向本币债务。由于 1997—1998 年东亚危机和 1998 年俄罗斯危机的溢出效应，1999 年巴西放弃了雷亚尔与美元的挂钩，汇率从 1998 年 11 月的 1 美元兑换 1.19 雷亚尔贬值到 1999 年 2 月的 1 美元兑换 1.91 雷亚尔。巴西转而采用浮动汇率，通过努力建立外汇储备和显著提高基础财政盈余来弥补本币的贬值。1999 年的这场危机是一个积极的转折点，但只有经过长时间之后才能发现这一点。

就 1994—2008 年巴西的经验我提两点：第一，除了 IDB（2007）的建议，没有其他办法可以在金融工程的基础上加快构建更好的债务结构和更高的公信力；第二，在市场对政府产生信任之前，负债不耐受的国家可能不得不放弃即便有利可图的公共投资机会。当各国对负债不耐受时，这种投资存在的"财政空间"是虚幻的。第三章中的结论曾经指出，与豪斯曼、丹尼·罗德里克和安德列斯·韦拉斯科（2005）提出的国民储蓄水平相比，政府的公信力对 1998—2004 年巴西发展的制约作用更大。

金融工程绝非捷径

1990 年代中期，巴西开始持续转向本国货币债务以避免原罪，但正如我们将看到的那样，市场并没有被动地接受改变。为了论证，假设政府成功以固定的名义利率发行了本国货币债务。现在考虑一个外部冲击——例如资本流入的逆转——导致大幅实际贬值并迫使中央银行提高利率。伴随着更高的通货膨胀率、被名义利率锚定的债务，现有政府债务存量的实际负担将会减轻。如果债务以美元计算，债务的实际负担就会增加并给政府带来多重打击：债务占比上升，外部冲击提高利率，造成增长趋缓和财政收入下降。这个例子说明了以固定名义利率发行本币债务的优势：它可以较好地平抑冲击带来的波动，而美元债务则会放大波动。

巴西从 1990 年代中期开始转向本国货币债务，政策结果突出了两个重要事实：首先，债务结构不是政策的单方面选择，市场对政府公信力和偿付能力的看法严重影响了对债务结构的选择。政府基于自身利益的最大化决定转而发行本币债务，但是市场可能会因此而要价很高。其次，对于负债不耐受的国家而言，单单依靠金融工程来降低债务和脆弱性的可能性很小。事实上，尽管转向本币债务是一揽子救助计划的一部分，其中包括从 1999 年开始转向浮动汇率和更高的基础财政盈余，巴西在降低政府债务方面还是陆续遇到了很多不利因素。

第一点关于市场要价很高体现为，名义的、非指数化的本国货币债务在巴西政府总的本国货币债务中所占的份额是变动的。这一份额越高，冲击下转向本币债务的效益就越大，如本章前文所述。非指数化债务份额越高，意味着投资者对未来的通胀和公共财务状况越有信心。1994 年经济成功稳定之后，非指数化债务份额在 1996 年达到最大值 60%，2002 年夏季的总统选举引发了政治上的不确定性和对违约的担忧，当年非指数化债务份额下降到不足 10%。随着公信力的逐渐恢复，2006 年这一份额上升至 30% 左右。

事实上，1997—2008 年大部分本币债务都是按 SELIC（巴西央行的隔夜拆借利率）或汇率指数化的，模糊了美元计价债务和本币债务之间的区别。这表明投资者希望免受意外的通货膨胀或货币贬值的负面影响——这些意外源于公共财政问题或突然停止或两者兼而有之。1999 年以后基础盈余增加，地方政府预算硬化，在这样的情况下为什么仍存在较高的实际利率？针对这一困惑，弗朗西斯科·吉亚瓦齐（Francesco Giavazzi）、伊兰·戈德法恩（Ilan Goldfajn）和圣地亚哥·赫雷拉（Santiago Herrera）评估了 1999—2003 年巴西发生的宏观经济事件并做出如下回答："如果财政政策保持一致，实际利率会暂时上升且随着时间的推移而下降。"[14] 换言之，需要坚持不懈地向市场说明政府跨期约束的合理性，否则市场要么要求高水平的指数化，要么在非指数化的情况下要求过高的实际利率，以此破坏向本币债务的转变。

第二点关于不存在金融工程捷径体现在图 8-1 中，该图描述了公共部门的净债务占 GDP 的比率及其货币构成。

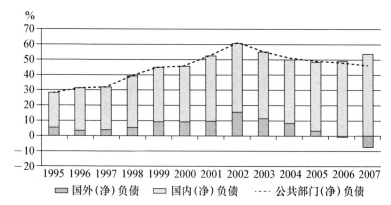

图 8-1　巴西：1995—2007 年公共部门净债务占 GDP 的比率

资料来源：巴西中央银行。

1995 年以后，新的以本币计算的公共借款主要发生在国内市场；1998—2002 年由于实际贬值，以美元计价的债务占比上升。巴西政府除了转向本币债务（尽管其中很大一部分被指数化）外，还将平均基础赤字占 GDP 的比率从 1996—1998 年的 0.3％提升至 2000—2003 年的 3.3％以上。1999 年初米纳斯吉拉斯州事件体现了政府救助，为了避免将来对州政府的救助，联邦政府与州政府通过谈判达成严格的协议以支持上述财政措施，这种做法值得称赞。当时米纳斯吉拉斯州的州长吹嘘当地为该国的第二大选民集中地并宣布暂停向联邦政府偿还债务，这违反了该州前任政府与联邦政府之间达成的协议。与此同时，国家财政部严格遵守联邦政府与该州签订的早期合同，将通常转移到米纳斯吉拉斯州的收入份额直接用于偿还债务。这将问题扼杀于萌芽状态，体现了联邦政府强制执行财政纪律的决心。[15]

由于地方政府层面预算限制的日益严格，持续、大幅增加的基础盈余本应该降低贷款需求（回顾第五章中肯尼亚的经验），但是2005—2007 年——该时期已充分摆脱了 2002 年的政治动荡，稍后会讨论——的净负债反而远远高于 1999 年危机前三年的数值，如

图 8-1 所示，一部分原因是实际利率仍居高不下，另一部分原因是经济没有起飞。事实上，较高的基础盈余主要是通过提高税收来实现的。这样做可以通过降低私营部门资本回报阻止私营部门投资和长期增长。这会保持较高的实际利率（如果它能降低未来的税收和基础盈余的话）并抑制以更高的私营部门投资和增长为特征的良好均衡。OECD 在 2006 年关于巴西的报告中简明扼要地表达了这一观点：

> ● 尽管如此，财政调整还是付出了代价，公共投资被削减而税收负担增加。2000—2005 年收入占 GDP 的比率约上升了 5 个百分点，2005 年接近 37.5%——这是收入水平相当的国家中最高的。在当前支出缩减的背景下，不增加课税而是持续减少公共债务有助于更快地降低实际利率、允许国内储蓄为促进增长的投资提供资金。此外，还将通过扩大税基等方式为消除税收制度的扭曲奠定基础。（OECD，2006，p. 12）

这段引文中感叹公共投资的减少和税收的增加，可以让我们完美过渡到下一个具有争议的话题——过度"财政空间"。

"财政空间"——对负债不耐受的国家而言是虚幻的

与 1996—1998 年相比，巴西在 1999 年危机之后的 2000—2003 年的四年间，基础盈余占 GDP 的比率平均上升了 3.6 个百分点。随后 2004 年和 2005 年进一步提升，表现出非凡的政治毅力。人们本来期望有大规模的、持续的财政措施来说服市场以证明政府无意违约，但是，在危机发生前的三年里巴西的平均利息支出占 GDP 的7%，而在接下来的三年里该比率上升到 8% 以上。借用吉列尔莫·卡尔沃（Guillermo Calvo）的观点：市场并非简单地不愿宽恕人们，它还可能很残忍。如图 8-2 所示，尽管 1999 年后基础盈余大幅增加，但债券利差在 2002 年达到了违约水平。这个事件值得讨论。

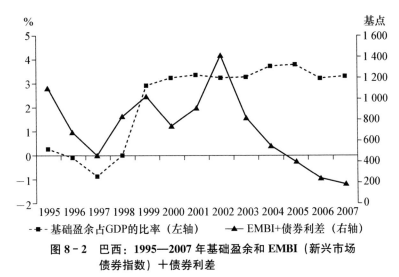

图 8-2　巴西: 1995—2007 年基础盈余和 EMBI（新兴市场债券指数）＋债券利差

资料来源: 巴西中央银行和彭博资讯。

　　由于巴西工人党候选人路易斯·伊纳西奥·卢拉·达·席尔瓦 (Luiz Inácio Lula da Silva) 有望在总统大选中获胜, 2002 年债务拒付普遍存在。2002 年 7 月底债券利差上升超过 2 000 个基点, 原因是民意调查"显示卢拉将赢得总统大选……［投资者］认为, 如果巴西由一位过去曾同情违约的总统来领导, 难道不会历史重现吗?"这句话引自约翰·威廉姆森 (John Williamson, 2002) 的一篇富有洞察力的评论, 他认为巴西是信心或多重均衡的受害者, 这让人想起表 8-2 中所示的第二代危机模型。基本面是良好的: 基础财政盈余大幅增加, 州政府的预算限制更加硬化并且在 1999 年就已经采用了浮动汇率。莫里斯·戈德斯坦 (2003) 提出, 到 2003 年底巴西有 70％ 的可能性被迫重组其债务, 约翰·威廉姆森的上述评论部分回应了这一观点。

　　1999 年之前债务动态是不可持续的, 汇率是固定的, 与之相比, 巴西在 2002 年 7 月之前采取浮动汇率并大幅提高了基础财政盈余。根据市场反应可以判断巴西显然尚未成功摆脱其负债不耐受的形象, 但毫无疑问, 它已采取了严格的纠正措施。担心违约是毫无根据的, 随后债券利差收窄, 但只是缓慢收窄。在此期间, IMF 提供了 300

亿美元的贷款。回顾本章前面的第一点，根据奥布斯特菲尔德（1994）年关于多重均衡的经典文献：如果财政基础良好，可以通过借入储备来支撑市场信心。尽管如此，由于非指数化债务所占份额下降，市场依然紧张不安，在这种情况下试图增加用于基础设施公共支出的债务融资是不明智的。压倒一切的优先事项是通过更高的基础财政盈余来恢复公信力。奥利维尔·布兰查德在 2005 年吉亚瓦齐-戈德法恩-赫雷拉卷的章节中提到了这一优先事项的主导性。他告诫说，为了将通胀率控制在目标范围内而提高利率可能加剧货币贬值的预期，从而提高对违约风险的感知、恶化通胀预期，效果可能会适得其反。[16]

但人们担心会影响到长期增长。税收增加带来了基础盈余的增加；至 1998 年，即危机爆发的前一年，基础设施支出已经被削减到极致，不到 GDP 的 1%，总的公共投资不到 GDP 的 4%。[17]提高税收和削减基础设施投资这两项措施会减少总需求和私营部门投资的回报，从而降低增长率。从积极的一面来看，巴西强化了州政府和私营部门的预算。遵循上述过程的债务最终将说服市场相信巴西会降低利率、刺激经济增长，不再是债务不耐受的国家。

令人感兴趣的问题是：巴西选择的财政调整路径在多大程度上受信贷和通胀历史的推动？为什么它没有降低边际税率、增加有高回报率的基础设施项目的公共支出，反而采取了相反的措施？答案很简单——债务市场不会允许它这样做，且巴西对负债不耐受的历史经验也是一个重要因素。在没有恢复财政可信度的情况下，任何有关借贷的尝试都可能导致利率飙升，反映出资本回报率不高（如豪斯曼、罗德里克和韦拉斯科所述，见第三章）、违约风险很大。第二个考虑因素是财政调整的政策。正如 2006 年 OECD 报告所指出的那样，巴西以牺牲公共投资为代价，发展了一种缺乏弹性的支出模式，专注于养老金和工资的支出。因此，市场短视与政治现实相结合，阻碍了更高质量的财政调整。

印度在 1991 年国际收支危机之后的财政调整为巴西提供了一

个有趣的对比。印度削减税收并逐步缓解金融抑制，收入大幅下降，千禧年之际政府债务动态明显恶化，尽管存在长期滞后，但这些措施能够显著促进增长——如第六章所述。由于更高的增长率和更强的收入动员能力，印度未来的盈余可能足够高，从而可以从债务市场中获利。但是，和巴西一样，印度也削减了政府资本支出，导致了日益增大的基础设施差距，这已经成为当今私营部门投资的最大制约因素。

两国另一个重要的区别是：印度的资本账户已经并且正在缓慢地自由化。印度改革的高财政成本（第六章估计，1991—2004 年占GDP 的38%）引发了一个问题：拥有开放资本账户的新兴市场国家能否在不受宏观经济危机影响的情况下承担这样的改革成本。实际上，开放的资本账户似乎确实与负债不耐受密切相关；东亚国家的经验显然不足以证明这些国家是负债不耐受的。由于印度资本账户自由化进程缓慢，该国在 1997 年之后尽管债务动态恶化，但仍避免了危机的发生；与拉丁美洲和东亚新兴市场国家不同，印度实际汇率崩溃和货币错配的致命组合被取而代之了。

跨越门槛

本章提出了四个要点。第一，固定汇率、资本账户开放和市场对财政基础的担忧组合在一起是非常致命的。第二，通过消除市场对违约风险的担忧解决财政基础问题即使对短期内的增长会产生负面影响，也应成为首要任务——因为减少公共基础设施的公共支出可以提高基础盈余。市场并不在意。如果没有解决财政基础问题，那么任何金融工程都无法恢复信心或可持续性，这是必然的结果。第三，有关新兴市场国家在 20 世纪 90 年代和 21 世纪初期的艰辛的理论假说是相互矛盾的，负债不耐受派的观点似乎比原罪派的观点更具说服力。第四，克服负债不耐受可能会产生长期滞后；预防危机胜于解决危机。

正如第九章将显示的那样，新千年的新兴市场国家尽管开局不利，但在新千年的第一个十年期就跨越了一个门槛。几十年来，它们第一次通过自身来调控。它们从错误中吸取教训，通过建立外汇储备、转向浮动汇率以及加强金融监管等方式实施改革，重点关注政府跨期预算约束的健全性，应对三代危机模型所揭露出的脆弱性。令人惊讶的是，这种自我保险的结果是积极的，正如第九章所述，这表明经验教训具有持久的价值。

【注释】

[1] 这并不意味着东亚毫发无损。塞拉和萨克塞纳（Cerra and Saxena, 2005）指出，所有国家均出现了持续的产出损失。

[2] 参见 Flood and Garber（1984）的扩展研究。

[3] 参见 Luis Servén and Guillermo Perry（2005）研究 2000—2001 年阿根廷危机的论文。

[4] 参见 Obstfeld（1994）。克鲁格曼在 1999 年的一篇论文中承认错误并向罗伯特·弗拉德（Robert Flood）致敬："我错了，奥布斯特菲尔德是对的。"但是刚才讨论的两点都是对的。

[5] 关于东亚 1997—1998 年的情况，见 Claessens（2005，pp. 236 - 237，figure 6 - 2）。另见 Chang and Velasco（2000）。

[6] 第三代模型的各个方面均受到 Dooley（2000），Krugman（1999），Chang and Velasco（2000），Burnside, Eichenbaum and Rebelo（2001）的启发。另见 Claessens（2005），Frankel and Wei（2005）以及 Diaz-Alejandro（1985）。

[7] IMF（2003），Gill and Pinto（2005），IDB（2007）.

[8] 原罪派：Eichengreen, Hausmann and Panizza（2002）。负债不耐受派：Reinhart, Rogoff and Savastano（2003）。

[9] 如 Gill and Pinto（2005）中的表 4 - 3 所示。

[10] 在这种情况下，"网络外部性"意味着第一个以本币对外发行长期债务的国家可能面临巨额成本；随着越来越多的国家加入这一行列，成本会

逐渐下降。但是，先动者可以享受后续的收益，后加入的国家无法与其共享，从而陷入僵局并要求干预。

[11] 然而，由于官方债权人占主导地位，低收入国家的外债结构主要由政策决定。

[12] 债务积压的概念源于斯图尔特·迈耶斯（Stewart Myers，1977）的一篇研究公司财务的论文。它指的是如果公司的收入不足以偿还其现有债务，那么即使投资项目具有正的净现值，也很难吸引新的融资。这是因为现有债务持有人可以划拨大部分甚至全部的净现值。因此，企业最终将放弃有利可图的新的投资机会，增长将受到影响。

[13] Reinhart，Rogoff and Savastano（2003，table 1）。他们重点研究一个国家的总体（公共加私营部门）外部债务，而不仅是公共债务。

[14] Giavazzi，Goldfajn and Herrera（2005，p. XX）。

[15] 非常感谢阿尔瓦罗·马诺埃尔（Alvaro Manoel）为我找来了这个故事。另见 Giavazzi，Goldfajn and Herrera（2005，pp. XV‐XVIII，figure 5）。

[16] 布兰查德指出，美元债务在政府债务总额中所占的份额越大，出现这一结果的可能性就越大。但请注意，正如本章前面所指出的那样，大部分实际债务都是指数化的，因此类似于美元债务。

[17] Easterly and Servén（2003，p. 40，figure 2. 14c）。

第九章
自我保险和自我融资式增长

> 1980 年代，大多数新兴市场国家表现出较低的金融一体化水平、资本管制甚嚣尘上、固定汇率、扩张的货币政策和低水平的国际储备……随着 1997—2001 年新兴市场国家在经济危机中吸取经验教训，这种情况发生了巨大改变。
>
> ——艾泽曼和品图（2011）

2008 年 4 月 30 日，在第八章中提到的 OECD 报告提出后不到 18 个月，标准普尔公司将巴西的主权信用评级提高到投资级。更令人震惊的是，2009 年 4 月再次肯定了这一评级，当时第 1 季度产出的结果是灾难性的，最富裕国家的股市崩盘，全球经济处于最糟糕的状态，标志着全球金融危机的最低点。2009 年 12 月初，惠誉国际将土耳其的信用评级提升了两个级别，从 BB－提升至 BB＋，仅次于投资级。路透社在对伊斯坦布尔的新闻报道中指出，信用评级提升的原因在于土耳其"对危机的抵御能力以及放松了诸如通胀的事先约束。惠誉国际进一步指出，土耳其已经证明了其信贷基础远比之前认为的要好"。[1] 莱因哈特、罗格夫和萨瓦斯塔诺（2003）将土耳其归类为负债不耐受的国家，和巴西的经历一样，这并不是一件坏事。讽刺的是，这种违约风险的升级发生在 2009

年，土耳其政府恰好在这一年出现了自 2000 年以来的首次财政赤字！

土耳其：从沮丧到喜悦

土耳其 2000—2001 年的经验值得深思，原因有两个：第一，它的经验与巴西一起向我们提供了一个有关自我保险如何运作的有说服力的说明。第二，土耳其 2000 年的计划最后以失败告终，这是新兴市场国家最后一次以名义汇率为锚来实现稳定的尝试。[2]

在这之前的一年（1999 年）是艰难的一年，产出缩水 6%，实际利率超过 30%，政府还接管了 8 家濒临倒闭的银行。证券化银行的"责任损失"——商业银行需要对政府指导的各种信贷提供对应的利率补贴——大大增加了土耳其的公共债务。1999 年的通货膨胀率为 65%。政府决定做一些剧烈的改变并最终在 1999 年 12 月 9 日向 IMF 递交了意向书。[3]意向书首先谴责了土耳其 25 年来的高通胀历史、巨额财政赤字、经济波动和低增长，指出了公信力、过高的实际利率的成本及其对私营部门的负面影响。意向书中引人注目的地方在于积极引入了俄罗斯和阿根廷之前危机的教训，阐明了当时任何从业者都认可的最先进的稳定计划。

稳定计划的核心是采用了一种爬行钉住的汇率制度，目的是将 2000 年的通货膨胀率降至 25%，预测每月其货币相对美元的贬值率，计划三年内实现个位数水平的通货膨胀率。但是，在总结了阿根廷的教训后，意向书在第 30 段中承认："要避免陷入长远来看可能将导致不必要的僵化的货币和汇率框架——虽然有利于通货紧缩，近年来这个问题已经影响了许多新兴市场国家。因此，这种汇率制度需要一个透明的、提前预告的退出策略。"[4]根据俄罗斯的经验，意向书制订了一项全面的财政计划，将公共债务置于可持续发展的轨道上，由涵盖各个领域的结构性改革予以支撑，包括养老金负债、税收政策和管理、银行业、农业补贴和私有化（所得用于偿还公共债务）。

2000 年情况开始出现好转：经济增长率反弹至 6％以上，公共部门的净债务占 GDP 的比率略有下降。[5]但与 25％的目标相比，年末通货膨胀率仍为 39％，导致了里拉升值。还出现了另外两个问题：第一，里拉升值 16％且油价上涨，造成经常账户赤字占 GDP 的比率扩大到 5％，远远高于 1.8％的目标。回忆一下，多恩布什和维纳（1994）告诫，当用名义汇率当作价格稳定的锚时，货币实际上必然升值，1995—1998 年俄罗斯就发生了此种情况。第二，由于国内利率高得多，商业银行以里拉从国外借款和投资的行为会存在很大的汇率风险。

2000 年稳定计划失败的原因

用汇率作为降低通胀率的锚而造成的实际升值让人联想起 1998 年俄罗斯危机之前的稳定计划：国内银行资产负债表上的货币错配，而由国内外利息差异推动的银行资产负债表上的货币错配又与1997—1998 年印度尼西亚的经历相似。加上土耳其提前公布里拉汇率的趋势，我们建立了一个经典的单向投资模型，说明以美元贷款并投资土耳其国库券有利可图。专栏 9.1 列出了计算过程。

◇◇

专栏 9.1　　　　　　　　　**单向投资的算法**

根据定义，里拉兑美元的实际升值表示为

$$\hat{e} < \pi - \pi^*$$ （i）

其中 e 是美元兑换里拉的名义汇率，π 是土耳其的通货膨胀率，π^* 是美国的通货膨胀率。$\hat{e}$ 表示里拉的贬值率，远远低于土耳其一般的通货膨胀率，因为整个政策的焦点是降低通货膨胀率。因此，实际中里拉兑换美元的汇率将会一直升值，直至该国的通胀率等于美国的通胀率加上预先宣布的里拉的贬值率（随着时间的推移也会降低，以实现个位数水平的通货膨胀率）。但仅这一点并不意味着借入美元并投资土耳其的里拉国库券是值得的，最终取决于利率。这样做值得的条件是：

$$i > i^* + \hat{e} \tag{ii}$$

其中 i 是土耳其国库券的利率，i^* 是土耳其银行可以借入美元的利率。式（ii）的右边考虑了里拉兑美元的贬值，表示借入美元的有效里拉成本。不等式成立表明可以通过借入美元和投资里拉国库券来获利。

在稳定目标下，如何将上述获利行为与里拉的实际升值联系起来？将式（i）的两边同时乘以（−1），并在两边同时加上（$i-i^*$），整理可得：

$$i - (i^* + \hat{e}) > (i - \pi) - (i^* - \pi^*) = r - r^* \tag{iii}$$

其中 r 和 r^* 分别表示里拉和美元的实际利率。

从式（iii）可以看出，如果土耳其的实际利率高于美国——这正是人们所期望的——条件式（ii）也必然成立。换句话说，如果实际汇率升值并且国内的实际利率高于美国，那么本章开头提到的单向投资模式将是有利可图的（通过开放商业银行外汇头寸或货币错配；如果贬值，那么通过建立商业银行外汇头寸或货币错配，由于救助成本，汇率最终会崩溃）。

◇◇◇

由此产生的银行资产负债表上的外汇和利率风险是致命的。货币错配使得银行容易受到由投机性攻击引发的里拉贬值的影响，为了保护汇率而提高利率则会对持有固定利率的里拉政府债券的银行造成损失。如果银行需要匆忙关闭其开放的外汇头寸，它们将被迫出售里拉政府债券，用销售所得从中央银行购买美元。这就形成了一个恶性循环，即当持有的里拉政府债券的市场价值下降时，保证金要求以债务抵押的方式借入美元，因此只有进一步出售政府债券才能获得需要的美元，依此类推——熟悉的去杠杆化随着央行储备的枯竭而扩大。此外，外国银行将不愿意对信贷额度和组合贷款展期。

这正是2000年11月发生的事情，政府耗资100亿美元用于捍卫固定汇率，最终在2001年2月下旬实现了浮动汇率。因此，土耳其的危机符合典型的新兴市场国家的特点：在开放资本账户的前提下，尝试通过基于汇率的稳定计划来弥补高通胀历史和政府债务不稳定性带来的缺陷，最终造成了汇率－银行－公共债务危机的全面爆发，如1998年的俄罗斯那样。它表明，当一国宏观经济历史不佳且资本账户开放时，利用汇率作为名义锚来降低通货膨胀率是非常困难的。图9-1说明了这一恶性循环。尽管土耳其试图极力避免阿根廷和俄罗斯的错误，但是2000年的经历说明上述做法完全不可行。

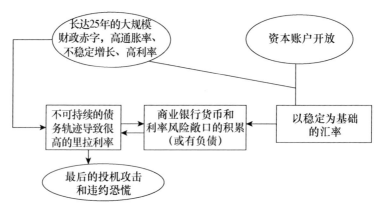

图9-1 土耳其基于汇率的稳定计划失败的原因

尽管土耳其在2001年2月实现了浮动汇率，但实际利率依旧维持在异常高的水平。与2000年11月受投机性攻击之前的水平相比，截至2001年8月，2007年欧洲债券的利差达到1 100个基点，翻了一倍多。预计到2001年底，由于高实际利率、银行清算成本和对违约的担忧，净公共债务占GNP的比率将在2000年底的水平上提高20个百分点。

令人惊讶的转机

尽管 2000 年计划失败、2001 年的产出结果令人沮丧，土耳其仍避免了违约的发生并最终稳定了经济，前提是该国采用了浮动汇率而不是固定汇率！它是如何实现这一目标的？关键是将政策关注点从汇率转向全面的政府跨期预算约束。但是 1999 年 12 月的意向书没有做到这一点吗？[6]差异是不同的汇率制度造成的吗？答案包括两方面：首先，相比提前公布的爬行钉住或固定钉住的汇率制度，浮动汇率制度更容易提醒银行提防汇率风险并削弱了货币错配的激励。其次，虽然 1999 年 12 月的意向书提出了所有正确的建议，但建立财政公信力是需要时间的。公信力最终源于将政府跨期预算约束建立在稳固的基础上（通过控制政府的债务动态，并采取措施减少金融部门的或有负债）。这既不是暂时的，也不是永久的。回想一下，尽管 1999 年以后巴西的基础盈余大幅增加，但在恢复公信力方面耗费了很长的时间。1994 年雷亚尔计划稳定了价格，但又过了 14 年，巴西政府债务评级才达到投资级。

恢复财政公信力要求通过提高基础财政盈余来降低违约担忧，随后通过降低贷方要求的风险溢价来降低利率。更快的增长会有所帮助，但在危机下不太可能实现。与 1999 年 1 月后实施浮动汇率制度的巴西一样，土耳其将公共部门的基础财政盈余占 GDP 的比率从 2000 年的约 3%提升到 5%～6%。财政部部长凯末尔·德尔维什（Kemal Dervis，2005）——从 2001 年 3 月，即汇率崩盘的第二个月起一直任职到 2002 年 8 月——认为土耳其的最终成功应归功于四个因素：

（1）通过快速推进 19 项重要的结构性改革法律或法规，利用危机的"走投无路效应"来"将结构性改革前置"。

（2）采取有管理的浮动汇率制度，留心汇率的大幅下跌对银行和企业造成毁灭性的影响，因为它们的债务以美元计价。央行从 IMF 获得了一大笔贷款，从而增加了储备，可用于支撑汇率，防止汇率自由下跌。

（3）拒绝强制性债务重组（因为 60％ 的公共债务是内部持有的），同时大幅增加基础财政盈余。尽管这么做会减少总需求，但它"对债务动态和债务可持续性的预期（具有扩张效应）"的积极影响会超过不良影响（Dervis，2005，p. 94）。换句话说，较高的基础盈余的公信力效应能够降低利率，这与第八章讨论的巴西的战略非常相似。

（4）与工会就工资增长达成协议。

但请记住，德尔维什在位时间只有一年多，这个时间太短，难以克服 25 年的宏观经济波动。IMF（2001，p. 11）在 2001 年 6 月出现汇率崩盘后发表了一些观点："是什么让利率一直维持在高水平？最明显的原因是公共财政危机造成的高负债水平和由此产生的货币化风险（或无法进行贷款展期）。"最终产生差异的原因是对更高基础盈余的固执的坚持，如德尔维什坚持的那样。最后，发挥作用的与政府的跨期预算约束有关，而不是基于固定汇率来降低通货膨胀率；一旦私营部门确信公共债务处于可持续发展的轨道，利率就会沿着这一轨道不断下降，如第（3）点所述，通胀预期和违约风险也会下降。

因此，土耳其在全球金融危机期间的弹性和信用评级的上升令人印象深刻，但这不是意外。与巴西一样，土耳其从上一轮新兴市场国家的危机中吸取了教训，并采取了预防性措施，跨越了门槛。表 8-2 中所示的三代危机模型隐含了脆弱性，这些是应对脆弱性的措施，我们称之为"自我保险"。

自我保险：对成功的怀疑

很少有经济学家会认为，新兴市场国家在应对全球金融危机时会表现良好，因为这些国家会为了应对自身的危机而自我保险。[7] 为了理解为什么自我保险的成功是一个意外，我们追溯到 2003 年里卡多·卡巴里洛（Ricardo Caballero）总结的为新兴市场国家提供保险的最先进方法。里卡多·卡巴里洛的出发点是各国可以通过自我保险防止商业周期的波动，但是，由于存在极端的波动性和大规模的资本流动，抵御突然停摆导致的毁灭性影响是不可行的。必需的保险市场和工具是不存在的：现有工具可以保护商品出口国的年均财政收入不受石油价格风险或铜价风险的影响，但无法抵抗突然停摆。

因此，卡巴里洛在其 2003 年的论文中提出了新的工具：以或有债券为中心，包括涉及债务抵押债券（CDO）的债务结构，根据 CDO 发行部分债券，所得款项用于购买新兴市场国家发行的或有债券——本质上，这是一个资产支持的结构。"或有"指的是不受国家控制的变量，如国际铜价或国际石油价格、高收益价差。这样可以避免道德风险，也无须了解国家的具体信息。卡巴里洛（2003）指出，"以本币发行外债虽然在保险方面极具吸引力，但无法解决需求数量的问题，因为它没有达到这一要求，"这是对原罪假设的又一批驳。发行部分债券的目的在于确定优先级债券，将重点放在应急本身上并与国家违约风险隔离开来，使这些工具能够吸引养老基金和保险公司；而专业的新兴市场基金则会承担更多与初级债券相关的违约风险。国际金融机构（例如，世界银行和 IMF）可以通过解决在开发新的金融工具的过程中产生的网络外部性来促进这些市场的发展，起到催化剂的作用——这种方法与 IDB（2007）提出的建议的精神内涵相似，我们在第八章中讨论过。

现在我们可以重新思考这些想法，试想：把这些想法叠加在一起会怎么样？全球金融危机下关于金融市场和衍生品的启示几乎都对金融工程和金融工具（如 CDO）没有太大的信心。整个基础设施都受到了攻击，从工具到监管、信用评级机构、偏向于操纵和过度冒险的激励与薪酬结构——几乎涉及了所有方面。从积极的一面来看，卡巴里洛认为自我保险成本太高而不能胜任这项任务，但自我保险在一次远比任何人在这个 10 年期之初所想象到的严格的自然实验，即全球金融危机中，为新兴市场国家发挥了很大的作用。下文引自卡巴里洛（2003, p. 4）：

● 这些经济体通过代价高昂的大额国际储备和稳定基金而实现自我保险。如果要求个人预留 100 万美元用于投保可能发生的汽车碰撞以及随之而来的责任的话，那么绝大部分人往往会"保额不足"，而不会购买此保险以防范该类事件；对于国家而言也是如此。保额不足大大加重了这些国家的经济衰退。

为什么自我保险有效？

尽管这个 10 年期之初就有人提出了所有疑虑，但自我保险仍然有效，因为新兴市场国家的行为不仅仅局限于外汇储备的积累，还通过现有工具进行套期保值，或旨在为政府提供更高比例的本币债务。关键在于广义上符合政府跨期预算约束的核心作用，这意味着包含了对与私营部门资产负债表相关的或有负债的预期。突然停摆几乎不可避免地会导致大幅实际贬值（因为该国可能出现资本账户的盈余，在此之前很可能就已经出现了经常账户的赤字）。如果私营部门资产负债表上存在大量货币错配（即以美元计价的负债和以本币计价的资产），那么实际贬值可能会导致不良银行贷款的飙升和信贷紧缩，随着政府逐步救助私营部门，最终导致经济衰退和政府跨期预算约束的恶化。

但经济衰退不是预先确定的：如果货币错配有限且公共财政是可持续的，那么即使在很大的不利外部冲击下，实际贬值的支出转换效应结合刺激总需求的财政措施也能帮助支撑国内产出并最大限度地减少影响。我们怎么知道的呢？因为这就是全球金融危机期间巴西、土耳其等国家的实践经验。即使尼日利亚这样的国家，其政治治理不善和经济管理不善长达 30 年，也成功避免了 2009 年产出的大幅下滑，原因是 2004 年财政政策出现转机后该国已经积累了财政储蓄和外汇储备，如第三章所述。

自我保险费用太高吗？以印度为例，2007 年印度外汇储备占 GDP 的 25%。如果我们假设印度政府相对于美国政府的美元借贷成本的利差达到 300 个基点（实际上，印度政府的主权信用评级是投资级，所以利差可能会小得多），承担这些储备的财政成本将低于 GDP 的 1%；如果能够帮助该国渡过第二次世界大战以来最大的经济危机，那就不错了！

总结一下：

● 1997—2001 年之后新兴市场国家实施的自我保险措施远远不止简单的增加储备或使用对冲工具。

● 在解决基础财政问题和加强政府、私营部门预算的基础上，重点转向政府跨期预算约束的健全性。正如巴西在 1999 年之后的经历（见第八章）所显示的那样，这是更好地从混合本币和外币的公共债务中获益的必要条件。

● 而且，如 1997—1998 年东亚危机所示，忽视私营部门的或有负债——通常表现为商业银行资产负债表在负债方面存在较高的贷存比率、货币错配和资产泡沫（特别是在房地产行业）——是错误的。[8]

自我保险的趋同

这是一件真正有趣的事情：1997—2001 年遭受危机的新兴市场国家尽管有着截然不同的初始条件和历史，但都采取了"自我保险"：东亚国家从未出现过政府债务可持续性的问题（同期的菲律宾除外），但银行风险敞口带来了或有负债；而俄罗斯、巴西、阿根廷和土耳其这些国家存在政府债务的可持续性问题，其中阿根廷和土耳其还出现了私人银行的脆弱性问题。这种采取"自我保险"的趋同性的标志是，新兴市场国家明显意识到，它们必须恢复政府跨期预算约束的稳健性。外部尝试以法定方式（例如附录 5 中讨论的主权债务重组机制的失败尝试）或通过开发具有股权特征的新债务工具，例如第八章提到的 GDP 指数债券，来解决债务问题但并未成功。

在防范危机的过程中，新兴市场国家试图弥补两方面的脆弱性：不可持续的政府债务动态和相对较低的外汇储备。表 9-1 列出了构成自我保险一揽子计划的一部分的政策目标和工具，这些目标和工具体现了三代危机模型，这一点毫不意外。

表 9-1　　　　　　　　自我保险：一揽子交易

目标	工具	评论
1. 恢复可持续的债务动态和低水平的风险溢价（第一代）	● 长期提高基础盈余。 ● 强化财政机构。	由于债务不耐受和市场短视，可能不得不削减公共投资。
2. 将与私营部门相关的或有负债维持在低水平（第三代）	● 转向浮动汇率（避免汇率保证）。 ● 监控私营部门的外部借款和货币错配。 ● 强化金融机构。	浮动汇率将减少货币错配的动机。但中央银行还应对私营部门外债的数量和商业银行的贷存比率进行直接的宏观审慎调控。
3. 保障应对市场情绪的转变和可能发生的突然停摆（第二代）	● 建立外汇储备。 ● 限制政府和私营部门资产负债表上的货币错配。	"理想的"储备水平将取决于短期外债、汇率的灵活性和货币错配的程度。

支持流动性

2008 年 9 月 15 日雷曼兄弟的破产让世界陷入全球金融危机，如果你看看 IMF 在此之前发布的关于土耳其的报告，就会发现最近再次出现的两个很奇怪的特征。第一，雷曼兄弟破产之前发布的报告预计中期会出现大额的经常账户赤字。我原本预计这些数据会在全球危机加剧和信贷危机的影响下大幅下调，但 IMF 在 2010 年 9 月发布的土耳其报告中继续预测中期经常账户赤字约占 GDP 的 5%。第二，土耳其的储备从 1999 年的约 250 亿美元增加到 2007 年底的 700 多亿美元；但是，与 1999 年提出的所谓的格林斯潘规则（Guidotti-

Greenspan 规则）相反，储备一直低于短期外债加上到期的长期债务之和。实证研究表明，这种储备不足与宏观经济危机和突然停摆密切相关。[9]尽管如此，但我们仍预计土耳其不会遵守格林斯潘规则：2010 年 9 月的 IMF 国家报告指出，到 2014 年土耳其的外汇储备总额预计占短期外债的 80％。

接下来，已经预计会出现大额的经常账户赤字并与格林斯潘规则相悖，为什么 2009 年对土耳其的信用评级还可以从 BB－上升到 BB＋？[10]答案有两方面：首先，转向浮动汇率不会因简单地减少货币错配的动机而降低或有负债；根据定义，它还意味着各国所需的储备更少。其次，市场对风险和脆弱性的评估似乎存在等级，政府的跨期预算约束（财政偿付能力形式很多，包括私营部门的或有负债）相比国际流动性被赋予的等级更高。

格林斯潘规则略失风采，财政偿付能力才是浮动汇率的中心，这一观点是非常有意义的。连续几代的危机模型针对的是固定汇率制度及固定汇率的崩盘；在这些模型中，市场情绪转变和国际流动性可能与财政偿付能力同等重要。但在新的浮动汇率制度中，国际流动性似乎排在政府的跨期预算约束之后。保罗·克鲁格曼在其 1988 年关于债务积压的经典文献中指出："没有纯粹的流动性问题；对偿付能力的怀疑才会产生这一问题。"这个观点激发了奥布斯特菲尔德的第一点，如第八章所述。在自我保险的新时代，人们普遍转向浮动汇率并开始同时关注政府和私营部门的资产负债表，克鲁格曼的主张有了新的意义。

在此我要警告大家别忽视国际流动性的重要性。未来几年全球经济将经历相当大的波动。事实上，预计到 2015 年，先进的 G20 国家的政府债务将达到 GDP 的 115％，比全球危机前的水平约高出 40 个百分点。[11]如果出现新一轮恐慌，特别是以德国和美国作为安全港时，新兴市场国家将受到非自身过错带来的不利影响。还有一个问题就是，需要多少自我保险？针对这一问题，附录 6 中讨论的 IMF 的灵活信贷额度（flexible credit line，FCL）将是一个有价值的解决方式。[12]具有良好基础偿债能力的新兴市场国家可以与富国的中央银行进行互换交易或利用 IMF 的 FCL，这可以解释为何市场投资者变得对国际流动性没那么看重。

自我保险与增长政策

本章前面概述的进行自我保险的综合方法与第三章末尾阐述的一揽子增长政策方案中的因素密切相关，这一点不应该令人惊讶。稳健的政府跨期预算约束要求良好的增长前景和充足的未来税收，这需要微观调控三重奏，即硬预算、进口竞争力和竞争性实际汇率。内在的宏-微观联动是自我保险和增长的基础。限制银行系统的或有负债，同时保持政府自身的债务动态可控，这些措施需要有强大的金融和财政机构。后者对于管理国内外波动的来源至关重要，正如第三章所强调的那样。本章的其余部分阐述了自我保险与增长政策之间的联系，首先是"自我融资式增长"的概念。

自我融资式增长

"自我融资式增长"是指，实证研究发现，快速增长的发展中国家倾向于大量依赖自身的储蓄来建立国内实物资本存量并刺激经济增长。艾泽曼、拉兹韦尔（Artur Radziwill）和我研究了自筹资金的假设，即尽管金融全球化，但国民储蓄仍然是国内实物资本存量的主要融资来源。[13]

我们为各国建立了 10 年期的"自筹资金比率"指标，具体如下。假设在某个初始年份资本存量为 t, $t=100$。我们将 10 年期间的累计国民储蓄，假设等于 30，加到这个初始资本存量中。如果同期的累计投资是 35，那么第（$t+10$）年的自筹资金比率为 130 除以 135，即 96%。[14]这些计算针对的是 1981—2001 年 47 个发展中国家和22个OECD国家，即每年都建立自筹资金比率指标，从1991年开始，到2001年结束。我们能够看到，在1990年代，随着金融一体化的发展，自筹资金如何变化。

主要结论为：第一，尽管仍然存在全球金融自由化，但1990年代发展中国家的平均自筹资金比率并未发生太大的改变。第二，国内资本存量中外部融资更多并没有带来额外的增长。相反，自筹资金比率越高，该国经济增长越快！第三，自筹资金比率越不稳定，增长率越低；但是，在跨国回归中引入制度措施的质量的代理变量时，这一结果就消失了。这些回归研究了人均增长率与自筹资金比率及其平方、自筹资金比率的波动性和制度措施的质量的影响。但自筹资金持续、强烈、不对称地影响着增长：自筹资金比率从1.0上升至1.1，人均增长率从2.8%上升至4.4%，而自筹资金比率从1.0下降至0.9，人均增长率从2.8%下降至2.2%。[15]

1990年代中期，对金融全球化的宣传达到了顶峰，而上述调查结果却与其格格不入。安德鲁·科罗克特（Andrew Crockett），时任国际清算银行总经理，在于1998年初举办的东南亚中央银行组织（SEACEN）第33届理事会会议上发表讲话时表示，由于金融自由化，涌入新兴市场国家的私人债务和投资组合从1983—1990年的每年不到400亿美元增加到1993—1997年的每年2 000亿美元："这些资本流入为国内储蓄提供了补充，支持了高水平的投资。"我们后知后觉地发现，资本账户开放和过早的金融自由化是导致1997—2001年新兴市场国家危机的重要因素。土耳其和巴西等负债不耐受国家花了近10年的时间才从危机的影响中走出来。拉丁美洲国家对国外储蓄和资本流入的依赖程度很高，相比之下，东亚新兴市场国家拥有巨额经常账户盈余并依赖于国民储蓄，增长速度更快，从1997—2001年的危机中恢复的速度也更快。

自我融资式增长不是一个新想法。马丁·费尔德斯坦（Martin Feldstein）和查尔斯·堀冈（Charles Horioka）在1980年发表了一篇著名的论文，探讨国际流动资本的真实运作情况。利用1960—

1974 年 21 个 OECD 国家的国民储蓄率对投资率做回归，发现回归系数接近 1.0 并且随着时间的推移保持稳定。这一结果表明，在封闭经济下，资本并不像人们假设的那样跨境流动；如果资本跨境流动，那么国民储蓄与投资之间的相关性几乎为零。这一研究发现被称为"费尔德斯坦-堀冈谜题"。这里有一个重要的区别。在费尔德斯坦-堀冈框架下用储蓄率对投资率进行回归时，如果该国持续存在较高的、固定不变的经常账户赤字占 GDP 的比率，则系数为 1.0；而在艾泽曼-品图-拉兹韦尔框架下研究时，自筹资金比率却小于 1。

普拉萨德、拉詹和萨勃拉曼尼亚（Eswar Prasad, Raghuram Rajan and Arvind Subramanian，2007）也研究了 20 世纪 90 年代经济全球化时资本流动与增长之间的联系。研究的出发点包括两点：资本从穷国到富国的不正常流动；以及皮埃尔-奥利维尔·吉林查斯和奥利维尔·珍妮（Pierre-Olivier Gourinchas and Olivier Jeanne，2007）的分配难题，即在发展中国家之间净资本更倾向于流入发展较慢的国家。普拉萨德、拉詹和萨勃拉曼尼亚发现，对于 1970—2004 年这一期间，控制了增长的标准决定因素之后，发展中国家平均经常账户余额与平均增长率之间呈正相关关系。此外，他们发现，这种相关性更多地受储蓄而不是投资推动：在增长率回归中加入储蓄占 GDP 的比率，经常账户余额的系数在统计学意义上变得不显著——实际上变成负值；而在回归中加入投资率，系数几乎保持不变，这说明了储蓄的主导作用。

普拉萨德、拉詹和萨勃拉曼尼亚认为，储蓄与增长正相关的原因在于发展中国家的金融体系往往不发达，因此不是所有的储蓄都拿来投资，部分储蓄会通过经常账户盈余留在国外，导致外汇储备积累。或者由于各国都希望避免高估、缓解资本流动的波动，外汇储备可能会增加。

根据新古典经济学，资本应从富裕的国家流入贫穷的国家以实现人均收入的均等化，而自我融资式增长与之背道而驰。在第二章我们讨论了这种情况不会发生的一个可能原因是：一旦考虑技术、人力资本和风险，贫穷国家的边际收益可能并不比富裕国家高（即使贫穷国家的资本劳动比率比较低），如罗伯特·卢卡斯（1990）的论文所述。即使贫穷国家的边际收益更高，金融一体化带来的社会福利也可能受到限制（如 Pierre-Olivier Gourinchas and Olivier Jeanne，2006 中所述，详见第二章）。金融一体化有利于缩小富裕国家与贫穷国家在全要素生产率（TFP）上的差距。例如，外国直接投资可以通过技术溢出来缩小生产率的差距，而通过外国投资者的投资组合进入发展中国家的股票市场或政府国库券市场则不一定能达到这样的效果。这意味着发展中国家想要实现更快的增长就要专注于提高国民储蓄率和 TFP 增长速度。本章阐述的自我保险对这两者均有帮助。

自我保险是否意味着自我融资式增长？

自我保险是一种防御性措施，可以最大限度地降低源于外部（市场情绪变化，投资短视，只看到短期收益）和内部（政府债务不可持续，资产负债表错配）的波动。自我保险也有利于增长。新兴市场国家自我保险的基础是提高基础财政盈余的能力。这本身不会提高公共储蓄，除非当前支出减少。实际上，新兴市场国家倾向于削减资本支出来增加基础盈余，但不会增加公共储蓄。[16] 而基础盈余的持续增长会进一步提高公共储蓄，因为公信力的建立大大降低了货币贬值和违约风险，减少了公共债务高昂的利息支付，而利息支付的规模限制了公共储蓄的水平。因此，随着时间的推移，自我保险的财政措施提高了公共储蓄，建立了公信力，降低了利息支付——为促进增长的基础设施投资提供了真正的财政空间，而在负债不耐受的情况下想要达到上述目标，只能不停地贷款（如第八章讨论的巴西经验）。

自我保险不仅能重建公信力、（在相应的情况下）恢复公信力，还减少了私营部门宏观经济的不确定性，通过降低资本成本和延伸业务范围来促进增长，从而更多、更快地增加私人投资。在这种情况下，如果消费增长的速度慢于产出增长，那么储蓄率将随着时间的推移而上升，正如我们在中国和印度等快速增长的国家所看到的那样。公共储蓄和私人储蓄越多，经常账户余额就越大。因此，广义上来说，自我保险既促进了储蓄的增长，也促进了 TPF 增长（通过促进增长所需的微观调控三重奏以实现政府债务的可持续），与自我融资增长保持一致。增加经常账户盈余还将提高外汇储备积累。

在 2005 年对 1997—2001 年危机以及随后新兴市场国家的持续反应措施的回顾中，英德米特·吉尔（Indermit Gill）和我指出："面临［公共］债务可持续性问题的国家在采取浮动汇率、强化财政机构的同时，仍愿意保持大规模的基础财政盈余，清晰地表明……关注 GIBC ［政府跨期预算约束］至关重要……评估债务的可持续性……需要考虑一系列复杂因素，包括或有负债、可持续经济增长的微观基础以及对外部冲击的脆弱性。"[17] 这篇论文是 2004 年应世界银行高管要求而进行的一项研究的成果。他们担心当时的新兴市场国家正濒临严重的债务危机。最大的意外是，我们惊喜地发现新兴市场国家并没有等待全球社会或 IFI 的救助，而是积极采取了自救措施，而这些一揽子方案集中于自我保险的措施上。

最后，简言之：想要自我保险的新兴市场国家不可能是某一天早上突然醒来就决定要增加外汇储备。只有同时最小化源于政府债务动态的不可持续性和私营部门资产负债表的脆弱性，尤其是银行的脆弱性，这一决定才有意义。印度、肯尼亚、波兰和俄罗斯的经验不同，选择的方法可能持续时间很长而且因国家而异，如果没有硬预算、进口竞争力以及竞争性实际汇率这样的微观政策三重奏，债务动态很难可持续。这才是完整的逻辑。

新兴市场国家新的开始

新兴市场国家，尤其是那些传统上被视为容易发生危机的国家，

第九章

自我保险和自我融资式增长

凭借在全球金融危机期间的卓越表现，它们的发展已经跨越了一个门槛。自我保险不仅是简单地建立外汇储备，还要恢复政府跨期预算约束的稳健性以及在采用浮动汇率的同时强化财政和金融机构，这才是发展的基础。一揽子方案也意味着新兴市场国家已经持久地采取了措施来管理几十年来困扰它们国内宏观经济脆弱性的来源。展望未来，较低的风险溢价会降低私营部门的资本成本、刺激投资和增长，从而加强财政可持续性，因此，我们可以预期积极的宏观、微观动态。

【注释】

[1] Alexandra Hudson, "Turkey-Upgrade." Reuters, December 3, 2009. 不要错过对"负债不耐受"的暗示。

[2] 1998—2001 年我在俄罗斯考察，2001 年夏天从俄罗斯回国后，我应邀考察了土耳其的债务动态和公信力。此处有一部分是基于那时的分析。

[3] http://www.imf.org/external/np/loi/1999/120999.htm.

[4] 事后看来，阿根廷坚持了固定汇率太久。其 1991 年的兑换计划规定 1 比索与 1 美元挂钩，成功降低了通货膨胀率并带来了强劲的经济表现，阿根廷变成了华尔街的宠儿。但随着时间的推移，银行货币错配和实际汇率被高估这两种情况不断发展，连同宽松的财政政策，对 2001—2002 年的崩溃和违约造成了影响。见 Servén and Perry (2005) 和 Mussa (2002)。

[5] 土耳其当时使用 GNP 而不是 GDP 作为衡量总体经济活动的指标。GNP 等于 GDP 加上国外的净要素收入（利息、股息等），现在称为国民总收入（GNI）。

[6] 回顾费希尔在 2001 年的论文的第一章中关于汇率制度两极性的讨论。

[7] 提醒读者，我将用"全球金融危机"来指代 2008—2009 年的危机和大衰退。

[8] 我并不掩饰金融业产生的或有负债和房地产业的资产泡沫，恰恰相反，这个话题值得一提。读者可以参见艾泽曼和品图（2011, 2013）的研究，它总结了新兴市场国家过去 20 年伴随着外部金融一体化的经验以及与

表 9 - 1 相对应的政策。

［9］参见 Green and Torgerson（2007）的调查。

［10］惠誉国际于 2012 年 11 月初将土耳其的信用评级进一步提升至投资级（尽管标准普尔和穆迪没有这样做）。

［11］债务数字参见 Olivier Blanchard and Carlo Cottarelli，"The Great False Choice, Stimulus or Austerity." *The Financial Times*, August 11, 2010。

［12］吉尔和品图（2005）认为，新兴市场国家没有真正的自我保险替代方案，因为投资者对或有债务工具的兴趣似乎很小，而且国际金融机构的资源有限。全球金融危机之后给予 IMF 的资源更多，说明后一个因素至少已经发生了改变。

［13］Aizenman, Pinto and Radziwill（2007）．这篇论文是艾泽曼的观点，受到迈克尔·莫萨的猜想（认为金融全球化可能导致发展中国家最多 10％的实物资本存量由外国储蓄提供融资）的启发。

［14］需要适当调整折旧。相关详细信息和注意事项请参阅 Aizenman, Pinto and Radziwill（2007）。

［15］如果该国平均的经常账户处于盈余状态，那么自筹资金比率将超过 1。

［16］请注意这一点，会计核算中公共储蓄＝收入－经常支出；基础盈余＝收入－当前非利息支出－资本支出。

［17］Gill and Pinto（2005，pp. 114-115）．

第十章
低收入国家的经验教训

> 我们是音乐的创造者；我们是怀揣梦想的梦想家……
> 等我们的梦想变成他们的现实，
> 他们在世界上的工作就完成了。
>
> ——亚瑟·奥肖内西（Arthur O'Shaughnessy）

好笑的是，很多发展中国家有愿景陈述。在 2007 年 12 月的灾难性总统选举之前，肯尼亚发布了 2030 发展愿景，目标是每年增长 10%。卢旺达在 2000 年发布了 2020 发展愿景，目标是每年增长 7%。尼日利亚受投资银行高盛（Goldman Sachs）将其列入"金钻 11 国"（N-11）的激励，将 2020 愿景目标定为到 2020 年成为世界 20 大经济体之一，包括到 2020 年实现至少 9 000 亿美元的 GDP 和至少 4 000 美元的人均收入。

实际上，这并不好笑。我们在第一章就认为，除非政治精英想要增长，否则各国都不会增长。因此，愿景陈述是朝着正确方向迈出的一步，但现实很快就会扭转它的方向。任何低收入国家长期寻求 7% 或更高的增长率——并非巧合的是，这刚好是 10 年内实际 GDP 翻番所需的增长率——都必须要问自己四个问题：第一，国民储蓄率是否与预想的增长率相称？是否有成熟的条件可以加快 TFP

187

增长（这样可以小幅提升国民储蓄率）？第二，是否存在硬预算和竞争？第三，政府债务是否处于可持续的轨道上？实际汇率是否具有竞争力？[1]第四，国家是否合理地抵御了国内外的冲击？

这四个问题推动了相互交织的宏-微观政策议程，满足了良好治理的需求。良好的治理最直接的表现在于如何管理公共财政以及是否愿意实施硬预算约束和竞争，这是各个国家需要面对的核心问题，无论是发达国家还是发展中国家。我将根据前文所述的关于新兴市场国家的报道和政策辩论，先简要回答这四个问题；然后深入探讨其他低收入国家需要做些什么。

储蓄率和 TFP 增长

提高国民储蓄率是一项艰巨的挑战。大多数低收入国家的储蓄率占该国 GDP 的 15％～20％，不足以满足其愿景所要求的增长率。这形成了一个政策困境。正如第二章中关于印度和中国的图表所示，储蓄率随着增长率的上升而上升。此外，跨国证据表明，旨在以每年 7％ 的速度增长的国家的储蓄率占邻国 GDP 的 35％。政策最初的目标应该是什么，是更高的增长率还是更高的储蓄率？提高低收入国家的储蓄率是困难的，因为这些国家相对贫穷，这意味着对低收入国家的官方援助非常重要，这个话题我将在本章后面的内容中详细论述。因此，主要的初始目标应该是更高的增长率——不是由更高的储蓄率来驱动，而是通过硬化预算和竞争提高现有资产的使用效率。换句话说，将"胡萝卜"和"大棒"放在适当位置以加快 TFP 增长、加强增长的微观基础，这就是我们在印度和肯尼亚等国家看到的结果。

这具有直观意义。改革之初，私营部门的企业不太可能有资源或兴趣进行大规模新投资。它们更有可能从更好地利用现有资产开始，只有当它们确信改革能够继续进行时，才会投入大量的新投资。政府应该集中精力通过硬预算和进口竞争来提高 TFP 增长率，同时实施政策以保持实际汇率的竞争力。随着经济增长的加快，私营部门储蓄率可能会上升，从而通过积累渠道加快增长。

前文对 1991 年以后印度的储蓄增长动态进行了恰当的描述。根据改革的初始条件和速度，改革可能会在开始之初到持续高增长的过程中出现长期滞后。与此同时，可能会产生大量的改革财政成本。1991 年以后印度的经验强调了宏观财政结果与微观增长基础之间的相互依赖性以及长期滞后的可能性。1991～2003 年改革的财政成本，包括进口关税的削减，约占 GDP 的 38％，但由此带来的进口竞争的加剧迫使制造企业随着时间的推移而变得更加高效。尽管如此，但仍持续了 12 年才出现快速的增长。

肯尼亚也存在长期滞后。从新古典增长的棱镜来看，贫穷是一种优势，因为它可以提高资本回报以实现收入趋同。1990 年罗伯特·卢卡斯的论文对此做了大篇幅的讨论。一旦我们承担风险，低收入国家的回报可能就不会那么高。风险特别重要的来源是不稳定的政治和多数情况下的社会分裂。这是肯尼亚经验教训的核心。减少政府债务和刺激增长的目标要求可以与经济改革共同发展的政治稳定和社会凝聚力。随着资本成本的下降、商业视野的扩展、由利率下降和增长加速而不断改善的政府债务动态，成功做到这一点可能会创造高额红利。不幸的是，从 2007 年 12 月总统选举的逆转来看，肯尼亚的经验也表明了一个几十年来政治和社会不稳定是常态的国家想要建立政治和社会稳定是多么的困难。

因此，初始议程应侧重于通过政府治理的改善和更好的政治领导来降低国家风险，同时通过硬预算和竞争来提高生产力。通过减少经常支出的浪费和实施更好的税收政策来增加收入，以此提高公共储蓄，这是对初始议程的有价值的补充，如肯尼亚成功做到的那样。

硬预算和竞争

波兰早期的转型经验是硬预算和竞争的黄金标准。而且，对比波兰和俄罗斯的经验，微观调控的三重奏（硬预算、竞争力和竞争性实际汇率）的效力并不明显。波兰的经验强调了一个重要的教训，即单凭紧缩宏观经济无法履行诺言。需要明确注意它增长的微观基础，而且仅有私有化还不够。俄罗斯在1995~1998年稳定宏观经济并不成功，进一步表明了忽视宏-微观联动的危险和未能硬化企业预算的危险。软预算后面潜藏着微观层面资产剥离和宏观层面不可持续的债务动态问题。在这种情况下，试图挤压通货膨胀会在两方面给企业造成打击：实际利率异常高和实际汇率升值，扼杀了增长前景并最终将政府债务置于危险的轨道上，导致1998年8月的违约。违约迫使政府退出资本市场、硬化预算约束并通过连锁反应硬化企业预算。它也导致了大幅贬值。然而，俄罗斯的经济转型速度比危机后的任何国家都要快得多，这证明了硬预算和竞争性实际汇率的强大影响。在1998年危机之后，财政和债务政策发生了永久性的改变，没有恢复软预算。

可持续的政府债务动态

强调可持续的政府债务动态的重要性可能显得多余。尽管如此，仍有三点值得强调。首先，稳定的基石是政府的跨期预算约束，与合理的实际利率和竞争性实际汇率一致。如果没有基于上述微观政策三重奏的良好增长前景，就不可能实现这一目标，进而导致宏-微观联动脱节。其次，宏-微观联动在不同的国家发挥着不同的作用。在肯尼亚，2003—2007年政治风险下降导致利率降低和增长加快，有助于实现政府债务的削减。在印度，1990 年代末和 21 世纪初期政府债务动态的恶化体现了改革的财政成本。改革的收益则表现在：形成了更高效的制造业公司；2003 年之后增长大幅加快。资本账户自由化进展缓慢，为过渡时期的宏观经济危机提供了急需的缓冲。但是，1998 年俄罗斯债务动态的恶化反映了软预算和削弱增长的微观基础是导致大规模债务危机的原因。最后，稳健的政府跨期预算约束预测并限制私营部门的或有负债，从而导致了接下来一系列的经验教训。

预防危机胜于解决危机

1997—2001 年新兴市场国家危机引发的政策辩论集中于恢复陷入主权债务问题的国家的公信力的最低成本法（按照之前的增长），以第八章中关于财政空间的辩论为代表。关于削减公共投资以增加基础财政盈余（许多国家正在采取措施降低公共债务）已经存在争议，因为这会降低未来增长的速度和税收收入，从而危害政府的债务动态。为什么新兴市场国家要这么做呢？因为它们没有别的选择：除非先恢复公信力，否则即使是按利润率借入促进增长的公共投资贷款，也可能被市场通过对该国全部债务收取更高的利率而"否决"。巴西、俄罗斯和土耳其的经历说明了在解决不良信贷和通胀历史方面这一冷酷而艰难的事实。各国必须首先恢复公信力（或消除负债不耐受）、降低市场对违约的担忧，即使这意味着财政政策与中期增长之间并不匹配。"负债不耐受"的国家需要持续、长期的努力来改善财政基础。预防负债不耐受比解决负债不耐受的成本要低得多！通过"更好"的债务结构恢复公信力的金融工程解决方案对于财政基础而言是次要的，这是一个必然的结果，俄罗斯和阿根廷债务展期的失败以及巴西 1999—2008 年的经验都充分说明了这一点，详见第八章。

东亚国家在同一时期克服负债不耐受的结果强调了全面实现自我保险的重要性。建立外汇储备是不够的。强化政府的资产负债表也不够。各国必须警惕源自私营部门外债的或有财政负债。通过浮动汇率、有效的金融部门监管甚至直接调控（或所谓的宏观审慎监管）来尽量减少私营部门资产负债表上的货币错配并将外部借款保持在可管理的水平。[2]

低收入国家应该做什么？

低收入国家至少应该认真从新兴市场国家的主权债务和增长经验中吸取教训，但它们还应该做些什么来加速增长呢？斯蒂芬·拉德莱特（Steven Radelet，2010）最近的一本书通过非洲的经验提供了线索。他对 17 个"新兴市场国家"过去 15 年的表现进行了乐观的描述，其中加纳的成就令人印象深刻。[3] 肯尼亚进入"跨越门槛的国家"的第二梯队，也就是成为即将成功跨越的国家。斯蒂芬·拉德莱特的主要观点是自 1995 年以来，在许多国家，许多改革已经取得了持续的、良好的结果，所以这次情况与 1960 年代的情况相反，当时被殖民国家的广泛独立助长了对短期内失败的经济前景的兴奋。

斯蒂芬·拉德莱特列举了良好的经济结果得以持续的五个原因：（i）更多负责任的民主政府的崛起；（ii）更好的经济政策；（iii）结束了债务危机；（iv）新技术，特别是手机和 ICT（信息和通信技术）；（v）新一代政策制定者的出现。展望未来，他特别指出了以下因素作为非洲经济发展的标准：（i）更强大的民主制度和更完善的政府治理；（ii）就业的增加和经济多元化的加强；（iii）中国的崛起；（iv）适应气候变化；（v）建立强大的教育和健康体系。

总而言之，斯蒂芬·拉德莱特所列的是在现代气候变化的挑战和中国的投入下非洲的经济和政治前瞻性议程。我将重点关注经济议程尚未得到充分重视的三点。第一，我将讨论发生在加纳的后-HIPC-MDRI 的传奇故事以说明斯蒂芬·拉德莱特（2010，p. 15）所谓的"债务危机的终结"实际上预示着新的挑战，因为低收入国家开始进军国际资本市场。[4]第二，虽然基于非洲近年来的良好增长表现，人们怀抱希望，但必须区分提高产出水平的政策和长期大幅提高增长率的政策。非洲的政策更有可能是前者。第三，对更高的公共和私人投资率（在该投资率下低收入国家难以自筹资金）的需求对援助或官方发展援助（official development aid，ODA）有重要意义。我将通过回顾肯尼亚的经验以及陈述有关施予援助的不同方法的观点来说明后两点。

加纳：再见了，债务救济；你好，欧洲债券！[5]

在官方债权人通过 HIPC-MDRI 计划声明它们的主张之后，加纳的政府债务占比从 2005 年的 78％削减至 2006 年的 42％。2007 年 9 月，政府以 8.5％的利率发行了一笔 10 年期价值 7.5 亿美元的欧洲债券。借入的金额占加纳 2007 年 GDP 的 5％，这代表了一个时代的到来。加纳正在从受保护的、宽松的官方提供资金的做法转向从市场借款的做法，为什么不呢？根据包括斯蒂芬·拉德莱特在内的大多数经济学家的估算，加纳可能成为低收入国家首次进入国际资本市场的典型代表。IMF 在 2008 年 4 月的《非洲区域展望》中对该国表示赞赏并指出，在"通过 HIPC 和 MDRI 减免相当可观的债务"后，该国已经开始资本账户自由化。它设法将流入资本的构成向长期倾斜，并且正处于资本账户的"渐进、有序的开放"过程中。[6]正如斯蒂芬·拉德莱特所说，加纳有良好的公信力。2007 年加纳 IDA 资源分配指数为 4.0，而当年所有 IDA 借款人的平均指数为 3.3，反映了加纳在经济、体制和治理改革方面的一贯记录。[7]此外，加纳发现了石油，有望从 2011 年开始实现收入。欧洲债券是一种增加支出以实现更高财政收入的方式，符合永久收入假说。[8]

其他几个 HIPC-MDRI 受益国家，如乌干达和赞比亚，也积极准备发行欧洲债券，而 2008 年 9 月雷曼兄弟的倒闭使它们的发行计划搁置——事后证明这次搁置是幸运的。支持欧洲债券很容易引起争论。债务减免的一个主要论点是，为了追求更快的增长和脱贫，社会部门和基础设施的支出将释放"财政空间"。通过欧洲债券从国际资本市场借款只会增加可用于急需的公共投资的资源。那么，当世界银行、IMF 和援助集团坚定地认为低收入国家受益于 HIPC-MDRI，必须避免它们过早进入国际债务市场以免导致另一场债务危机时，它们的援助措施是否会就此停滞？不是，加纳的后续事件说明了这一点。

IMF 2009 年 8 月的分析报告指出，2008 年加纳的选举导致 2008 年财政赤字占 GDP 的比率从上一年的 9％扩大到当年的 14.5％。经常账户赤字占 GDP 的比率从上一年的 12％上升到当年的 19％。[9] 2007 年欧洲债券和加纳电信私有化带来的总收益超过 GDP 的 10％，成为重要的资金来源。HIPC-MDRI 之后，2006 年政府债务占比降至 42％，预计中期将缓慢下降，2010 年将达到 GDP 的 67％。[10]预计 2011 年会有石油收入，但这些只是"相对中等的规模，并局限于相当短的时间内"[11]。

一年后，即 2010 年 6 月 IMF 发布了发人深省的评估报告（2010，p. 12）："根据目前的预测，公共债务将在 2010 年底达到 GDP 的 65％这一峰值。短短四年内这一增长超出了 20 个百分点，还不包括预计占 GDP 的 5％的国内支出欠款和占 GDP 的 6％的国有企业（SOE）对银行的负债（源于过去对能源产品的抑价）。"[12]简言之，HIPC-MDRI 减少负债的情况正在迅速逆转，一旦包括欠款和国有企业的或有负债，情况就更糟了。

2011 年初，IMF 代表团发布的一份新闻稿指出："2008 年及之前几年政府承诺继续推动支出削减，但与计划目标相反，2010 年再次发生大笔款项的拖欠。不考虑新的国内欠款，公共债务占 GDP 的比率从 39％上升到 2010 年底的 41％的。"[13]几个月前预计公共债务占比会提高得更多，达 65％，那么是如何将其控制在 2010 年底的 41％的呢？原因是 2010 年底之前加纳 GDP 大幅修订了 70％，而不是政府债务动态发生了奇迹般的转变。仅靠这一点就可以将预计的债务占比从 65％降低到 38％！除了向上修订历史 GDP 统计数据外，随着石油产量的增加，2011 年加纳的实际 GDP 增幅也接近 14％。这本应该有助于遏制政府的债务占比上升，然而，重新计算的政府债务占比反而从 2008 年的 34％上升到 2011 年的 45％。

如果像加纳这样的国家可以充分利用资金，那么应该鼓励它们贷款。同样，以加纳 2007 年欧洲债券为例，借用未来的石油收入是合理的，因为支出平稳、坚信未来会更好——如果政府改善政策和制度的话。如果贷款资助的前期支出有助于建立人力资本和公共资产，或者有助于减轻当代贫困，那么这些支出是有意义的。首先承认石油是一种不可再生的资源，因此为了弥补石油的资本损耗，需要投资新资产，以此作为与下一代分享财富的方式。第二种分享石油财富的方法迄今为止一直被遗漏。如果将欧洲债券的资金用于更好的基础设施、农村和城市建设，支持农业研发，那么我们可以认为政府的负债增长将被未来更快的经济增长和更多的税收所抵消。然而，对加纳而言，最初选举相关支出随着公共部门工资额的上升而上升，显示了石油造成的政治经济困境以及对确保良好结果的制度保障需求。

加纳一直朝着积极的方向发展。IMF 2012 年 2 月的国家报告表扬了自 2009 年以来该国采取的一系列旨在减少财政和经常账户赤字、降低通货膨胀率和重建外汇储备的措施。2011 年 4 月加纳通过了《石油收入管理法》（Petroleum Revenue Management Act, PR-MA），IMF（2012）将其称为"收入管理迈向透明和负责任的关键的第一步。PRMA 以透明和负责任的方式为石油收入的收集、分配和管理建立了强有力的法律框架。"[14] 鉴于对更多、更好的基础设施的迫切需求，IMF（2012）为加纳提供了便利，非优惠贷款存量从最高 8 亿美元增加到 34 亿美元——与中国国家开发银行就各种公共投资项目谈判并达成贷款协议。但 IMF 报告警告说，该国需要一个更为强大的体制框架来审查公共投资，继续控制公共部门工资额仍然是一项重大的挑战。

总而言之，加纳避免了财政和债务危机，并且所有的迹象都表明，该国已经从 2007 年 9 月的恐慌中吸取了教训。这个国家的声望人尽皆知。通过 HIPC-MDRI 减免债务后加纳经历了一次显著的波动，这是对所有低收入国家进入国际资本市场的警示。加纳的经验表明，从低收入国家转向新兴市场国家不太可能一帆风顺。低收入国家，特别是那些从官方债务冲销中受益的国家，必须对重新回到长期债务可持续性这一问题随时保持警惕。一旦一国陷入这种困境，想要从中摆脱是艰难而漫长的。新兴市场国家比低收入国家困难得多，因为市场不会像官方债权人那样给予理解或宽恕。

这就引出了一个问题，即从 HIPC-MDRI 中获益的低收入国家何时应该进入国际资本市场？尽管肯尼亚不是 HIPC-MDRI 的受益者，但其经验强调了进入的三个步骤。第一步，降低国家风险和改善治理将有助于降低资本成本并扩展私营部门的商业视野。第二步，像肯尼亚那样，通过提高基础盈余来表明将政府债务置于良性轨道上的意图。第三步，通过硬预算、竞争力和竞争性实际汇率的微观政策三重奏来加强微观增长基础，增强企业升级技术和提高效率的动力，从而提高 TFP 增长率。三步骤方案将减少政府债务，使私营部门摆脱政治风险和政策不确定性的束缚，正如肯尼亚在 2003—2007 年所做的那样。尽管最初在国内市场以本币发行债券可能是可取的，但是一旦人们坚信公共资金将得到充分利用，进入资本市场为良好的公共投资提供资金就显得更有意义。

回到肯尼亚

与加纳不同，肯尼亚没有受到债务减免的影响，2003—2007 年政府债务占比显著降低。在戈登堡丑闻发生后，伴随着官方优惠贷款的减少，肯尼亚并没有选择违约，而是提高基础财政盈余并转向国内借贷，如第五章所述。肯尼亚的坚持得到了回报，2002 年 12 月成功举行总统选举后政治风险降低，政府的债务动态突然改善，即便基础财政盈余萎缩，实际利率仍然下降且经济增长加快，这表明对于低收入国家而言，减少债务的初始收益（以债务占比衡量）可能是来自更快的增长和实际利率的降低，而不是更高的基础盈余。我将分析其中的原因并将分析过程与上述三个步骤联系起来。

对于大多数低收入国家而言，官方外债可能占政府债务很大的一部分。这种债务是优惠的，通常以诸如美元这样的硬通货计价，在政府债务总额中的初始份额往往比较高。1990 年代中期肯尼亚的官方外债占政府债务总额的 80％，2002/2003 年为 60％。由于特许权，这一部分债务的实际利率会很低。因此，决定债务负担的主要因素是实际汇率，而升值会降低负担，见专栏 5.2 中的推导。相比之下，国内借贷债务的实际利率通常是由利率平价驱动的市场决定利率加上违约和贬值风险，如等式（5.1）所示。对政治不稳定和治理不善的看法驱动了后者的风险。

一国政府致力于改善治理、降低政治风险将降低风险溢价和资本成本，促使私营部门进行更多的投资并扩大最优资本存量的规模，提高稳态产出水平——但不会提高增长率。同样，一国政府将债务置于下行轨道的决心将减少宏观经济的不确定性，让银行有更大的动力向私营部门提供贷款，有助于私人投资。这也将一次性提高产出，但不太可能提高增长率。然而，微观政策三重奏将通过推动私营部门的效率和创新性来提高增长率。低收入国家完全属于阿洪和豪伊特提出的全球技术前沿（见第二章和第三章）。因此，模仿创新可以成为维持内生增长的源泉。

注意这个方案有利于政府债务的可持续性。国内债务利率将随着政治风险的下降而下降。通过保持竞争力，TFP 增长将支持实际升值作为均衡现象。这将减轻官方债务负担。三步骤方案促进了增长。同时降低实际利率和加快增长进一步降低了政府债务占比，从而为公共投资的额外借款创造了真正的"财政空间"。对肯尼亚而言，降低政治风险有利于增长的加速、实际利率的下降和实际升值，促使政府债务占比从 1996/1997—2002/2003 年每年增加 1.5 个百分点转为 2003/2004—2006/2007 年每年降低 5 个百分点![15]

肯尼亚的经验概括了许多低收入国家在降低政治风险和促进社会凝聚力方面所面临的特殊挑战。正如肯尼亚发现的那样，在 2007 年 12 月总统选举惨败之前，更好的债务动态和更长远的商业视野有利于带来巨大的收益。总的来说，加纳和肯尼亚的经验强调要及早进入国际资本市场，同时通过改革最大限度地利用优惠官方外债以刺激生产力增长、降低政治风险。说起来容易做起来难，但这对低收入国家来说是一个重要的经验。

援助安排

拉德莱特在 2010 年的书中为援助国提出了一些建议，其中最有趣的是建议专注于"新兴市场国家"，以便进一步推动这些国家的发展并确保它们更有效地利用援助。我喜欢这个援助计划的安排，可以用三点来表述它：（1）大力推动基础设施建设，特别是电力和交通运输（它们的不发达严重阻碍了许多低收入国家的私营部门投资）。（2）管理波动性。经济研究表明，这种波动性——不仅仅来源于外部，同时还来源于种族和社会冲突、腐败丑闻和腐败选举产生的内部冲击——对长期增长有害，如第三章所述。（3）提高技能。实证研究表明，在提高劳动生产率方面起重要作用的是一种认知能力，而不是受教育年限。上述观点发表于 2010 年在哈佛大学的演讲。[16]书中观点对援助国的影响非常明显，下文做了具体摘录：

● 明显的解决方案是大力推动基础设施建设。问题是如何获得资金资助。美国前总统奥巴马在接受博诺（Bono）采访时指出：八国集团"需要履行援助承诺，这对发展至关重要，并且我们也会考虑：……我们如何促进创新，从而成为游戏规则的改变者"。这是一个改变游戏规则的想法：让非洲国家将其援助的一小部分证券化。

● 2009 年，DAC 双边援助国向撒哈拉以南非洲地区净支付了 270 亿美元的援助。试想一下，DAC 援助不是每年少量投放，而是一次性大规模地、有力地推动非洲发展。他们可以在纽约发行非洲发展债券，其收益率与美国 30 年期国债利率相当，目前平均每年约为 4.5%。这样每增加 1 美元，债券（本金加利息）的支付金额将多出 6 美分左右。由美国、英国和其他富裕援助国的国债直接支付款项，所以不存在额外的风险溢价。这意味着如果援助国同意每年以 60 亿美元的现金来偿还非洲发展债券的本息 [不到目前给予的 1/4 且不足在格伦伊格尔斯（Gleneagles）会议上对非洲的承诺]，非洲国家可以立即获得 1 000 亿美元现金……最重要的是，发行这样的债券可能会在一夜之间改变人们视非洲为经商之地的看法。面对 1 000 亿美元的可靠融资，世界各地的私营公司将排队在非洲提供基础设施。

最终，低收入国家将不得不为自身的增长自筹资金，但是，正如拉德莱特强调的那样，它们需要帮助以摆脱所处的低收入—低储蓄—低增长的困境。关键是维持增长，这样的话，随着国家越来越富有，储蓄率才会越来越高。政府可以通过削减经常性支出来增加公共储蓄并通过降低税率和扩大税基来强化国内收入动员，以肯尼亚的措施为榜样。降低国家风险、进一步激励私营部门投资者创新和进入新领域将降低政府债务（如本章关于肯尼亚的概述）为公共投资创造真正的"财政空间"。援助国可以采纳伊维拉（Okonjo-Iweala，2010）的建议，通过提前实施援助来大力推动基础设施建设。

但鉴于美国和日本迅速增长的公共债务以及欧元区周边的债务危机，人们把希望寄托于提前援助可能显得有点空洞，更不用说主要援助国还存在增长放缓和失业率居高不下的问题。现实主义者会指出，即使在援助国经济繁荣的时候，援助仍然是支离破碎的、波动的，正如霍米·卡拉斯（Homi Kharas，2008）所记录的那样。此外，试图预先提供援助可能成为援助国年度预算拨款程序的受害者，造成分裂的倾向，但这并不会降低提前援助的有效性，它是真正的游戏规则的改变者。

这本书并没有深入研究如何改变国际援助架构[17]，但现实表明，越来越多的低收入国家必须自己掌握经济问题、掌控自己的命运。因此非洲本土计划，如由非洲联盟（the African Union）赞助的非洲发展新伙伴关系（NEPAD）是非常令人鼓舞的，因为它表明了这样做的意愿。[18]这包括应对一系列挑战，如通过市场区域一体化和区域基础设施项目弥补许多低收入国家规模小的不足，不过这些主题将使我偏离本章的目标（我们在本章强调的是，低收入国家可以从新兴市场国家的主权债务和增长中学到什么）。因此，接下来我们总结一下。

新兴市场国家的经验教训总结

第一，公共债务的可持续性应避免与糟糕的政策相关。接受债务减免的低收入国家必须确保所有新的借款通过与长期增长战略的明确联系都可以实现自我偿付，并将这种联系纳入该国的发展愿景。一个有用的起点是提高公共储蓄；如果这没有用，那么公共借款实际上为当前支出提供了资金，而这通常是不合理的。低收入国家也需要谨慎对待以市场为基础的借贷，正如加纳的经验和肯尼亚的对比经验所强调的那样，由于官方优惠贷款被缩减，这些国家最初通过提高基础财政盈余的方式坚定地降低政府债务占比，随后从2002年直到2007年12月的选举崩溃，又通过降低政治风险和加快生产率增长的方式来获益。

一国的发展愿景应该注意债务的可持续性不是纯粹的宏观经济追求。政府跨期预算约束与微观增长基础之间的相互依赖需要通过加强政府、企业和银行的预算以及促进竞争来谨慎管理。

第二，为促进增长而需要采取的初步措施并不像看起来那么神秘。关键是降低资本成本的同时还要提高预期的私营部门资本回报率。改善旨在保护私有财产权和维护合同的机构；减少腐败和繁文缛节；投资基础设施；通过更好的税收政策和管理来扩大基础、降低边际税率等可以提高私营部门资本回报率。降低资本成本需要政治稳定和社会和谐，因为这可以降低国家风险并进而降低利率。这种结合将扩展私人投资的视野、增强私营部门资本的边际回报率与国际借贷成本之间的关系、刺激投资和加快增长。

这样的措施与拉德莱特的建议有很多共同之处，但是人们需要区分从过去的痛苦经历中总结出来的步骤和为了赶上中国和印度这样的国家而维持增长的步骤（可能通过外国直接投资让这些国家参与进来）。这是一个更深层次的挑战，需要非洲和其他地区的低收入国家实现并维持基于技术和技能升级的内生增长，从而提高 TFP 增长率及水平。只有这样，这些国家才有机会赶上新兴市场国家。改革措施基于与稳健的政府跨期预算约束相关的宏观经济的稳定性，涵盖了硬预算约束、竞争力、竞争性实际汇率以及合理的实际利率。

第三，不存在快速修复，所以不要指望能有立竿见影的效果。路径依赖可能会产生长期滞后，正如肯尼亚和印度等国家的经验所证明的那样。实际意义是什么呢？有三点：（1）坚持是至关重要的，因为需要时间来建立公信力；此外，可能还需要在一些关键的战线上开始改革。（2）公共财政和债务动态的某些恶化很可能是由于，改革成本是预先发生的，而快速的经济增长和税收所带来的收益以后才能出现。这就是在探索更多的收入动员渠道的同时，提高公共支出的质量显得更为重要的原因，许多低收入国家通过降低边际税率——一种强有力的工具——和提高税收合规性可以提高公共支出的质量。（3）加强预算及增加企业和银行竞争的政策至关重要，这些政策的目的是提高 TFP，为企业创造激励机制以提高效率，并在维持增长方面变得更具创新性。

第四，由于长期滞后，缺乏令人信服的证据表明资本账户自由化提高了生产率和增长率，并引发了对短视的国际资本市场的日益关注，低收入国家需要审慎地管理资本账户自由化。它们至少应该做到以下几点：（1）无论是在国内市场还是国外市场，都需要保持公共债务动态的可持续，限制新债务的发行。国内市场发行的国库券数量越少，即使非居民持有发行的大部分债券，突然停摆的可能性也越小。（2）监督企业的私营部门外部借款，特别是非交易部门。（3）确保商业银行的对外借款最少化，确保银行体系在很大程度上以存款为基础，采用审慎的贷存比率。（4）采取措施避免私营部门，包括家庭的资产负债表的货币错配，以尽量减轻在面临外部冲击（这种冲击往往会造成实际贬值，成为调整过程的一部分）时的脆弱性。步骤（2）至（4）代表新兴市场国家更广泛的自我保险措施，需要更完善的金融报告体系和中央银行的监管。

第五，管理波动至关重要。低收入国家没有理由不控制国内波动的来源，例如那些危害了肯尼亚增长前景的来源。低收入国家的国内冲击可能来自经济管理不善、腐败和内部社会冲突，往往是暴力冲突。人们预期，过去 10 年政策和制度的改善已经影响了低收入国家的国内波动性；在全球金融危机及后续的欧洲发达国家的主权债务危机和银行业危机之后，世界经济逐渐复苏，外部波动的来源将在可预见的未来继续扮演重要角色。援助国可以在保证彼此之间更好地协调、逆周期援助方式的实施方面发挥重要的作用。但现实强烈表明，低收入国家必须对自己的未来承担主要责任。

结　语

假设你已经在世界银行工作了 30 年，台下的观众是各国的国家领导人，他们想知道应该做些什么来使他们的国家更快地增长。掌声之后，你应该怎么说？以上就是我想说的，对这些观点我有信心。

根据增长理论和国家经验，发展中国家很难收敛到富裕国家的收入水平。但是，两类国家之间的差距如此巨大以至于发展中国家，特别是低收入国家，还可以做很多事情来促进增长并不断追赶富裕国家。为了提高投资率并最终弥补与富裕国家的技术差距，发展中国家将需要：（1）确保政府的跨期预算约束；（2）实施硬预算、竞争力和竞争性实际汇率的微观政策三重奏；（3）更好地管理波动，特别是来自国内的波动。

这些目标是相互关联的，需要设计相对广泛的政策方案来实现。必须同时实施良好的政府治理，建立强有力的财政、金融和司法机构。公共财政是合乎逻辑的起点，如专栏 3.6 对尼日利亚相关的生动描述。一个陷入公共财政困境的政府不会在任何方面取得进展，因为它没有公信力。微观政策三重奏不可避免地涉及获得既得利益的企业和银行，实施起来将会是一个艰难的过程。管理波动远远超出了经济学的范畴。必须维持社会和民族的和平。

最后，根据新兴市场国家的经验可以推断，低收入国家需要为其大部分投资自筹资金。它们还需要自我保险——不仅仅是通过建立外汇储备和采用浮动汇率，还要以全面的方式，包括将公共债务置于可持续的轨道上，同时限制私营部门的或有负债。过程很漫长，而且很多反应是自己特有的，要靠自己解决。

附　　言

如第一章所述，2013 年中期新兴市场国家面临新的挑战。此前，新兴市场国家正在与不必要的大量资本流入进行竞争，随着美国联邦储备委员会缩减其大规模的资产购买，新兴市场国家开始面临资本流入的萎缩。相对于外部融资要求而言，经常账户赤字较大且储备较少的国家表现得特别脆弱——土耳其就是其中之一。该国已经被国际市场情绪挟持，外部融资需求很大而国民储蓄率仅占 GDP 的 16％。土耳其的增长速度从 2010 年和 2011 年的 9％放缓至 2012 年的 2.2%，2008 年，土耳其大幅削减公共债务并将通胀率降至个位数水平，同时拥有健康的银行体系和稳健的增长前景，这些表明该国需要更多的自筹资金。与此同时，包括印度、巴西和中国在内的主要新兴市场国家的增长基础也在恶化。虽然主要中央银行政策所定义的全球金融周期是一个明确的原因，但本土的原因也很重要。在过去的几年里，巴西的政府干预程度很高，公共银行的信贷份额越来越大，而中国出口和投资拉动的增长模式似乎已经失去了动力。

与千禧年之初的环境相比，新兴市场国家目前面临的经济挑战不得不在一个相互关联的、更为动荡的全球经济环境下解决。毫无疑问，它们正在进行的调整可以为博士论文的研究提供丰富的素材，但我确信的是：即使这些国家找到应对更大波动的方法，它们还是会继续密切关注政府的跨期预算约束、微观政策三重奏以及自我融资式增长的机会。这一观点源自本书所涵盖的两个事件，即中欧和东欧的转型及 1997—2001 年新兴市场国家危机及其后果，在今后的重大事件中这一观点将继续保持高度的相关性，我将它留给以后的经济学家来研究。

【注释】

[1] 精明的读者会问："那么实际利率呢？"如第三章所述，良好的公共财政将实现合理的实际利率和竞争性的实际汇率（与利率平价挂钩）。

[2] 更多细节参见 Aizenman and Pinto（2011，2013）及其参考文献。

[3] 加纳最近被世界银行升级为"中低收入"国家。但是，它进入国际资本市场的经验对于低收入国家而言仍然具备借鉴意义——事实上，在撰写本书时，它仍然是一个只有 IDA（银行的优惠贷款机构）的国家，这表明它还没有得到 IBRD（收取的利率更接近市场利率）的信赖。

[4] 回顾第一章，HIPC-MDRI 是指官方债权人从 2005 年左右开始在几个低收入国家减免其大部分债权的方案。

[5] 对 Carlos Diaz-Alejandro（1985）表示歉意。

[6] IMF（2008，pp. 57-64）.

[7] IDA 资源分配指数从最低点 1 到最高点 6，是低收入国家可以从世界银行软贷款部门、国际开发协会（IDA）获得多少资金的重要指标，见 http://web. worldbank. org/WBSITE/EXTERNAL/EXTABOUTUS/IDA/0,,contentMDK:20052347～menuPK:2607525～pagePK:51236175～piPK:437394～theSitePK:73154,00. html。

[8] 永久收入假说假设消费不是由当前收入决定的，而是由永久收入的现值决定的。在加纳政府的案例中，随着石油的发现，永久收入的现值将增加。

[9] IMF（2009，p. 27，paragraphs 7 and 11 and Table 1）.

[10] IMF（2009，p. 28，table 2A）.

[11] *IMF Executive Board Concludes Article IV Consultation with Ghana*. Public Information Notice（PIN）No. 09/86，July 17，2009，IMF.

[12] IMF（2010）.

[13] IMF（2011a）. 该引文末尾的一个脚注指出，债务占比向上修正了 70% 是改革行动的一部分。

[14] IMF（2012）.

[15] 回顾表 5-2 中项目 2、3 和 4。IMF（2011b）的附录 4 显示，1980—2010 年，低收入国家的公共债务占比下降中，基础盈余微不足道，主要原因是实际利率增长的差异（如 2003—2007 年肯尼亚的情况）和债务减免（对于肯尼亚来说，这不是一个影响因素）。

[16] Okonjo-Iweala（2010）.

[17] 例如，如果将拉德莱特的论点与具有跟踪记录的国家，比如他所确定的 17 个新兴市场国家相结合；或者根据实现某些目标所需的全部援助的现值来提供完全不同的援助方法，比如千年发展目标，和特定低收入国家的最低基础设施水平，同时向低收入国家明确表示这一切都是可用的、援助不会是无限度的（通过单独处理人道主义援助可以最大限度地减少时间不一致的问题），那么提前援助对于援助国而言可能更合适。

[18] 关于 NEPAD 的信息，请参见 http://www. nepad. org/。

附　录

附录 1
新古典增长的关键特征

第二章专栏 2.1 列出了新古典增长模型的 3 个主要特征，在此我用代数的形式简述它们。[1] 我们从一个科布—道格拉斯生产函数开始，其中总产出为 Y, K 和 L 分别代表资本存量和劳动力，并且 $0 \leqslant \alpha \leqslant 1$，也就是说，资本的边际报酬递减：

$$Y = A(t)K^{\alpha}L^{1-\alpha} \tag{A1}$$

在等式（A1）中，A 代表技术进步或全要素生产率（TFP），在新古典索洛-斯旺模型中，我们把 A 表示为实践的函数，以表明其是外生的。把等式两边同除以 L，可得：

$$y = Ak^{\alpha} \tag{A2}$$

其中，$y \equiv Y/L$ 是单位工人产出，$k \equiv K/L$ 是资本劳动比率。从一开始，我们就假设技术是常量，并且 TFP 的增长为 0（也就是说，$\mathrm{d}A/A = 0$）。在这个例子中，单位工人产出的增长可以写成：

$$\hat{y} = \alpha\hat{k} \tag{A3}$$

其中，变量上面的 "^" 或者 "帽子" 代表按比例变化或者增长率。假设一个封闭经济，这时投资总是等于储蓄，$\hat{y}$ 就能够被写成：

$$\hat{y} = \alpha\big[sA^{\frac{1}{\alpha}}y^{\left(\frac{\alpha-1}{\alpha}\right)} - (n+\delta)\big] \tag{A3$'$}$$

其中，s 是储蓄率，n 是劳动力的增长率，而 δ 是资本的折旧率。[2] 因为 y 有负指数，即 $\partial \hat{y} / \partial y < 0$，也就是说，单位工人产出的增长率（如果劳动力在人口中的份额是常数的话，则它等于人均收入的增长率）随着单位工人产出的增加而降低。换句话说，越富的国家增长得更慢，而越穷的国家增长得越快，这导致各国人均收入水平趋同。这被称为趋同假说（convergence hypothesis）。

在这个简单的模型中，所有的国家都将趋同于唯一的稳态。我用资本劳动比率 k 表示（A3′）的右边，那将成为两个索洛关键洞见之间的桥梁：

$$\hat{y} = \alpha[sAk^{\alpha-1} - (n+\delta)] \tag{A3″}$$

比较（A3′）和（A3″），我们看到 $\hat{k} = sAk^{\alpha-1} - (n+\delta)$。首先，随着 k 的增加，等式右边减少，因为 $\alpha - 1 < 0$。其次，$n+\delta$ 是常数。最后，这两者将相等，以至单位工人的资本增长率将趋向 0。在这个例子中，k 将达到稳态，而 y 也将达到稳态。（A3″）表明，为了实现稳态的资本水平 k（也就是说，$\hat{k} = 0$），资本的边际报酬递减（也就是说，α 为正但是小于 1）是必需的。这产生了新古典增长的两个关键的结论：（1）在不存在外生的全要素生产率增长的情况下，人均产出的稳态增长率将为 0，也就是说，除非 $\hat{A} > 0$，否则 $\hat{y} = 0$。（2）储蓄率的上升将导致更高的收入水平，但是，不会带来长期增长率的上升。也就是说，如果 s 上升，$\hat{y}$ 将暂时增加（因为 $\partial \hat{y} / \partial s > 0$），直到 k 达到一个新的更高的稳态水平，但是之后会回到 0，除非 $\hat{A} > 0$。[3]

质疑趋同

如保罗·罗默在 1994 年的评述中所指出的，实证证据并不支持趋同假说，这导致人们对模型本身的有效性提出质疑。因为模型在富国相对于更穷的国家的储蓄水平和投资率上得出了不合情理的推论，所以出现了对模型的质疑。但是，在我进一步解释之前，我首先提供另一个等式。资本的边际产出由下式给出（可以检验，$\partial Y/\partial K = \partial y/\partial k$）：

$$MPK \equiv \frac{\partial y}{\partial k} = \alpha A k^{\alpha-1} \tag{A4}$$

从等式可以清楚看出，资本的边际产出是递减的，因为 $\frac{\partial MPK}{\partial k} < 0$。

让我们比较一个发达国家和发展中国家。正如罗默所注意到的，1960 年菲律宾的单位工人产出大约为美国产出的 1/10。以等式（A2）中的劳动在国民收入中的份额为 0.6 为基础，罗默继续说，这将意味着美国的资本劳动比率将是菲律宾的 300 多倍，这意味着美国的储蓄和投资水平不可思议地高。

我将继续聚焦于 MPK，而不是尽力去获取对发展的含义。把等式（A2）和（A4）放在一起，这些相同的数字意味着，1960 年菲律宾的资本边际产出将是美国同期的 31.6 倍！在这个案例中，我们将见证资本退出美国进入菲律宾，直至两者的资本边际产出因为流动而相等。这意味着两国的人均产出相等——也就是说，人均收入水平趋同［如等式（A2）告诉我们的］。

为了尽力解释这一不合情理的结论，可以利用两个参数：$1-\alpha$ 和 A。因为 $1-\alpha$ 来自国民收入统计，为此我们聚焦于 A。两个国家的单位工人产出与资本的边际产出的比例可以用下式给出：

$$\frac{y_P}{y_U} = \left(\frac{A_P}{A_U}\right)\left(\frac{k_P}{k_U}\right)^{\alpha} \tag{A5}$$

和

$$\frac{MPK_P}{MPK_U} = \left(\frac{A_P}{A_U}\right)\left(\frac{k_P}{k_U}\right)^{\alpha-1} \tag{A6}$$

其中，P 代表菲律宾，而 U 代表美国。下面考虑如下的思想实验。假设美国的资本劳动比率是菲律宾的 10 倍（而不是超过 300 倍），进一步根据美国是技术更为发达的国家假设美国的效率是菲律宾的 3 倍，也就是说，$A_P/A_U = 0.33$。这时等式（A5）和（A6）告诉我们，菲律宾单位工人的产出是美国的 13％，但是，它的资本边际产出比美国高 31％。这一结论更为合情合理。

如果资本流动是自由的，那么资本将从美国流向菲律宾，直至两国的资本边际产出相等。按照等式（A6），这将意味着菲律宾的资本劳动比率将从占美国的 10％增加至 16％，而单位工人的产出将从占美国的 13％增加至 16％。很明显，在达到新的均衡之前，菲律宾增长的速度快于美国。但是，收入水平的趋同不会发生，这一点与以前假设两国有相同技术的案例不同。这样，当资本的自由流动导致其边际报酬均等化时，如果没有快速的技术追赶，人均收入水平将不会趋同，内生增长理论和第二章讨论的强调技术和人力资本的关键作用的理论得出了这一结论。

图 A1－1 表明了这一切是如何发生的。美国的资本边际产出由曲线 U 表示，而菲律宾的由 P 表示。初始状态是美国和菲律宾分别为 U_1 和 P_1，而资本账户自由化后的均衡分别由 U_2 和 P_2 表示。随着菲律宾的资本劳动比率的上升，在新的均衡下，菲律宾的单位工人产

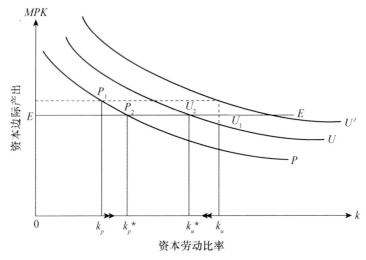

图 A1－1 资本账户自由化的效应

出水平仍然低于美国。如果美国的全要素生产率水平足够高（对应着 U' 曲线或更上方的曲线），资本账户自由化将导致其按照"错误"的方向流动。

全要素生产率和增长核算

从代数角度看，$A=Y/(K^{\alpha}L^{1-\alpha})$，这简单地表明，单位投入的产出可以用 K 和 L 的几何平均表达。因此，全要素生产率是生产率或者效率的广义测度。它的增长率可以使用等式（A1）通过所谓的增长核算得出，可以通过简单的运算得到如下等式：

$$g \equiv \frac{\mathrm{d}Y}{Y} = \frac{\mathrm{d}A}{A} + \alpha\frac{\mathrm{d}K}{K} + (1-\alpha)\frac{\mathrm{d}L}{L} \qquad (A7)$$

在（A7）中，g、$\mathrm{d}K/K$ 和 $\mathrm{d}L/L$ 能够从国民收入账户和劳动市场统计获取。一旦我们假设 $1-\alpha$ 的值——代表在完全竞争情况下劳动在国民收入中的份额——就能够解出等式（A7），也就是全要素生产率的增长率。我将省去计算全要素生产率面临的全部困难和争论（详见 Caselli，2008）！

保罗·克鲁格曼（1994）在他的辩论性提问中抓住了全要素生产率的实践意义——东亚 1960—1990 年的快速增长是否构成真正的奇迹，也就是说，其到底是生产率增长的结果还是投入增加所致："仅仅是投入增加，在投入增加过程中效率并没有提升——投资于更多机器和基础设施——必然遭遇报酬递减；投入驱动的增长注定是有限的"（p. 67）。他使用本附录前面已经阐述的增长核算的结果得出结论，因为"东亚引人注目的增长记录是与投入快速增长相一致的……这一奇迹必将停止"[4]（p. 76）。

【注释】

[1] 如果真正理解了新古典增长，你就不需要这个附录了。我充分利用

了罗默 1994 年的评论、索洛 1956 年的奠基性论文和萨拉·伊·马丁 1990 年美国国民经济研究局（NBER）的工作论文。

[2] 注意 $\hat{k} = \hat{K} - \hat{L}$，其中 $\hat{L} = n$。假设一个封闭经济，资本存量的净增加为 $\dot{K} = sY - \delta K$，这意味着 $\hat{K} = \dfrac{sY}{K} - \delta$。把（A1）和（A3）联立起来可以推导出（A3′）。

[3] 见萨拉·伊·马丁（1990，pp. 10-12，figure 1）。注意：如果 $\hat{A} > 0$，则既没有单位工人收入水平的稳态，也没有单位工人资本的稳态。然而，这里存在单位有效工人的稳态解，以 $\tilde{y} = \dfrac{Y}{\tilde{L}}$ 定义，此时 $\tilde{L} \equiv BL$ 并且 $B \equiv A^{\frac{1}{1-\alpha}}$。在这个案例中，沿着所谓"均衡增长路径"增长的单位工人产出的稳态增长率 y 和单位工人资本的稳态增长率将都等于 $\dfrac{\hat{A}}{1-\alpha}$（产出和资本按照相同增长率增长）。也见卢卡斯（1988）。

[4] 反例见 Bhagwati（1996）。关于增长方面积累与全要素生产率的政策导向的讨论见第二章和第三章。

附录 2
评价政府债务的可持续性

由于 1997—2001 年新兴市场的危机和认识到低收入国家过重的债务负担，2004 年，债务的可持续性分析成为世界银行和国际货币基金组织的常规训练。这一附录的目标是为你配备基本等式，并阐明有关政府债务可持续性分析的标准方法的一些需要注意的地方。

基本等式

用 D 表示名义政府债务。扣除印钱、私有化收益和银行救助成本等，D 的增加等于财政赤字 FD。赤字是支出减去收入。支出包括资本账户和经常账户支出以及利息支付。收入包括税收［包括收入税、增值税（VAT）和进口关税等诸如此类］和从中央银行转移的利润等非税收入（本质上是铸币税的一部分）。除了这些显性收入之外，政府也从隐性收入中获益，在发展中国家，一种突出来源是金融抑制，这使政府能够以低于市场利率的价格借到钱。

在评估政府的债务动态时，把政府支出划分为两个部分很方便：政府债务的利息支出和作为基本支出的其他部分。因此，赤字能够写成基本支出减去收入，或者基础赤字加上利息支出。这可以由下式表达[1]：

$$\dot{D}=FD=PD+iD \tag{A8}$$

其中，PD 是基础赤字，并且由名义利率 i 给出的利息支出等于名义债务乘以 i。债务动态中的关键变量是政府债务占 GDP 的比率，我们用 $d \equiv D/Y$ 表示，其中 Y 代表 GDP。用 $g^N = \dot{Y}/Y$ 表示名义 GDP 的增长率。容易得到 $\dot{d} = \frac{\dot{D}}{Y} - g^N d$。把该式和（A8）结合在一起可得：

$$\dot{d}=pd+(i-g^N)d \tag{A9}$$

其中，$\dot{d}$ 是政府债务占 GDP 的比率的变动，pd 是基础赤字占 GDP 的比率。如果我们以 π 代表通胀率（以 GDP 平减指数为基础），则（A9）能够等价地写成：

$$\dot{d}=pd+(r-g)d \tag{A9'}$$

其中，$r=i-\pi$ 是实际利率，且 $g=g^N-\pi$ 是实际增长率。

但是，典型的政府既用本币借债，也用外币（"美元"）借债。在这个例子中，$D=D_d+xD_\$$，此时 D_d 是国内本币债务，而 $D_\$$ 是美元债务，且 x 是用本币表示的单位美元的名义汇率。现在，名义债务的变动可以表示为：$\dot{D}=(PD+i_dD_d+i_\$D_\$x)+\dot{x}D_\$$，其中，i_d 和 $i_\$$ 分别代表本币债务和美元债务的利率。与（A8）一样，圆括号内正好表示财政赤字。等式最后一项表示由名义汇率变动带来的美元债务的资本收益或损失：对美元贬值会增加美元债务的负担，而升值会减少美元债务的负担。定义 $w=D_d/D$ 作为本币债务的份额，$\hat{x} \equiv \dot{x}/x$ 为名义汇率的贬值率，我们可以推出[2]：

$$d=pd+\{[wi_d+(1-w)(i_\$+\hat{x})]-g^Nd\} \tag{A10}$$

同（A9）比较可知，名义利率现在被本币债务的名义利率的加权平均值取代，并且美元债务通过反映汇率的升值/贬值被等价地转变为以本币计价的债务，读者可以把这看作事后的利率平价。现在，我将推导（A9′）的等价式。

用 π^* 表示美国的通胀率，并且 $R \equiv P/xP^*$ 表示双边实际汇率，在此 P 和 P^* 分别表示本国和美国的物价水平。实际汇率按国际货币基金组织的传统进行定义，也就是说，上升意味着实际升值或等价地 $\rho \equiv \dfrac{\mathrm{d}R}{R} = (\pi - \pi^* - \hat{x}) > 0$。[3]

回到等式（A10）。考虑右边大括号内部的表达式。通过加和减 π 与 $(1-w)\,\pi^*$，并且适当地整合各项，我们得到：

$$[wi_d + (1-w)(i_\$ + \hat{x})] - g^N$$
$$= w(i_d - \pi) + (1-w)(i_\$ - \pi^*)$$
$$+ (1-w)(-\pi + \pi^* + \hat{x}) - (g^N - \pi)$$

注意到，$r_d = i_d - \pi$，$r_\$ = i_\$ - \pi^*$，并且回想实际增长和实际升值的定义，得出我们正在寻找的下式：

$$\dot{d} = pd + \{[wr_d + (1-w)(r_\$ - \rho)] - g\}d \qquad (\text{A10}')$$

现在，我们在等式（5.2）和（5.3）以及有关肯尼亚的那一章的专栏 5.2 之间架起了桥梁。

概念与洞见

如果基础财政平衡、实际利率和增长率的一般组合使得债务占 GDP 的比率达到市场不可接受的水平，政府就会面临债务可持续性问题：对于新兴市场而言，市场是债务可持续性的最终裁决者。例如，如果基础赤字为正且实际利率超过增长率，在基础财政盈余不增加，或者利率不下降，或增长不加快，抑或三者都不发生的情况下，债务占 GDP 的比率将不可持续并最终崩溃。拖延可能导致一场危机，或导致需要进行一次更强劲的财政紧缩才能恢复可持续性。

如果市场认为政府不可能调动基础财政盈余以消解它的债务并

可能违约，则偿债能力问题就产生了。从技术上讲，用实际利率减去增长率折现的将来基础盈余的现值占 GDP 的比率是小于初始的债务占 GDP 的比率的。当出现偿债能力问题时，债务将以相当大的折扣进行交易，该国以美元标价的债务的利息更高（与美国政府相比），本币债务也要求较高的实际利率以弥补违约或贬值的风险，正如第七章中俄罗斯所经历的。

重要的概念性差别是，如果政府存在偿债能力问题，就会产生可持续性问题；但是，相反的逻辑并不一定成立，因为可持续性问题可以被将来更高的基础盈余修正，从而确保预期的将来基础财政盈余的现值等于或者超过初始债务。然而，现实中并不存在快速区分可持续性问题和偿债能力问题的有力规则。可持续性问题和市场的短视相结合可能产生与偿债能力问题相似的效应，也就是说，市场可能以给政府发行的债务进行定价的方式显示它对违约和贬值风险的关注，并且存在没法举借新债的风险。

债务不可持续的一个数字例子

列举数字例子的目的一方面是表明债务水平与动态的不可持续性之间的差异，另一方面是表明在解决债务动态不可持续性问题过程中拖延带来的高成本。回到等式（A9′）。假设初始的债务占 GDP 的比率 d 为 60%，实际利率 r 为 6%，实际增长率 g 为 2%，并且基础赤字占 GDP 的比率为 3%。在这个例子中，债务占 GDP 的比率将每年上升至少 5.4 个百分点 [3% 的基础赤字加上实际利率减去增长率并乘以初始的债务占 GDP 的比率（也就是说，6% 减去 2% 再乘以 60%，等于 2.4%）]。这明显是不可持续的。在没有适时的调整行动的情况下，以（A9′）为基础，3 年后 d 将接近 77%。

这种情况下，债务水平的可持续性问题也可能出现：如萨金特和华莱士（Sargent and Wallace, 1981）所举之例，假设市场设置了一个 75% 的债务占 GDP 的比率上限。此时，如果基础盈余不能提高以把 d 控制在 75%，那么，在到达 3 年底之前，这个国家可能经历一场以通胀爆发、违约或两者兼而有之的形式的危机。通过把 (A9′) 中的债务占 GDP 的比率变化设为 0，我们可以计算出所需的基本盈余 ps^*，结果为：

$$ps^* = (r-g)d \qquad (A11)$$

把 d 为 75% 代入等式 (A11) 可得 $ps^* = 3\%$。但是，因为开始的时候基础赤字为 3%，为了把 d 控制在 75%，需要财政盈余达到 GDP 的 6%，这需要史诗级的努力——在短期这是不可能完成的任务。因此，为了避免危机，在达到 75% 的天花板之前，政府需要开始很好地执行财政紧缩计划。投资者将看到一系列失控接踵而至，并且实际利率将开始上升，紧缩将更加艰难。

现在我们想象一下，政府认识到需要通过借债来对付未预期到的冲击带来的财政成本，并决定目标是把 d 控制在 60%。如果它等 d 达到了 75% 才开始行动，则基础盈余要一步跃升到 18% 才可能把 d 控制在 60%：拖延会产生很高的成本。在 d 回到 60% 之后，2.4% 的更为适中的基础盈余占比就足以把 d 控制在 60%。

评估债务可持续性的陷阱

有三个注意事项是值得铭记的。首先，无论是谨慎的债务水平规则，比如马斯特里赫特标准规定的 60%（债务占 GDP 的比率），还是跨国回归得出的结果，在现实中都不是很有用。[4] 1998 年初，俄罗斯的债务控制在马斯特里赫特标准规定的 60% 之内，但是那一年它仍然遭受了一场巨大的债务危机。印度债务占 GDP 的比率超过 75% 已经 30 年了，然而它从来没有发生重大的危机，并且在 2003—2008 年增长迅速。

其次，债务可持续性具有固有的前瞻性。因此，除了作为一个初始出发点之外，以基础盈余或实际利率和增长率的历史轨迹为基础计算可持续性债务水平的作用有限。

这给我们提供了最后一个，也是最重要的注意事项。对于新兴市场国家，在决定什么债务水平是可持续的这一问题上，债务市场起着决定性作用，除了经济的基本面之外，我们还需要认真对待市场信号。接下来我将回到这一主题。

基本面与市场信号

表 A2-1 列出了一个国别经济学家在评估经济基本面、市场信号和国际清偿力充足率等方面常用的指标。

表 A2-1　　　　基本面、市场信号和国际清偿力

	指标	内容
财政/债务基本面	● 赤字规模 ● 政府储蓄 ● 支出构成 　—公共投资 　—经常支出 ● 收入动员 　—税收构成 　—平均有效税率 　　和边际税率 ● 债务动态	—如果赤字高，人们可能想知道为什么——例如，是因为以将来的增长和税收为回报的基础设施投资，抑或是行政事务工资的增长？ —许多发展中国家有高的边际税率，但是税基很小。如果改进税务管理和合规性，那么尽管平均有效税率提高了，但是边际税率可能降低。 —这要求我们既要看"明显的"决定因素：基础赤字、实际利率和增长率；也要看"不明显的"决定因素：实际利率是否处于均衡中、私营部门或有的财政负债，以及增长的微观基础。
增长基本面和宏-微观联动	● 具有竞争力的公司和银行 ● 实际利率和实际汇率	—好的微观情况意味着将来高的增长率和收入，有助于提高财政偿付能力。 —可持续的债务动态意味着私营部门投资的资本成本更低。具有竞争力的实际汇率有助于出口。

评价政府债务的可持续性

续前表

	指标	内容
市场信号	● 国库券的实际利率 ● EMBI 的债券息差	包含在这些信号中的信息能够被用于提取市场要求的贬值和违约风险溢价（如第七章所阐明的）。
国际清偿力（针对市场情绪转变的一个缓冲）	● 外汇储备与短期外债比率 ● 外汇储备与广义货币比率	研究已经证明，这二者是测度脆弱性的强力指标。

说明：这个指标清单是为了说明，而不是详尽无遗的。尽管萨金特和华莱士（1981）已经表明债务的可持续性能够影响通胀预期，但是我们没有明确讨论货币政策。

第一，尽管就一国如何达到特定的债务占 GDP 的比率而言，历史和该国通胀及违约记录都很重要，但是，从性质看，债务的可持续性是具有前瞻性的。如果做出的公共投资是合理的（与此相反的是无果之路），则财政赤字的增加不一定就是坏事。

第二，就某个给定的国家而言，什么样的债务阈值合适呢？在回答这个问题时，我们必须看市场信号。如果政府的债务占 GDP 的比率是 50%，但是与美国政府相比债券利差是 700 个基点，那么即使债务占比仍然低于马斯特里赫特标准规定的 60%，这也仍告诉我们市场是不安的。与此相似，如果以本币计价的国库券的实际利率是 25%，如俄罗斯 1998 年 5 月的情形，那么这可能是市场开始既关注贬值又关注违约的信号。贬值和违约都是使政府债务更加可持续的最后手段，但是，无论是对声誉还是对将来的借贷成本来说都代价高昂。

第三，尽管好的基本面是重要的，但是我们有理由相信，市场是变化无常的，并且已经证明存在短视和羊群行为。这就是我们为什么在表中强调国际清偿力的原因——为了避免出现自我实现的投机性攻击——尽管精确地找到一个与财政基本面无关的新兴市场汇率危机的例子是困难的。[5]

第四，在看待债务的可持续性方面，尽管存在强烈的几乎排他性的宏观经济偏向，但是仍存在重要的宏-微观联动，表中也尽量在有关增长基本面的内容里呈现这一点。有关印度和俄罗斯的章节都是关于这方面的引人入胜的案例。

【注释】

[1] 回忆专栏 3.2。我是按连续时间研究的，因而没有那么烦冗。对于离散时间情况下的推导，见 Aizenman and Pinto (2005) 的技术附录。

[2] 提示：使用 d、w 和 $\hat{x}$ 的定义得到一个表达式 $\frac{\dot{D}}{Y}=pd+i_d\frac{D_d}{D}\frac{D}{Y}+i_\$\frac{xD_\$}{D}\frac{D}{Y}+\frac{\dot{x}}{x}\frac{xD_\$}{D}\frac{D}{Y}$，然后继续。

[3] $\mathrm{d}p/p\equiv\pi$ 和 $\mathrm{d}p^*/p^*\equiv\pi^*$。

[4] 见 Gill and Pinto (2005) 的评论。

[5] 即使在传统上财政赤字较小的东亚国家的例子中，因政府政策激励而产生的或有财政债务（银行和公司的救助措施）也扮演着重要角色，如 Burnside, Eichenbaum and Rebelo (2001) 及 Frankel and Wei (2005) 所讨论的。

附录 3
俄罗斯和阿根廷的债务互换

1998 年 7 月俄罗斯的 GKO - 欧洲债券互换的主要特征如下：(1) 它是自愿并以市场为基础的；(2) 在 1999年 7 月 1 日前到期的所有 GKO 都是合格的，它们的面值为 393 亿美元，而按照当时普遍的汇率其市场价值为 323 亿美元。[1]其中 60％据说由中央银行和国有的储备银行俄罗斯联邦储备银行（Sberbank）拥有，它们不参与此次行动，为此，合格的 GKO 的市场价值跌到大概 130 亿美元，主要被外国人和俄罗斯商业银行持有。(3) 那些想要兑换的人将得到与市场价值等值的 7 年期和 20 年期欧洲债券，并且可以通过相对于各自的美国国债基准债券的基点利差来进行投标。

投标结果在 1998 年 7 月 20 日宣布。尽管财政部选择的 940个基点的最高利差远高于普遍的基准俄罗斯欧洲债券的现行利差，但按市值计算，只有 44 亿美元的政府债券被投标交换。这意味着，GKO 的持有者更愿意持有短期债券并承担贬值的风险——被预期的大规模官方纾困计划所缓解——而不是以极具吸引力的利差换为长期欧洲债券，这表明了人们对违约风险的担忧。

专栏 A3.1 描述了阿根廷的互换。阿根廷几乎没有短期债务，但是，为了稳定公共债务占 GDP 的比率，基础财政盈余至少要提高至 GDP 的 4%，为此，在 2001—2005 年，其预计的融资需求为每年 220 亿美元，而根据过往财政记录，这是不可能实现的。2001 年 6 月，阿根廷精心安排了 295 亿美元的债务互换（"Megacanje"），以延长到期日，这受到了投资者的热烈欢迎。

专栏 A3.1　　　　　　　　　阿根廷的超级互换

在担忧财政基本面数月后，阿根廷完成了债务互换。[a]2000 年末，阿根廷公共债务占 GDP 的比率达 55%，但是，如果修正实际汇率高估，则债务占比将更高。回想一下 1995—1997 年卢布不可持续的实际升值是如何帮助俄罗斯掩盖其不可持续的债务动态的。2000 年末，阿根廷主权债券利差比美国国债高出 750 个基点，而到 2001 年 3 月则突破了 1 000 个基点。市场分析师正在公开讨论 2000 年末之前的违约问题。2000 年 12 月，阿根廷已经同国际货币基金组织就 400 亿美元的一揽子计划完成了谈判，以避免违约和恢复市场信心；但是，经济增长步履蹒跚，市场似乎得出结论：财政和债务状况是无法挽救的。

在此背景下，2001 年 6 月 1 日至 4 日，阿根廷 295 亿美元的债券被换成 310 亿美元的新债券，以延长到期日。

在超级互换下，现有债券（布雷迪债券、欧洲债券和地方债券）被换成五种新工具。(1) 价值 115 亿美元、于 2008 年到期的 7 年期全球债券[b]，头三年的票面利率为 7%，第四年后为 15.5%。(2) 价值 9 亿美元、于 2008 年到期的 7 年期全球债券，头三年票面利率为 10%，第四年后为 12.4%。(3) 价值 75 亿美元、2018 年到期的 17 年期全球债券，票面利率为 12.25%，15 年的利息资本化。[c] (4) 价值 85 亿美元、2031 年到期的 30 年期全球债券，票面利率为 12%，5 年的利息资本化。(5) 价值 21 亿美元、2006 年到期的 5 年期地方债

券，利率浮动，2 年的利息资本化。

a. Mussa（2002）；Servén and Perry（2005）；de la Torre，Levy Yeyati and Schmukler（2003）.

b. 全球债券可以在美国资本市场和欧洲市场进行交易。

c. 利息资本化是指把应计利息转变为本金，而不是直接支付应付利息。

◇◇

这一超级互换使阿根廷能够在 2001—2005 年推迟支付超过 160 亿美元的债务，但是，相对于这一时期所需的 1 100 亿美元融资需求而言，这一数字很小。最重要的是，货币互换的利差为 1 100 个基点，而根据莫萨（Mussa，2002）的计算，在超过 1 000 个基点的利差下，阿根廷的债务动态"几乎毫无希望"。债务互换之后，随着债券利差更大，税收持续下降，随着存款人在宪法规定的钉住汇率机制崩溃之前匆忙将比索兑换成美元，银行挤兑加剧，金融市场开始崩盘。

与两次互换交易的热情形成鲜明对比的是，事后的评论一致持怀疑态度：

● 时任国际货币基金组织第一副总裁的斯坦利·费希尔在评论俄罗斯互换时，对如下观点表示怀疑，即"仅靠市场友好型重组就能从根本上改变一国的债务动态。这种重组是以市场价格进行，因此，从定义上看，这种重组不会显著改变该国债务的现值……"[2]

● 卡尔沃等（Calvo，Izquierdo and Talvi，2002）观察到："［阿根廷］政府在 2001 年 6 月策划了一次大规模的债务互换，以延长债务组合的期限，但是，这最终导致了极高的利率，而高利率又反过来确证了人们关于财政不可持续的预期。"

● 费希尔对俄罗斯互换的评论与 10 个教训中的第 8 个相互呼应。那 10 个教训是由独立评价办公室（IEO）在 2004 年 7 月对国际货币基金组织在阿根廷的作用的评价中总结的，第七章的专栏 7.4 引用了一部分。

源自这两个案例的基本洞见是，基于市场的债务互换不会降低政府债务负担的现值，因为市场投资者不愿意这些发生。相反，投资者可能会因为让政府"重组"其债务而得到额外的补偿，这最终会使事情变得更糟。财政基本面和市场信号是至高无上的。

【注释】

[1] 请参见第七章关于俄罗斯的讨论。本附录借鉴了 Pinto and Tanaka（2005）。

[2]"Comments and Discussion", Kharas, Pinto and Ulatov（2001, p.63）.

附录 4
三代危机模型

三代危机模型都与固定汇率的崩溃有关。[1]不同模型的差异在于政府可公开获取的政策应对选项的范围、资产市场投资者采取的行动对这些选项的影响，以及在实体和金融领域私营部门的资产负债表有什么变化。财政考虑，不论实际的还是或有的，在所有三代危机模型中都扮演着重要角色。

第一代

1979 年，保罗·克鲁格曼在《货币、信贷和银行业杂志》（*Journal of Money，Credit and Banking*）上发表了一篇关于国际收支危机的奠基性论文。他所谓的第一代模型的特点是，在固定汇率下，政府通过中央银行的信贷为其财政赤字融资。由于通货膨胀率等于货币贬值率，因此其初始值为零。假设初始的货币需求（其是通胀率的函数）是固定的，为财政赤字融资而产生的信贷溢出会导致经常账户赤字，从而耗尽央行的外汇储备。在某个时点，国内居民开始怀疑当局将耗尽外汇，从而迫使政府放弃固定汇率制度并让货币浮动——"危机"。这导致均衡通胀率跃升，简单地说，这种跃升就是后危机时代政府通过通胀税为财政赤字融资导致的货币贬值率。

227

克鲁格曼模型的精妙之处在于，在储备实际上达到零之前，向浮动汇率的转换就已经发生。当剩余的储备恰巧等于对货币（本国货币）需求的减少量时，该国采用浮动汇率。货币需求下降，因为在这一点上，通货膨胀率从零跃升到政府为财政赤字融资所需的水平。国内居民不过是以危机前的固定汇率购买或"攻击"剩余的外汇储备，迫使本币汇率浮动。因此，没有人会遭受资本损失，因为在这个模型中，国内居民可以精确地计算当转向浮动汇率时所发生的一切，而汇率本身也不会在这一点上跃升。这一计算要输入的已知量包括储备耗竭的预攻击率（由财政赤字和相关信贷创造的规模决定）、将货币需求与通货膨胀联系起来的函数以及通过通胀税为赤字融资所需的浮动后通胀率。[2]

第二代

在克鲁格曼的模型中，不一致［由信贷提供资金的财政赤字与固定汇率（零通货膨胀率）的不一致］的基本面刺激了对外汇储备的投机性攻击。但是，在 1994 年的一篇预示第二代危机模型的论文中，奥布斯特菲尔德指出，克鲁格曼的模型不能完全解释 1992—1993 年的汇率机制危机，尤其是瑞典的经历；专栏 A4.1 对这场危机有个简要说明。工业化的欧洲国家总是可以通过借贷来增加储备，而由中央银行信贷资助的财政赤字形式的"财政挥霍"可能是也可能不是情况的一部分。但是，其他因素也发挥作用，例如高利率和政治上令人无法接受的失业率的影响，这可能会在捍卫与货币挂钩的利率和降低失业率之间产生冲突。

专栏 A4.1　　　　1992—1993 年的汇率机制危机

1992—1993 年的汇率机制危机是什么？简言之，当时欧盟国家实行货币和汇率政策协调制度，目的是在汇率机制下限制汇率波动，作为向完全货币联盟和单一货币转型的一部分。1987年以后不允许货币重新调整，并且1990年实现资本账户的完全自由化是这一过程的一部分。实际上，该体系中的其他欧洲国家的货币是钉住德国马克的，因为德国央行是参与国中央银行中最可信赖的。[a]

危机的催化剂是1990年民主德国和联邦德国的重新统一。统一导致基础设施和社会福利方面的公共开支大幅增加，这扩大了德国的财政赤字，并迫使德国央行提高利率。这些发展导致人们形成了这样的预期，即德国实际利率必须上升以吸引资本流入，并且德国马克将实际升值。利率上升给体系中的其他货币带来了下行压力，英镑的情况就是一个很好的例子。

当时英国碰巧处于衰退之中，失业率超过10%。如果英国央行提高利率以将汇率控制在汇率机制下的狭窄范围内，就会加剧经济衰退和失业。洞悉保持固定汇率和阻止失业率上升二者之间的内在冲突之后，著名的投机者乔治·索罗斯攻击了英镑，借入英镑并将所得转换为德国马克。1992年9月16日，英国央行最终被迫将其政策利率从10%上调至12%，并威胁将加息至15%。考虑到通胀率仅为3%，这意味着实际利率的大幅上升。但是，英国外汇储备仍在大量流失，这导致英国最终退出了汇率机制，放弃了钉住马克的汇率制度，并使投机者所做的赌局变成了一个自我实现的预言。这一决定使英国央行能够将利率减半并助推经济发展。

在2009年出版的关于萧条经济学的书中，保罗·克鲁格曼指出，不管有没有索罗斯，英镑都必然贬值，而投机者只是加速了这一进程。事实上，他认为投机者的所作所为对英国有利，因为这迫使英国放弃钉住马克的汇率制度，从而提高了英国的国际竞争力，并允许它降低利率。但是，他也注意到，投机者做出的自我实现的投机攻击行为并不总是有益的，1997—1998年的东亚危机就是一个很好的例子（Krugman，2009，pp. 122–131）。

a. Eichengreen and Wyplosz (1993).

奥布斯特菲尔德的核心思想是，政府有政策选项来应对实际发生的或感知到的宏观经济政策的不可持续性。它的最终反应是由一种政治考量驱动的，即权衡坚持固定汇率制度的痛苦（例如，高利率导致私营部门资产负债表的压力或高失业率的加剧）和坚持的获益（这种痛苦将不会对政府的公信力产生很大影响，因为其他重要国家也采取了类似行动，或者此举将被视为"明智的"）。关于政府最终将如何应对的模糊性导致了"多重均衡"。反过来，市场预期取决于人们对政府将选择哪种政策选项及其对资产价格的影响的预测。这将影响投资者持有的可能会影响政府决策的头寸。即使财政基本面保持不变，这种循环逻辑也可能导致一场危机，因为这是一个转变市场情绪的自我实现的预言。这类模型通常被称为第二代危机模型。

第三代

1997—1998 年东亚的经历催生了第三代危机模型。这类模型强调资产负债表在货币和到期期限上的错配（用短期美元债务为长期本币资产融资）、国际流动性不足（储备不足）以及道德风险（私营部门做出了糟糕的投资决定，但有信心政府会纾困）。因此，虽然政府目前没有出现巨额财政赤字，但是与救助银行和私营企业的财政成本有关的或有负债可能导致高的预期赤字。以短期外债与外汇储备的高比率和/或广义货币与外汇储备的高比率呈现的国际流动性不足加剧了固定汇率崩溃的可能性。这种结构使一个国家容易受到货币贬值或资本逆流导致的市场情绪逆转的影响。如果提高利率以提高本国货币资产的吸引力，这可能通过不良贷款的增加对银行资产负债表造成压力；如果允许汇率崩溃，公司资产负债表上以美元计价的债务的实际负担就会增加，从而迫使它们破产，这反过来也损害了银行利益。这使得防止固定汇率免受投机性攻击变得不可能，只能被迫放弃固定汇率，并以高昂的代价纾困企业，因为企业和金融部门的大规模破产在政治上是不可接受的。[3]

共同特征

所有三代模型的特点都是固定汇率、资本账户开放和低外汇储备。第二代模型引入市场心理因素和外部目标（保持汇率平价）与内部目标（例如，将失业率保持在政治上可接受的水平）之间的冲突。人们不知政府将如何应对，于是产生了多重均衡的可能性：新的均衡取决于政府追求的目标。对于新兴市场来说，没有太多选择余地：当外部和内部不平衡之间存在冲突时，外部约束通常会支配内部约束。当与第三代模型相关的资产负债表出现问题时，这种支配效应尤其明显。现在我将讨论这一问题。

外部与内部平衡

假设新兴市场存在外部融资约束，其极端形式表现为资本流入的突然停止。解决这一问题的标准方法是让实际汇率贬值。虽然实际贬值有助于通过收入效应和价格效应（通过减少总需求并将其转向国内商品）来缓解外部约束，但是，当存在货币错配时，它可能导致代价高昂的衰退：由于资产以本币计价，而负债以外币计价，贬值可能导致不良贷款增加和银行信贷紧缩。或者，考虑一个降低利率以解决失业问题的新兴市场。如果资本账户是开放的，这可能导致本国资本大量外逃并迫使货币贬值，而这可能在货币错配情况下造成混乱。当资本账户开放和货币错配同时存在时，教科书上的处方失败了，甚至可能适得其反。因此，正如第三代模型描述的那样，当资本账户开放并且公司和银行的资产负债表存在货币错配时，相对于内部平衡，外部平衡的支配更可能出现。[4]

综上所述，"三代模型"对新兴市场有两个重要含义：第一，仅仅看财政和增长的基本面是不够的；人们还需要注意有关贬值和违约风险的市场信号。第二，因为可能需要救助私营部门而导致了或有财政负债，所以第三代模型对政府跨期预算约束有重要影响。它传递的信息很清楚：警惕私营部门外债与货币错配。

【注释】

[1] 不必按照字面意思去理解汇率的固定。管理钉住、爬行钉住甚至通货膨胀目标制度（参见 Kumhof, Li and Yan, 2007）都属于容易受到投机攻击而崩溃的汇率制度类别。

[2] 我所依赖的这一模型的精彩阐述见 Calvo（1996, pp. 7 – 13, figure 1）。

[3] Dooley（2000），Krugman（1999），Chang and Velasco（2000）及 Burnside, Eichenbaum and Rebelo（2001）等启发和发展了第三代模型的各个方面。也可参见 Claessens（2005），Frankel and Wei（2005）和 Diaz-Alejandro（1985）的开创性论文。

[4] Frankel and Wei（2005）的附录中有一个令人信服的叙述，我借鉴了它。

附录 5
主权债务重组机制

1990 年代中期，墨西哥、泰国、印度尼西亚、韩国、俄罗斯、阿根廷和土耳其（按时间顺序排列）等大型新兴市场爆发的系列举世瞩目的危机，引发了 2000 年代早期关于对债权人和国家都有利的有效解决机制的辩论。2001 年，国际货币基金组织提出主权债务重组机制（the Sovereign Debt Restructuring Mechanism, SDRM)，"以确保有序和及时地重组不可持续的主权债务"，并同"分散的债权人集团达成协议……集体同意重组，以将其债务的净现值降低到可管理的水平"[1]。

这强调了两个潜在的好处：第一，主权债务重组机制将有助于克服导致债务重组拖延的集体行动问题，使有资格的多数债权人的决定对所有债权人具有约束力。（有人认为，与少数大型债权银行相比，众多债权人更容易出现协调问题，正如 1980 年代债务危机期间出现的那样。）第二，与现行制度相比，它将提供一个更加可预测和更加及时的进程。

当时提出了以下问题：第一，债务覆盖范围仅限于外债，尽管整个 20 世纪 90 年代内债的重要性与日俱增。第二，由于法律上的挑战永远不可能被排除在外，主权债务重组机制的过程不一定更具可预测性。第三，如果按提议将主权债务重组机制的启动留给债务国，那么在承认不可持续性方面债务国都有拖延和代价高昂的延期的动机（正如 1998 年的俄罗斯和 2000—2001 年的阿根廷那样）。第四，如果没有一定的自动化程度，例如将二级市场价格与不同债权人集团之间的减记挂钩，就不清楚如何加快解决过程或提高解决过程的透明度。

提案最终被搁置，因为债权国集团和债务国都没有提供强有力的支持。

【注释】

[1] Krueger (2002).

附录6
国际货币基金组织的灵活信贷额度

国际货币基金组织的灵活信贷额度是一项抵御信心冲击的保险计划：新兴市场拥有良好的财政基本面和充足的国际流动性，但易受外部冲击蔓延或溢出的影响。[1]换句话说，保护它免遭并不是由它自己的错导致的资本流动的减速或突然停摆。正如灵活信贷额度概览所注意到的，该计划"旨在满足政策框架非常强大的国家因为预防危机和减缓危机而增加的贷款需求，并监测经济绩效"。

我们在全球金融危机期间熟悉的一个主要例子是所谓的避险效应，即当投资者变得更加风险规避时，资本倾向于流向富国；债券收益率的相反走势明显地抓住了这一点。2007年中期至2009年3月（美国全球金融危机的最暗时刻），10年期美国国债收益率大幅下跌。尽管这场危机起源于美国的金融部门，但是，同期EMBI全球综合指数（以美元计价的新兴市场主权债务的代名词）的利差大幅上升。2009年3月24日，在逃离危机的前景最黯淡的时候国际货币基金组织公布灵活信贷额度，这不是巧合。

灵活信贷额度概况如下："贷款改革的一个关键目标是减少人们对向国际货币基金组织借款的成见，并鼓励各国在面临全面危机之前请求援助。"合格标准包括可持续的公共债务和外部头寸，以及不存在系统性银行危机的脆弱性。各国可在预防性基础上借入配额的

500％～1 000％，并支付 24～27 个基点的承诺费（如果它们决定贷款，会归还该承诺费），该贷款的利率将比同等规模的市场借贷利率低得多。

到目前为止，已有三个国家（波兰、墨西哥和哥伦比亚）签署了有关灵活借贷额度的协议，但没有国家实际使用灵活信贷额度资源，这表明了该工具的保险性质。它们各自能获得的额度大体上分别是：波兰 100 亿～200 亿美元，墨西哥 230 亿～460 亿美元，哥伦比亚 60 亿～120 亿美元——当然，在信心受到冲击期间，这些国家是不可能以合理利率轻易从市场上获得这么多贷款的。

本着同样的精神，美联储在 2008 年 10 月将互换范围扩大到巴西、墨西哥和新加坡，以提高美元流动性；原定期限是 2009 年 4 月 30 日，但是，已延长至该年的 10 月 30 日。

【注释】

[1] 截至 2012 年 9 月 27 日的信息，见 http://www.imf.org/external/np/exr/facts/fcl.htm。

参考文献

Acemoglu, Daron and James Robinson. 2012. *Why Nations Fail: The Origins of Power, Prosperity, and Poverty*. New York: Random House.

Acemoglu, Daron, Simon Johnson, James A. Robinson, and Yunyong Thaichoren. 2003. "Institutional Causes, Macroeconomic Symptoms: Volatility, Crises and Growth." *Journal of Monetary Economics* 50(1): 49–123.

Acharya, Shankar. 2001. "India's Macroeconomic Management in the Nineties." Indian Council for Research on International Economic Relations, New Delhi.

Acharya, Shankar. 2002a. "Macroeconomic Management in the Nineties." *Economic and Political Weekly*, April: 1515–38.

Acharya, Shankar. 2002b. "India's Medium-Term Growth Prospects." *Economic and Political Weekly*, July: 2897–906.

Aghion, Philippe and Olivier Blanchard. 1994. "On the Speed of Transition in Central Europe." Cambridge, MA: NBER Working Paper 4736.

Aghion, Philippe and Steven Durlauf. 2007. "From Growth Theory to Policy Design." Paper written for the Growth Commission. Available at: <http://www.growthcommission.org/storage/cgdev/documents/aghion-durlauf-wbapr3fin.pdf>.

Aghion, Philippe, Olivier Blanchard, and Robin Burgess. 1994. "The Behavior of State Firms in Eastern Europe Pre-Privatization." *European Economic Review* 38: 1327–49.

Aghion, Philippe, Robin Burgess, Stephen Redding, and Fabrizio Zilibotti. 2005. "Entry Liberalization and Inequality in Industrial Performance." *Journal of the European Economic Association* 3(2–3): 291–302.

Ahluwalia, Montek S. 2002a. "India's Vulnerability to External Crisis: An Assessment." In *Macroeconomics and Monetary Policy: Issues for a Reforming Economy. Essays in Honor of C. Rangarajan*, ed. Montek Ahluwalia, S. S. Tarapore, and Y. V. Reddy. Oxford: Oxford University Press.

Ahluwalia, Montek S. 2002b. "Economic Reforms in India since 1991: Has Gradualism Worked?" *Journal of Economic Perspectives* 16: 67–88.

Aizenman, Joshua and Brian Pinto. 2005. *Managing Economic Volatility and Crises: A Practitioner's Guide*. Cambridge: Cambridge University Press.

Aizenman, Joshua and Brian Pinto. 2011. "Managing Financial Integration and Capital Mobility. *Vox*. Available at: <http://www.voxeu.org/index.php?q=node/7058>.

Aizenman, Joshua and Brian Pinto. 2013. "Managing Financial Integration and Capital Mobility: Policy Lessons from the Past Two Decades." *Review of International Economics* 21, 4: 636–53.

Aizenman, Joshua, Kenneth M. Kletzer, and Brian Pinto. 2005. "Sargent-Wallace Meets Krugman-Flood-Garber, or: Why Sovereign Debt Swaps Don't Avert Macroeconomic Crises." *Economic Journal* 115, April: 343–67.

Aizenman, Joshua, Brian Pinto, and Artur Radziwill. 2007. "Sources for Financing Domestic Capital: Is Foreign Saving a Viable Option for Developing Countries?" *Journal of International Money and Finance* 26(5): 682–702.

Akerlof, George and Robert Shiller. 2009. *Animal Spirits: How Human Psychology Drives the Economy, and Why It Matters for Global Capitalism.* Princeton, NJ: Princeton University Press.

Balcerowicz, Leszek. 1994. "Economic Transition in Central and Eastern Europe: Comparisons and Lessons." *Australian Economic Review* 27(1): 47–59.

Bandiera, Luca, Praveen Kumar, and Brian Pinto. 2008. "Kenya's Quest for Growth: Stabilization and Reforms—But Political Stability?" Washington DC: World Bank Policy Research Working Paper WPS 4685.

Belka, M., S. Estrin, M. Schaffer, and I. J. Singh. 1995. "Enterprise Adjustment in Poland: Evidence from a Survey of 200 Private, Privatized, and State-Owned Firms." London School of Economics, Centre for Economic Performance Discussion Paper 233,

Bernanke, Ben S. 2004. "The Great Moderation." Remarks by Governor Ben S. Bernanke at the meetings of the Eastern Economic Association, Washington DC. Available at: <http://www.federalreserve.gov/boarddocs/speeches/2004/20040220/default.htm>.

Bhagwati, Jagdish. 1996. "The Miracle that Did Happen: East Asia in Comparative Perspective." Keynote speech, delivered at conference in honor of Professors Liu and Tsiang, Cornell University, May 3.

Blanchard, Olivier. 2005. "Fiscal Dominance and Inflation Targeting: Lessons from Brazil." In *Inflation Targeting, Debt, and the Brazilian Experience, 1999 to 2003,* ed. Francesco Giavazzi, Ilan Goldfajn, and Santiago Herrera. Cambridge, MA: The MIT Press.

Blanchard, Olivier. 2010. "Institutions, Markets, and Poland's Economic Performance." Speech delivered in Krakow, Poland, June 10.

Bruno, Michael and William Easterly. 1998. "Inflation Crises and Long-Run Growth." *Journal of Monetary Economics* 41: 3–26.

Budina, Nina and Norbert Fiess. 2004. "Public Debt and Its Determinants in *Market Access Countries: Results from 15 Country Case Studies.*" Washington DC: PRMED, the World Bank.

Budina, Nina, Gaobo Pang, and Sweder van Wijnbergen. 2007. "Nigeria's Growth Record: Dutch Disease or Debt Overhang?" Washington DC: World Bank Policy Research Working Paper 4256.

Buiter, Willem H. and Urjit R. Patel. 1992. "Debt, Deficits and Inflation: An Application to the Public Finances of India." *Journal of Public Economics* 47: 171–205.

Burnside, Craig. 2005. *Fiscal Sustainability in Theory and Practice: A Handbook*. Washington, DC: The World Bank.

Burnside, Craig, Martin Eichenbaum, and Sergio Rebelo. 2001. "Prospective Deficits and the Asian Currency Crisis." *Journal of Political Economy* 109: 1155–98.

Caballero, Ricardo J. 2003. "On the International Financial Architecture: Insuring Emerging Markets." NBER Working Paper 9570. Cambridge MA: National Bureau of Economic Research.

Calderon, Cesar, William Easterly, and Luis Servén. 2004. "Infrastructure Compression and Public Sector Solvency in Latin America." In *The Macroeconomics of Infrastructure*, Regional Study, Latin America and Caribbean Region, ed. William Easterly and Luis Servén. Washington, DC: The World Bank.

Calvo, Guillermo A. 1996. "Why is 'The Market' so Unforgiving? Reflections on the Tequilazo." University of Maryland. Available at: <http://drum.lib.umd.edu/bitstream/1903/4031/1/ciecrp4.pdf>.

Calvo, Guillermo A., A. Izquierdo, and E. Talvi. 2002. "Sudden Stops, the Real Exchange Rate and Fiscal Sustainability: Argentina's Lessons." Inter-American Development Bank, Research Department, Mimeo.

Carlin, Wendy, Steven Fries, Mark Schaffer, and Paul Seabright. 2001. "Competition and Enterprise Performance in Transition Economies: Evidence from a Cross-Country Survey." Centre for Economic Policy Research Discussion Paper Series 2840.

Carroll, C., J. Overland, and D. N. Weil. 2000. "Saving and Growth with Habit Formation." *American Economic Review* 90(3): 341–55.

Caselli, Francesco. 2008. "Growth Accounting." In *The New Palgrave Dictionary of Economics*, ed. Steven N. Durlauf and Lawrence E. Blume. Basingstoke: Palgrave Macmillan.

Cerra, Valerie and Sweta Saxena. 2005. "Did Output Recover from the Asian Crisis?" *IMF Staff Papers* 52(1): 1–23.

Chamley, Christophe P. and Brian Pinto. 2011. "Why Official Bailouts Tend Not to Work: An Example Motivated by Greece 2010." *The Economists' Voice* 8(1): Article 3.

Chang, Roberto and Andres Velasco. 2000. "The Asian Financial Crisis in Perspective." In *Private Capital Flows in the Age of Globalization*, ed. Uri Dadush, Dipak Dasgupta, and Marc Uzan. Cambridge, MA: The MIT Press.

Claessens, Stijn. 2005. "Finance and Volatility." In *Managing Economic Volatility and Crises: A Practitioner's Guide*, ed. Joshua Aizenman and Brian Pinto. Cambridge: Cambridge University Press.

Corden, W. Max. 1989. "Debt Relief and Adjustment Incentives." In *Analytical Issues in Debt*. ed. Jacob A. Frenkel, Michael P. Dooley, and Peter Wickham. International Monetary Fund.

DeLong, Bradford J. 2011. "Economics in Crisis." *The Economists' Voice*, May.

DeLong, J. Bradford and Lawrence H. Summers. 1992. "Equipment Investment and Economic Growth: How Strong is the Nexus?" *Brookings Papers on Economic Activity* 2: 157–211.

Denison, Edward F. 1962. *The Sources of Economic Growth in the United States and the Alternatives Before Us*. New York: Committee for Economic Development (711 Fifth Avenue).

Dervis, Kemal. 2005. "Returning from the Brink: Turkey's Efforts at Systemic Change and Structural Reform." In *Development Challenges in the 1990s: Leading Policymakers Speak from Experience*, ed. Timothy Besley and Roberto Zagha. World Bank/Oxford University Press.

Diaz-Alejandro, Carlos. 1985. "Good-Bye Financial Repression, Hello Financial Crash." *Journal of Development Economics* 19(1–2): 1–24.

Dooley, Michael. 2000. "A Model of Crises in Emerging Markets." *The Economic Journal* 110: 256–72. Available at: <http://people.ucsc.edu/~mpd/EJCrisis.pdf>.

Dornbusch, Rudiger. 1980. *Open Economy Macroeconomics*. New York: Basic Books.

Dornbusch, Rudiger and Alejandro Werner. 1994. "Mexico: Stabilization, Reform and No Growth." *Brookings Papers on Economic Activity* 1: 253–315.

Dungey, Mardi, Renee Fry, Brenda Gonzalez-Hermosillo, and Vance Martin. 2006. "Contagion in International Bond Markets during the Russian and the LTCM Crises." *Journal of Financial Stability* 2: 1–27.

Easterly, William. 2001. *The Elusive Quest for Growth: Economists' Adventures and Misadventures in the Tropics*. Cambridge, MA: The MIT Press.

Easterly, William. 2005. "National Policies and Economic Growth: A Reappraisal." In *Handbook of Economic Growth*, ed. Philippe Aghion and Steven N. Durlauf. Elsevier.

Easterly, William and Ross Levine. 2001. "What Have We Learned from a Decade of Empirical Research on Growth? It's Not Factor Accumulation: Stylized Facts and Growth Models." *The World Bank Economic Review* 15(2): 177–219.

Easterly, William and Luis Servén. 2003. *The Limits of Stabilization: Infrastructure, Public Deficits, and Growth in Latin America*. Stanford Social Sciences/The World Bank.

Easterly, William, Roumeen Islam, and Joseph Stiglitz. 2000. "Shaken and Stirred: Explaining Growth Volatility." Paper presented at Annual World Bank Conference on Development Economics. Available at: <http://williameasterly.files.wordpress.com/2010/08/24_easterly_islam_stiglitz_explaininggrowthvolatility_prp.pdf>.

EBRD (European Bank for Reconstruction and Development). 1999. *Transition Report 1999: Ten Years of Transition*. London: European Bank for Reconstruction and Development. Available at: <http://www.ebrd.com/pubs/econo/4050.htm>.

Eichengreen, Barry and Charles Wyplosz. 1993. "The Unstable EMS." *Brookings Papers on Economic Activity* 1: 51–143.

Eichengreen, Barry, Ricardo Hausmann, and Ugo Panizza. 2002. "Original Sin: The Pain, the Mystery, and the Road to Redemption." Paper prepared for the conference "Currency and Maturity Matchmaking: Redeeming Debt from Original Sin." Washington, DC: IADB.

Feldstein, Martin and Charles Horioka. 1980. "Domestic Saving and International Capital Flows." *The Economic Journal* 90: 314–20.

Fischer, Stanley. 1993. "The Role of Macroeconomic Factors in Growth." *Journal of Monetary Economics* 32(3): 485–512.

Fischer, Stanley. 2001. "Exchange Rate Regimes: Is the Bipolar View Correct?" *Finance & Development* 38(2). Available at: <http://www.imf.org/external/pubs/ft/fandd/2001/06/fischer.htm>.

Fischer, Stanley, Ratna Sahay, and Carlos Vegh. 1996. "Stabilization and Growth in Transition Economies: The Early Experience." *Journal of Economic Perspectives* 10(2): 45–66.

Flood, Robert and Peter Garber. 1984. "Collapsing Exchange Rate Regimes: Some Linear Examples." *Journal of International Economics* 17, 1–13.

Fonseka, Daminda, Brian Pinto, Mona Prasad, and Francis Rowe. 2012. "Sri Lanka: From Peace Dividend to Sustained Growth Acceleration." World Bank Policy Research Working Paper 6192. Available at: <http://www-wds.worldbank.org/external/default/WDSContentServer/IW3P/IB/2012/09/06/000158349_20120906090938/Rendered/PDF/wps6192.pdf>.

Forbes, Naushad. 2002. "Doing Business in India: What has Liberalization Changed?" In *Economic Policy Reforms and the Indian Economy*, ed. Anne O. Krueger. Chicago: The University of Chicago Press.

Frankel, Jeffrey A. and Alan T. MacArthur. 1988. "Political vs. Currency Premia in International Real Interest Differentials: A Study of Forward Rates for 24 Countries." *European Economic Review* 32(5): 1083–114.

Frankel, Jeffrey A. and Shang-Jin Wei. 2005. "Managing Macroeconomic Crises: Policy Lessons." In *Managing Economic Volatility and Crises: A Practitioner's Guide*, ed. Joshua Aizenman and Brian Pinto. Cambridge: Cambridge University Press.

Frydman, Roman and Stanislaw Wellisz. 1991. "The Ownership-Control Structure and the Behavior of Polish Enterprises during the 1990 Reforms: Macroeconomic Measures and Microeconomic Response." In *Reforming Central and Eastern European Economies: Initial Results and Challenges*, ed. Vittorio Corbo, Fabrizio Coricelli, and Jan Bossak. Washington: World Bank Symposium.

Gaddy, Clifford G. and Barry W. Ickes. 1998. "Russia's Virtual Economy." *Foreign Affairs* 77(5): 53–67.

GC (Commission on Growth and Development). 2008. *The Growth Report: Strategies for Sustained Growth and Inclusive Development*. The World Bank. Available at: <http://siteresources.worldbank.org/EXTPREMNET/Resources/489960-1338997241035/Growth_Commission_Final_Report.pdf>.

Giavazzi, Francesco, Ilan Goldfajn, and Santiago Herrera. 2005. *Inflation Targeting, Debt, and the Brazilian Experience, 1999 to 2003*. Cambridge, MA: The MIT Press.

Gill, Indermit and Brian Pinto. 2005. "Sovereign Debt in Developing Countries with Market Access: Help or Hindrance?" In *Financial Crises: Lessons from the Past, Preparation for the Future*, ed. Gerard Caprio, James A. Hanson, and Robert E. Litan. Washington: Brookings Institution Press.

Giovannini, Alberto and Martha de Melo. 1993. "Government Revenue from Financial Repression." *American Economic Review* 83(4): 953–63.

Godbole, Madhav. 1997. "Pay Revision: High Cost of Total Surrender." *Economic and Political Weekly*, October: 2506–7.

Goldstein, Morris. 2003. "Debt Sustainability, Brazil, and the IMF." Institute for International Economics Working Paper 03-1.

Goldstein, Morris and Philip Turner. 2004. *Controlling Currency Mismatches in Emerging Markets*. Washington DC: Institute for International Economics.

Gourinchas, Pierre-Olivier and Olivier Jeanne. 2006. "The Elusive Gains from International Financial Integration." *Review of Economic Studies* 73, 715–41.

Gourinchas, Pierre-Olivier and Olivier Jeanne. 2007. "Capital Flows to Developing Countries: The Allocation Puzzle." Cambridge, MA: NBER Working Paper W13602.

Green, Russell and Tom Torgerson. 2007. "Are High Foreign Exchange Reserves in Emerging Markets a Blessing or a Burden?" Department of the Treasury, Office of International Affairs Occasional Paper 6.

Grossman, Gene M. and Elhanan Helpman. 1994. "Endogenous Innovation in the Theory of Growth." *Journal of Economic Perspectives* 8(1) Winter: 23–44.

Hausmann, Ricardo, Dani Rodrik, and Andres Velasco. 2005. "Growth Diagnostics." Available at: <http://ksghome.harvard.edu/~drodrik/barcelonafinalmarch2005.pdf>.

Hevia, Constantino and Norman Loayza. 2013. "Saving and Growth in Sri Lanka." World Bank Policy Research Working Paper 6300. Available at: <http://elibrary.worldbank.org/doi/pdf/10.1596/1813-9450-6300>.

Hnatkovska, Viktoria and Norman Loayza. 2005. "Volatility and Growth." In *Managing Economic Volatility and Crises: A Practitioner's Guide*, ed. Joshua Aizenman and Brian Pinto. Cambridge: Cambridge University Press.

IDA and IMF (International Development Association and International Monetary Fund). 2011. *Heavily Indebted Poor Countries (HIPC) Initiative and Multilateral Debt Relief Initiative (MDRI): Status of Implementation and Proposals for the Future of the HIPC Initiative*, November. Available at: <http://siteresources.worldbank.org/INTDEBTDEPT/ProgressReports/23063134/HIPC_MDRI_StatusOfImplementation2011.pdf>.

IDB (Inter-American Development Bank). 2007. *Living with Debt: How to Limit the Risks of Sovereign Finance*. Economic and Social Progress in Latin America 2007 Report.

IEO (Independent Evaluation Office of the IMF). 2004. *Report on the Evaluation of the Role of the IMF in Argentina, 1991–2001*, July. Available at: <http://www.imf.org/EXTERNAL/NP/IEO/2004/ARG/ENG/INDEX.HTM>.

IMF (International Monetary Fund). 2001. *Turkey: Sixth and Seventh Reviews under the Stand-By Arrangement; Staff Supplement; and Press Release on the Executive Board Discussion*. IMF Country Report No. 01/89, June.

IMF (International Monetary Fund). 2003. *World Economic Outlook: Public Debt in Emerging Markets*, September.

IMF (International Monetary Fund). 2004. *Kenya: Selected Issues and Statistical Appendix*. Issued as IMF Country Report No. 09/192, June 2009. Available at: <http://www.imf.org/external/pubs/ft/scr/2009/cr09192.pdf>.

IMF (International Monetary Fund). 2008. *World Economic and Financial Surveys. Regional Economic Outlook: Sub-Saharan Africa*. APR08. Washington, DC: International Monetary Fund.

IMF (International Monetary Fund). 2009. *Ghana: 2009 Article IV Consultation*. IMF Country Report No. 09/256, August. Available at: <http://www.imf.org/external/pubs/ft/scr/2009/cr09256.pdf>.

IMF (International Monetary Fund). 2010. *Ghana*. IMF Country Report No. 10/178. Available at: <http://www.imf.org/external/pubs/ft/scr/2010/cr10178.pdf>.

IMF (International Monetary Fund). 2011a. *Statement at the Conclusion of an IMF Mission to Ghana*. Press Release No.11/59, March 1, 2011. Available at: <http://www.imf.org/external/np/sec/pr/2011/pr1159.htm>.

IMF (International Monetary Fund). 2011b. *Fiscal Monitor: Addressing Fiscal challenges to Reduce Economic Risks*, September. Available at: <http://www.imf.org/external/pubs/ft/fm/2011/02/pdf/fm1102.pdf>.

IMF (International Monetary Fund). 2012. *Ghana: Fifth Review under the Three-Year Arrangement under the Extended Credit Facility—Staff Report*. IMF Country Report No. 12/36. Available at: <http://www.imf.org/external/pubs/ft/scr/2012/cr1236.pdf>.

IMF (International Monetary Fund). 2013. *India: 2013 Article IV Consultation*. IMF Country Report No. 13/37, February. Available at: <http://www.imf.org/external/pubs/ft/scr/2013/cr1337.pdf>.

India, Planning Commission. 2002. *Tenth Five Year Plan 2002–2007*, vol. 1: *Dimensions and Strategies*. New Delhi. Available at: <http://planningcommission.nic.in/plans/planrel/fiveyr/10th/volume1/10th_vol1.pdf>.

Jeanne, Olivier. 1999. "Comment." In *Essays in Honor of Robert P. Flood, Jr.*, ed. Peter Isard, Assaf Razin, and Andrew K. Rose. Kluwer Academic.

Jorion, Philippe. 2000. "Risk Management Lessons from Long-Term Capital Management." *European Financial Management* 6: 277–300.

Kharas, Homi. 2008. "Measuring the Cost of Aid Volatility." The Brookings Institution, Wolfensohn Center for Development Working Paper 3. Available at: <http://www.brookings.edu/~/media/research/files/papers/2008/7/aid%20volatility%20kharas/07_aid_volatility_kharas.pdf>.

Kharas, Homi and Brian Pinto. 1989. "Exchange Rate Rules, Black Market Premia and Fiscal Deficits: The Bolivian Hyperinflation." *Review of Economic Studies* 56: 435–48.

Kharas, Homi, Brian Pinto, and Sergei Ulatov. 2001. "An Analysis of Russia's 1998 Meltdown: Fundamentals and Market Signals." *Brookings Papers on Economic Activity* 1.

Kletzer, Kenneth and Renu Kohli. 2001. "Financial Repression and Exchange Rate Management in Developing Countries: Theory and Empirical Evidence for India." IMF Working Paper WP/01/103.

Kornai, János. 1986. "The Soft Budget Constraint." *Kyklos* 39(1): 3–30.

Krueger, Anne. 2002. "New Approaches to Sovereign Debt Restructuring: An Update on Our Thinking." Paper prepared for the conference "Sovereign Debt Workouts: Hopes and Hazards," Institute for International Economics, Washington, April 1.

Krugman, Paul. 1979. "A Model of Balance-of-Payments Crises." *Journal of Money, Credit and Banking* 11: 311–25.

Krugman, Paul. 1988. "Financing versus Forgiving a Debt Overhang." *Journal of Development Economics* 29: 253–68.

Krugman, Paul. 1994. "The Myth of Asia's Miracle." *Foreign Affairs* 73(6): 62–78. Available at: <http://web.mit.edu/krugman/www/myth.html>.

Krugman, Paul. 1999. "Balance Sheets, the Transfer Problem, and Financial Crises." In *International Finance and Financial Crises: Essays in Honor of Robert P. Flood, Jr.*, ed. Peter Isard, Assaf Razin, and Andrew K. Rose. Kluwer Academic.

Krugman, Paul. 2009. *The Return of Depression Economics and the Crisis of 2008.* New York: Norton.

Kumhof, Michael, Shujing Li, and Isabel Yan. 2007. "Balance of Payments Crises under Inflation Targeting." *Journal of International Economics* 72: 242–64. Available at: <http://www.stanford.edu/~kumhof/jie2007-kly.pdf>.

Laeven, Luc and Fabian Valencia. 2008. "Systemic Banking Crises: A New Database." IMF Working Paper WP/08/224.

Lin, Justin Yifu and David Rosenblatt. 2012. "Shifting Patterns of Economic Growth and Rethinking Development." World Bank Policy Research Working Paper 6040. Available at: <https://openknowledge.worldbank.org/bitstream/handle/10986/6043/WPS6040.pdf?sequence=1>.

Lipton, David and Jeffrey Sachs. 1990a. "Creating a Market Economy in Eastern Europe: The Case of Poland." *Brookings Papers on Economic Activity* 1: 75–133.

Lipton, David and Jeffrey Sachs. 1990b. "Privatization in Eastern Europe: The Case of Poland." *Brookings Papers on Economic Activity* 2: 293–341.

Lucas, Robert E., Jr. 1988. "On the Mechanics of Economic Development." *Journal of Monetary Economics* 22: 3–42.

Lucas, Robert E., Jr. 1990. "Why Doesn't Capital Flow from Rich to Poor Countries?" *American Economic Review* 80(2): 92–6, Papers and Proceedings of the Hundred and Second Annual Meeting of the American Economic Association (May).

McKinnon, Ronald, I. 1993. *The Order of Economic Liberalization: Financial Control in the Transition to a Market Economy.* Baltimore, MD: Johns Hopkins University Press.

Mankiw, N. Gregory, David Romer, and David N. Weil. 1992. "A Contribution to the Empirics of Economic Growth." *Quarterly Journal of Economics* 107(2): 407–37.

Mody, Ashoka, Anusha Nath, and Michael Walton. 2011. "Sources of Corporate Profits in India: Business Dynamism or Advantages of Entrenchment?" IMF Working Paper WP/11/8. Available at: <http://www.imf.org/external/pubs/ft/wp/2011/wp1108.pdf>.

Mohan, Rakesh. 2004. "Finance for Industrial Growth." *RBI Bulletin*, March.

Mohan, Rakesh. 2011. *Growth with Financial Stability: Central Banking in an Emerging Market.* Oxford: Oxford University Press.

Mor, Nachiket, R. Chandrasekhar, and Diviya Wahi. 2006. "Banking Sector Reform in India." In *China and India: Learning from Each Other. Reforms and Policies for Sustained Growth*, ed. Jehangir Aziz, Steven Dunaway, and Eswar Prasad. International Monetary Fund. Available at: <http://www.imf.org/External/Pubs/FT/seminar/2006/ChiInd/Eng/chiind1.pdf>.

Mussa, Michael. 2002. *Argentina and the Fund: From Triumph to Tragedy*. Washington, DC: Institute for International Economics.

Myers, Stewart. 1977. "The Determinants of Corporate Borrowing." *Journal of Financial Economics* 5, 147–75.

OECD. 2006. *OECD Economic Surveys Brazil*. Vol. 2006/18, November.

Okonjo-Iweala, Ngozi. 2008. "Nigeria's Shot at Redemption: Turning Nigeria's Oil Windfall into a Blessing." *Finance & Development*, December: 42–4.

Okonjo-Iweala, Ngozi. 2010. "What's the Big Idea? To Position Africa as the Fifth BRIC—a Destination for Investment, Not Just Aid." Harvard Kennedy School, May 14. Available at: <http://www.africacncl.org/(ipw4ooekvaqsb4vrffjltwva)/blobdnld.aspx?6b6c47c9-df6e-4cc6-902c-5e70ca236ef5>.

Okonjo-Iweala, Ngozi. 2012. *Reforming the Unreformable: Lessons from Nigeria*. Cambridge, MA, and London: The MIT Press.

Oura, Hiroko. 2007. "Wild or Tamed? India's Potential Growth." IMF Working Paper WP/07/24.

Pack, Howard. 1994. "Endogenous Growth Theory: Intellectual Appeal and Empirical Shortcomings." *Journal of Economic Perspectives* 8(1), Winter: 55–72.

Pang, Gaobo, Brian Pinto, and Marina Wes. 2007. "India Rising: Faster Growth, Lower Indebtedness." World Bank Policy Research Working Paper WPS 4241.

Parks, Richard. 1978. "Inflation and Relative Price Variability." *Journal of Political Economy* 86(1): 79–95.

Pinto, Brian. 1987. "Nigeria During and After the Oil Boom: A Policy Comparison with Indonesia." *The World Bank Economic Review* 1(3): 419–45.

Pinto, Brian. 1990. "Black Market Premia, Exchange Rate Unification and Inflation in Sub-Saharan Africa." *World Bank Economic Review* 3(3): 321–38.

Pinto, Brian. 1991. "Black Markets for Foreign Exchange, Real Exchange Rates and Inflation." *Journal of International Economics* 30: 121–35.

Pinto, Brian. 1996. "Russia after Yeltsin's Re-Election: An Economic Report." International Finance Corporation, Mimeo.

Pinto, Brian and Sweder van Wijnbergen. 1995. "Ownership and Corporate Control in Poland: Why State Firms Defied the Odds." CEPR Discussion Paper Series 1273.

Pinto, Brian and Farah Zahir. 2004. "Why Fiscal Adjustment Now." *Economic and Political Weekly*, March 6: 1039–48.

Pinto, Brian and Shinsuke Tanaka. 2005. "Sovereign Debt Swaps with Private Creditors." The World Bank, PREM Anchor PRMED Note.

Pinto, Brian and Sergei Ulatov. 2012. "Financial Globalization and the Russian Crisis of 1998." In *The Evidence and Impact of Financial Globalization*, ed. Gerard Caprio. Academic Press/Elsevier.

Pinto, Brian, Marek Belka, and Stefan Krajewski. 1992. "Microeconomics of Transformation in Poland: A Survey of State Enterprise Responses." World Bank Policy Research Working Paper WPS 982.

Pinto, Brian, Marek Belka, and Stefan Krajewski. 1993. "Transforming State Enterprises in Poland: Evidence on Adjustment by Manufacturing Firms." *Brookings Papers on Economic Activity* 1: 213–70.

Pinto, Brian, Vladimir Drebentsov, and Alexander Morozov. 2000a. "Dismantling Russia's Nonpayments System: Creating Conditions for Growth." World Bank Technical Paper 471.

Pinto, Brian, Vladimir Drebentsov, and Alexander Morozov. 2000b. "Give Macroeconomic Stability and Growth in Russia a Chance: Harden Budgets by Eliminating Non-Payments." *Economics of Transition* 8(2): 297–324.

Pinto, Brian, Evsey Gurvich, and Sergei Ulatov. 2005. "Lessons from the Russian Crisis of 1998 and Recovery." In *Managing Economic Volatility and Crises: A Practitioner's Guide*, ed. Joshua Aizenman and Brian Pinto. Cambridge: Cambridge University Press.

Poddar, Tushar and Eva Yi. 2007. "India's Rising Growth Potential." Goldman Sachs Global Research Centres, Global Economics Paper 152.

Prasad, Eswar S., Raghuram G. Rajan, and Arvind Subramanian. 2007. "Foreign Capital and Economic Growth." *Brookings Papers on Economic Activity* 1: 153–209.

Raddatz, Claudio. 2007. "Are External Shocks Responsible for the Instability of Output in Low-Income Countries?" *Journal of Development Economics* 84: 155–87.

Radelet, Steven. 2010. *Emerging Africa: How 17 Countries are Leading the Way*. Center for Global Development.

Ramey, Garey and Valerie A. Ramey. 1995. "Cross-Country Evidence on the Link between Volatility and Growth." *American Economic Review* 85(5): 1138–51.

Rangarajan, C. and D. K. Srivastava. 2005. "Fiscal Deficits and Government Debt: Implications for Growth and Stabilisation." *Economic and Political Weekly*, July: 2919–33.

Reinhart, Carmen and Kenneth Rogoff. 2010a. "Growth in a Time of Debt." *American Economic Review: Papers and Proceedings* 100: 573–8.

Reinhart, Carmen and Kenneth Rogoff. 2010b. "Debt and Growth Revisited." *VOX*, August 11.

Reinhart, Carmen, Kenneth Rogoff, and Miguel Savastano. 2003. "Debt Intolerance." *Brookings Papers on Economic Activity* 1: 1–74.

Reserve Bank of India. 2002. *Report on Currency and Finance 2000–01*. Mumbai: RBI.

Richter, Tomas. 2011. "Tunneling: The Effect—*and the Cause*—of Bad Corporate Law." *Columbia Journal of European Law* 17(1): 23–55.

Rodrik, Dani. 1999. "Where Did All the Growth Go? External Shocks, Social Conflict and Growth Collapses." *Journal of Economic Growth* 4(4): 385–412.

Rodrik, Dani. 2008. "Spence Christens a New Washington Consensus." *The Economists' Voice* 5(3): Article 4.

Romer, Paul. 1994. "The Origins of Endogenous Growth." *Journal of Economic Perspectives* 8(1): 3–22.

Romer, Paul. 1986. "Increasing Returns and Long-Run Growth." *Journal of Political Economy* 94(5): 1002–37.

Sachs, Jeffrey. 1989. "The Debt Overhang of Developing Countries." In *Debt, Stabilization and Development: Essays in Memory of Carlos Diaz-Alejandro*, ed. Guillermo Calvo, Ronald Findlay, Pentti Kouri, and Jorge Braga de Macedo. Oxford: Blackwell.

Sachs, Jeffrey. 1990. "Introduction." In *Developing Country Debt and Economic Performance*, vol. 2: *The Country Studies: Argentina, Bolivia, Brazil, Mexico*, ed. Jeffrey Sachs. Chicago: The University of Chicago Press.

Sala-i-Martin, Xavier. 1990. "Lecture Notes on Economic Growth (I): Introduction to the Literature and Neoclassical Models." Cambridge, MA: NBER Working Paper 3563.

Sargent, Thomas J. and Neil Wallace. 1981. "Some Unpleasant Monetaristic Arithmetic." *Federal Reserve Bank of Minneapolis Quarterly Review* Fall: 1–17.

Servén, Luis. 2007. "Fiscal Rules, Public Investment and Growth." World Bank Policy Research Working Paper WPS 4382.

Servén, Luis and Guillermo Perry. 2005. "Argentina's Macroeconomic Collapse: Causes and Lessons." In *Managing Economic Volatility and Crises: A Practitioner's Guide*, ed. Joshua Aizenman and Brian Pinto. Cambridge: Cambridge University Press.

Soderbom, M. 2004. "Productivity, Exports and Firm Dynamics in Kenya 1999–2002." University of Oxford, Department of Economics, Centre for the Study of African Economies, CSAE Paper.

Solow, Robert M. 1956. "A Contribution to the Theory of Economic Growth." *Quarterly Journal of Economics* 70(1): 65–94.

Solow, Robert M. 1957. "Technical Change and the Aggregate Production Function." *Review of Economics and Statistics* 39(3): 312–20.

Solow, Robert M. 1994. "Perspectives on Growth Theory." *Journal of Economic Perspectives* 8 (1): 45–54.

Srinivasan, T. N. 2002. "India's Fiscal Situation: Is a Crisis Ahead?" In *Economic Policy Reforms and the Indian Economy*, ed. Anne O. Krueger. Chicago: The University of Chicago Press.

Steeves, Jeffrey. 2006. "Presidential Succession in Kenya: The Transition from Moi to Kibaki." *Commonwealth & Comparative Politics* 44(2): 211–33.

Sturzenegger, Federico and Holger Wolf. 2004. "Developing Country Debt: An Overview of Theory, Evidence, Options." The World Bank, PREM Anchor Background Paper.

Topalova, Petia. 2004. "Overview of the Indian Corporate Sector: 1989–2002." IMF Working Paper 64.

Topalova, Petia and Amit Khandelwal. 2011. "Trade Liberalization and Firm Productivity: The Case of India." *Review of Economics and Statistics* 93(3): 995–1009.

Tornell, Aaron and Philip R. Lane. 1999. "The Voracity Effect." *American Economic Review* 89(1): 22–46.

Torre, Augusto de la, Eduardo Levy Yeyati, and Sergio Schmukler. 2003. "Living and Dying with Hard Pegs: The Rise and Fall of Argentina's Currency Board." Universidad Torcuata di Tella, Centro de Investigacion en Finanzas Working Paper. Available at: <http://www.utdt.edu/Upload/CIF_wp/wpcif-032003.pdf>.

Van Wijnbergen, Sweder and Nina Budina. 2001. "Inflation Stabilization, Fiscal Deficits and Public Debt Management in Poland." *Journal of Comparative Economics* 29: 293–309.

Van Wijnbergen, Sweder. 1984. "The 'Dutch Disease': A Disease After All?" *The Economic Journal* 94(373): 41–55.

Warutere, Peter. 2005. "The Goldenberg Conspiracy: The Game of Paper Gold, Money and Power." The Institute for Security Studies Occasional Paper 177, September. Available at: <http://www.issafrica.org/static/templates/tmpl_html. php?node_id=318&slink_id=381&slink_type=12&link_id=28>.

Williamson, John. 1990. "What Washington Means by Policy Reform." In *Latin American Adjustment: How Much Has Happened?* ed. John Williamson. Washington DC: Institute for International Economics.

Williamson, John. 2000. "What Should the World Bank Think of the Washington Consensus?" *The World Bank Research Observer* 15(2): 251–64.

Williamson, John. 2002. "Is Brazil Next?" *International Economics Policy Brief 02-7.* Washington, DC: Institute of International Economics.

Williamson, John. 2008. "Letter: The Spence Commission and the Washington Consensus." *The Economists' Voice* 5(4): Article 4.

World Bank. 2003a. *India: Sustaining Reform, Reducing Poverty,* World Bank Development Policy Review. New Delhi: Oxford University Press.

World Bank. 2003b. *Kenya: Investment Climate Assessment.* Washington, DC: World Bank.

World Bank. 2006. *Inclusive Growth and Service Delivery: Building on India's Success.* Basingtoke: Palgrave Macmillan.

World Bank. 2007. *Kenya: Investment Climate Assessment.* Washington, DC: World Bank.

Young, Alwyn. 1995. "The Tyranny of Numbers: Confronting the Statistical Realities of the East Asian Growth Experience." *Quarterly Journal of Economics* 110(3): 641–80.

图书在版编目（CIP）数据

不稳定的经济：国家增长的故事/（　）布莱恩·品图（Brian Pinto）著；周端明，胡承晨，于琼译. --北京：中国人民大学出版社，2020.7
（当代世界学术名著. 经济学系列）
ISBN 978-7-300-28284-8

Ⅰ. ①不… Ⅱ. ①布… ②周… ③胡… ④于… Ⅲ. ①世界经济-经济增长-研究 Ⅳ. ①F113.4

中国版本图书馆 CIP 数据核字（2020）第 111203 号

当代世界学术名著·经济学系列
不稳定的经济：国家增长的故事
布莱恩·品图（Brian Pinto）　著
周端明　胡承晨　于琼　译
Buwending de Jingji：Guojia Zengzhang de Gushi

出版发行	中国人民大学出版社	
社　址	北京中关村大街 31 号	**邮政编码**　100080
电　话	010—62511242（总编室）	010—62511770（质管部）
	010—82501766（邮购部）	010—62514148（门市部）
	010—62515195（发行公司）	010—62515275（盗版举报）
网　址	http：//www.crup.com.cn	
经　销	新华书店	
印　刷	北京联兴盛业印刷股份有限公司	
规　格	155mm×235mm 16 开本	**版　次**　2020 年 7 月第 1 版
印　张	16.5 插页 3	**印　次**　2020 年 7 月第 1 次印刷
字　数	219 000	**定　价**　66.00 元